NADA MAIS
QUE A VERDADE

Dados Internacionais de Catalogação na Publicação (CIP)
(Câmara Brasileira do Livro, SP, Brasil)

Nada mais que a verdade : a extraordinária história do jornal Notícias Populares / Celso de Campos Jr....[et al.]. – ed. rev., atual. e amp. – São Paulo : Summus Editorial, 2011.

Outros autores: Denis Moreira, Giancarlo Lepiani, Maik Rene Lima
Bibliografia.
ISBN 978-85-323-0713-2

1. Notícias Populares (jornal) 2. Notícias Populares (jornal) – História I. Campos Jr., Celso de. II. Moreira, Denis. III. Lepiani, Giancarlo. IV. Lima, Maik Rene. V. Título: A extraordinária história do jornal Notícias Populares.

10-12029   CDD-079.8161

Índice para catálogo sistemático:
1. Notícias Populares : Jornal : História 079.8161

Compre em lugar de fotocopiar.
Cada real que você dá por um livro recompensa seus autores
e os convida a produzir mais sobre o tema;
incentiva seus editores a encomendar, traduzir e publicar
outras obras sobre o assunto;
e paga aos livreiros por estocar e levar até você livros
para a sua informação e o seu entretenimento.
Cada real que você dá pela fotocópia não autorizada de um livro
financia o crime
e ajuda a matar a produção intelectual de seu país.

Celso de Campos Jr.
Giancarlo Lepiani

Denis Moreira
Maik Rene Lima

NADA MAIS
QUE A VERDADE

A extraordinária história do jornal *Notícias Populares*

NADA MAIS QUE A VERDADE
A extraordinária história do jornal Notícias Populares
Copyright © 2002, 2011 by Celso de Campos Jr.,
Denis Moreira, Giancarlo Lepiani e Maik Rene Lima
Direitos desta edição reservados por Summus Editorial

Editora executiva: **Soraia Bini Cury**
Editora assistente: **Salete Del Guerra**
Assistente editorial: **Carla Lento Faria**
Capa: **Alberto Mateus**
Fotos da capa: **Julio Vilela**
Projeto gráfico e diagramação: **Crayon Editorial**
Impressão: **Sumago Gráfica Editorial Ltda.**

Summus Editorial
Departamento editorial
Rua Itapicuru, 613 – 7º andar
05006-000 – São Paulo – SP
Fone: (11) 3872-3322
Fax: (11) 3872-7476
http://www.summus.com.br
e-mail: summus@summus.com.br

Atendimento ao consumidor
Summus Editorial
Fone: (11) 3865-9890

Vendas por atacado
Fone: (11) 3873-8638
Fax: (11) 3873-7085
e-mail: vendas@summus.com.br

Impresso no Brasil

SUMÁRIO

Prefácio à nova edição 7
Prefácio à primeira edição (2001) 9
Apresentação à nova edição 13
Introdução 15

PARTE 1: 1963-1972
1 Um estrategista à solta em São Paulo 18
2 Do inferno branco à rua do Gasômetro. 24
3 A sorte está lançada 34
4 Circo do romeno pega fogo 44
5 Metralha udenista contra a democracia 50
6 A voz do povo é a voz de Deus 59
7 O calhambeque acelera na Barão de Limeira . . . 66
8 Adeus aos mestres 74
9 Um tiro na credibilidade 81

PARTE 2: 1972- 1990
10 Ali não deixa o NP ir à lona 90
11 Nasceu o diabo em São Paulo 99
12 Começar de novo... 109
13 Mais de mil palhaços no salão 121
14 Rei das madames, rainha das santas. 130
15 Aplicando na poupança dos velhinhos 141
16 Saída pela direita 149

PARTE 3: 1990 – 2001
17 Tios contra sobrinhos na Boca do Lixo 158
18 Pornografia com molho inglês 171
19 A volta dos que não foram 181
20 Reprovados na escolinha do sexo 192
21 Vim, vi, venci e voltei 204
22 Martelinho de ouro para salvar o Opalão . . . 209
23 O poder do irmão fracote. 218
24 Um cadáver no quinto andar. 233

Epílogo – O fantasma das bancas 244
Cronologia 246
Agradecimentos 248
Bibliografia 250
Índice onomástico 251
Créditos das imagens 255

PREFÁCIO À NOVA EDIÇÃO

Não tenho muito a acrescentar ao que escrevi no prefácio para a primeira edição deste livro; mas dez anos são dez anos, e sozinhos acrescentam muita coisa ao que quer que seja.

Ao "mito" do velho *Notícias Populares*, com certeza. A nostalgia por aquele tipo de jornal não foi aplacada nem esquecida com o passar do tempo; em São Paulo, pelo menos, não surgiu nenhum outro veículo impresso que substituísse aquela diária enormidade.

A televisão, entretanto, consolidou em alguns programas de final de tarde (a sina do jornalismo vespertino se repete) o recurso ao noticiário arrepiante, enquanto a sexualidade e o grotesco se combinam nos *reality shows*. O mundo da "sensação", se quisermos classificá-lo assim, serve-se melhor da TV do que das páginas de um jornal; está morto o NP.

Vive, entretanto, o NP, não só nos capítulos deste livro, que o fixam numa máscara clássica – ao mesmo tempo trágica e cômica –, mas também numa realidade social e política em que, como nunca imaginariam seus diretores e repórteres, a voz dos "de baixo", sua ascensão ao mundo do consumo (material mas também cultural) passou nestes últimos dez anos a ganhar mais importância. Não graças a um sistema organizado de participação política, mas numa espécie de maré de prosperidade, em que as correntes ocultas e persistentes da barbárie refluem diante do poderes do otimismo e da acomodação.

O deboche e os prazeres que o NP desrecalcava tornaram-se, hoje, explícitos, e o que o NP tinha de exasperado e violento tornou-se, hoje, por vezes banal, por vezes secundário. Para bem e para mal do país, o *Notícias Populares* de alguma forma realizou-se no que tinha de irreal e de verdadeiro, de autêntico e de delirante.

Dizia-se que bastava espremer suas páginas para que delas pingasse sangue. Esprema-se um pouco a realidade de hoje, e dela pingará a tinta do *Notícias Populares*. O livro de Celso de Campos Jr., Denis Moreira, Giancarlo Lepiani e Maik Rene Lima fixou-a, para quem souber ler, nas páginas da história brasileira.

MARCELO COELHO

PREFÁCIO À PRIMEIRA EDIÇÃO (2001)

Basta falar no *Notícias Populares* – ou NP, para os íntimos – que as pessoas começam a sorrir. Mesmo quem nunca abriu o jornal (precisava abrir?) ainda se lembra de casos como o do bebê-diabo, de algumas manchetes antológicas, como **BROXA TORRA O PÊNIS NA TOMADA**, ou das suas orgiásticas edições de carnaval.

Esse sorriso paira em quase todas as páginas de *Nada mais que a verdade*, e é fácil imaginar quanto Celso de Campos Jr., Denis Moreira, Giancarlo Lepiani e Maik Rene Lima se divertiram ao escrevê-lo. Mas, se tantas vezes o NP transformou tragédias reais em motivo de risada, este livro faz o percurso inverso. Todo o folclore em torno do jornal, que os autores recuperam generosamente, vai aos poucos se cobrindo de melancolia.

O *Notícias Populares* foi fechado em 19 de janeiro de 2001, depois de quase quatro décadas de crimes, sexo, sobressaltos e desatinos. Morte por estrangulamento – cujas circunstâncias, nada simples, os autores expõem com clareza e inconformismo.

Publicado pela empresa Folha da Manhã, o *Notícias Populares* representou um tipo de jornalismo quase diametralmente oposto ao exercido pela *Folha de S.Paulo*. No começo da década de 1990, acompanhei os esforços para compatibilizar o estilo do NP com os padrões de credibilidade e relevância pública que, havia tempo, a *Folha* conseguira atingir.

Mas é como se o abismo entre as duas publicações se alargasse cada vez mais. A audácia e a modernidade, valores cruciais para o desenvolvimento da *Folha*, não eram suficientes para funcionar como parâmetros unívocos num jornal como o *Notícias Populares*: tanto quanto romper com o moralismo e o preconceito, podiam desembestar em abjeção.

Ao mesmo tempo, a *Folha* sempre soube equilibrar-se entre dois polos estratégicos: voltou-se simultaneamente para o "público" e para o "mercado". Ou seja, tratou de corresponder tanto ao que cada um de nós tem de consumidor quanto ao que cada um de nós tem de cidadão.

Já o leitor do *Notícias Populares* pertencia à larga massa dos brasileiros que são quase consumidores e quase cidadãos. O lado do cidadão, detentor de direitos, no NP se traduzia em outra figura: a da vítima – fosse ela o inocente fuzilado, o policial morto em serviço, o ladrão torturado pela polícia, o trabalhador atingido pelos planos econômicos, o aposentado desservido pelo governo. O lado do consumidor, no NP, transmutava-se também em outra coisa: o *voyeur*, atendido pelas fotos de belas mulheres, pelas notícias bizarras, pelos escândalos e fofocas de TV.

Valores defendidos pela *Folha*, como o fortalecimento da sociedade civil, o antiautoritarismo, a transparência no governo, a privatização, a diminuição das desigualdades sociais, têm correspondência clara com os conceitos de "público" e de "mercado". Creio que, desse modo, os excessos de "esquerdismo" ou de "direitismo", de leveza e de sisudez, de privatismo e de petismo como que se corrigem mutuamente a cada edição do jornal.

No *Notícias Populares* durante muito tempo vigoraram outros mecanismos de autocorreção; moralismo e sexo conviviam, assim, com o conservadorismo e a "defesa do trabalhador". A cena contada neste livro, de Jean Mellé submetendo a manchete do jornal à aprovação do contínuo, talvez simbolize o tipo de "autorregulação" vigente nos tempos áureos do NP: uma autorregulação empírica, assim como a vendagem nas bancas no dia seguinte, em oposição àquela ideológica, teórica e formalizada em manual, em vigor na *Folha*.

Nos anos 1990, uma nova geração de jornalistas, como ocorrera uma década antes na própria *Folha*, assumia o posto que fora de Jean Mellé e de Ebrahim Ramadan. Escaldados pelos anos da transição democrática e pelo sucesso do Projeto Folha, é como se no NP aqueles jovens saídos do movimento estudantil e da militância de esquerda do final da década de 1970 encontrassem, numa forma agônica e lancinante, o mundo do "trabalhador", a violência da "repressão", o ideal "libertário" e a prática "radical", agora destituídos de sentido, de doutrina, de disciplina partidária; o respaldo das massas se traduzia nos números da tiragem; instaurava-se um radicalismo de mercado, por assim dizer.

O que estava longe de ser uma traição, note-se, ao modelo de Jean Mellé, igualmente submisso à vendagem de cada dia; mas o antigo NP era curiosamente coerente do ponto de vista político, já que um projeto de jornalismo popular anticomunista tinha apenas de oferecer ao povo "aquilo que o povo quer", ou seja, zero de política e máximo de escape, desde que com drama.

Difícil avaliar se as mudanças dos anos 1990 abreviaram ou prolongaram a vida do jornal. Certamente, não conduziram ao que se pretendia. Mas representaram uma renovação muito grande na linguagem do NP, arregaçando o que havia de artesanal no modelo anterior. Ao mesmo tempo que acentuavam até um *point of no return* o sensacionalismo e a apelação, conquistavam um leitorado jovem, debochado, nada sentimental, que imagino tinha pouco em comum com o leitor dos velhos tempos.

Com vinte e poucos anos de idade, Celso de Campos Jr., Denis Moreira, Giancarlo Lepiani e Maik Rene Lima pertencem a uma terceira geração, a desses leitores jovens que o NP dos anos 90 conquistou. Quando eu tinha vinte anos, aí por 1979 ou 1980, certamente já achava graça no NP, mas não estaria disposto a desconsiderar a função alienante e despolitizadora que o jornal exercia.

Mas como desprezar o NP? Impossível não gostar dele: é o *id*, tumultuário e desregrado, de todo jornalista que se acha responsável e prudente.

É muito interessante para mim ver como essa nova geração encara o NP. O sorriso com que os autores deste livro acolhem as realizações de Jean Mellé e de Ebrahim Ramadan está longe de ser acrítico; veem, entretanto, como folclore, como sinal de um jornalismo romântico e ingenuamente absurdo o que seria simplesmente impensável em qualquer redação hoje em dia. Invencionices como as histórias da Loira Fantasma, do Vampiro de Osasco, do bebê-diabo são lembradas neste livro com um misto de humor e consternação. O texto é quase reverente, e nessa quase reverência está toda a sua ironia.

O tom se torna bem mais amargo à medida que o livro se aproxima do fim. O envolvimento, o afeto dos autores com relação ao *Notícias Populares* não perdoa a direção da empresa que o fechou tão bruscamente, ainda que fiquem claras as razões dessa decisão.

Celso, Denis, Giancarlo e Maik veem o *Notícias Populares* como um jornal *cult* – o que ele já era, creio, antes mesmo que a palavra fosse inventada. Mas não só isso: no que tinha de precário, de folclórico, e também de cruel e condenável, parece estar o registro de uma época menos metódica, mais incorreta, do jornalismo. Talvez eu desconheça até que ponto uma pessoa de 20 anos, hoje, está confrontada com um mundo de regras bem mais estritas e com uma vida profissional muito mais competitiva do que acontecia há duas ou mais décadas. O gosto pelo *trash*, pelo humor, pelo fantasioso, assim como um misto de pragmatismo e candura, de desencanto e sentimentalismo, de anticapitalismo e desideologização dão o tom deste livro. É um tom afetuoso, mesmo quando quer ser contundente.

O pessoal da *Folha*, que corresponde ao meu lado nessa história, é bastante criticado; claro que não me sinto bem com isso. Mas sabemos que tudo tem dois lados, como diria o Voltaire de Souza, que deixa aos autores do livro um grande abraço.

MARCELO COELHO

Jornalista e membro do Conselho Editorial da *Folha de S.Paulo*

APRESENTAÇÃO À NOVA EDIÇÃO

Depois dos impecáveis prefácios de Marcelo Coelho, não há o que acrescentar senão algumas lembranças de um jornal que foi fenômeno de vendas e também de cumplicidade entre os leitores e o próprio jornal.

O tempo ficou longe; presente ficou a memória.

Não é sempre que um trabalho de conclusão de curso de jornalismo se transforma em livro, ainda mais com segunda edição.

Não menos raro é conseguir esgotar, em aproximadamente 250 páginas, o nascimento, vida e morte de um jornal.

Este é o trabalho dos jornalistas Celso de Campos Jr., Denis Moreira, Giancarlo Lepiani e Maik René Lima, uma detalhada e exaustiva reportagem. Com certeza um livro para todos os estudantes e professores de jornalismo.

Nos quase quarenta anos de vida do *Notícias Populares*, tive o privilégio de ser seu editor por quase vinte. Esse foi o desafio que os meus colegas tinham dúvidas que eu pudesse enfrentar, já que minha formação profissional teve suas bases, com profundas raízes, na *Folha de S. Paulo* e no *Jornal do Brasil*.

O tempo ficou longe; presente ficou a memória.

P. S.: "Fazer um bom jornal com muito dinheiro, qualquer colegial faz. Difícil é um bom jornalista fazer um bom jornal com pouco dinheiro". (Assim me ensinou, entre muitas outras lições, Octávio Frias de Oliveira.)

EBRAHIM ALI RAMADAN

INTRODUÇÃO

Para qualquer jornal, a busca de uma identidade com os leitores é indispensável. Em momentos de crise, o elo com o público é o único fator que possibilita a sobrevivência de uma publicação, por mais derrapante que seja a conjuntura econômica, política ou social. Quando se trata de um jornal popular, então, essa cumplicidade se torna absolutamente imprescindível. A relação com o leitor das camadas mais baixas, mais do que em qualquer outro segmento de mercado, tem de ser da mais absoluta fidelidade e transparência. O leitor depende do jornal, e nele deposita cegamente sua confiança; enganá-lo é assinar o próprio atestado de óbito. É por esse lema que o jornalismo popular deve se orientar.

Durante quase quatro décadas, o paulistano *Notícias Populares* teve público cativo. Mesmo convivendo com a pecha de sensacionalista, suportando o preconceito de todo o jornalismo dito sério e recebendo a mais diversa gama de ataques e acusações, o jornal manteve tiragens elevadas, que em muitas ocasiões batiam as das grandes publicações. Trouxe inovações jornalísticas que os outros veículos foram obrigados a imitar mais tarde, como a cobertura maciça da vida de artistas e uma atenção especial à economia popular, privilegiando sindicalistas e aposentados. Teve altos e baixos, como qualquer outro produto informativo, mas sempre procurou manter uma relação de proximidade com seus leitores. Quando se distanciou dessa proposta, começou o ocaso.

As páginas deste livro procuram contar essa história de amor e ódio. De um veículo a serviço da direita, comandado por um romeno perseguido pelo regime comunista, passando por um editor que dedicou integralmente duas décadas de vida à publicação e por uma traumática sucessão, a publicação atingiu seu crepúsculo com a queda vertiginosa nas vendas e na credibilidade. Chegou às bancas pela última vez em janeiro de 2001, sem que muitos se dessem conta – travestida em uma publicação amorfa, virou presa fácil para a voraz concorrência.

A seguir, nada mais que a verdade sobre o *Notícias Populares*.

1963

PARTE 1

1972

1 UM ESTRATEGISTA À SOLTA EM SÃO PAULO

No bairro do Brás, ninguém jamais ouvira um sotaque como aquele. Imigrantes não faltavam naquela região, babel de italianos, portugueses, espanhóis, turcos e libaneses. Mas, como aquele sotaque, nunca. Pelas vielas do bairro, os moradores acompanhavam os passos da intimidadora figura de 1,90 metro, que parecia crescer em progressão geométrica à medida que se aproximava do interlocutor. Nenhum deles achou por bem perguntar ao sisudo indivíduo a origem de tão estranha mistura de sons; era melhor apenas ajudá-lo a encontrar o endereço que procurava. Afinal, o ano de 1963 estava só começando, e não valia a pena correr o risco de não viver para ver as pernas de Claudia Cardinale, prestes a entrar em cartaz nos cinemas paulistanos com o filme *O leopardo*. Assim, de indicação em indicação, o grandalhão finalmente chegou ao sobrado de número 425 da rua do Gasômetro, sede da *Gazeta Mercantil*. Na recepção, anunciou sua intenção de falar com o proprietário, Herbert Levy, que também acumulava a presidência à União Democrática Nacional (UDN) e uma cadeira na Câmara dos Deputados.

A visita, porém, seria breve. Nem bem entrou, o misterioso homem foi obrigado a dar meia-volta e volver. Naquele momento, a secretária de plantão tinha mais chances de marcar uma audiência com o papa do que com o parlamentar paulista. A agenda do empresário e político mal tinha espaço para reuniões com companheiros udenistas de palanque como Carlos Lacerda e Magalhães Pinto; que dizer então de horários para um sujeito que parecia ter cabulado as aulas de português? Mesmo assim, o visitante fez questão de se apresentar e deixar um recado. Chamava-se Jean Mellé, era jornalista e precisava falar com urgência com Levy. Não quis adiantar o assunto: preferiu apenas ressaltar a importância de um encontro entre os dois. Era questão de segurança nacional, acrescentou, com o olhar fixo na secretária.

Despediu-se da atônita senhora, pegou sua pasta e desceu com firmeza as escadas. Em pouco tempo, Mellé já alcançava a calçada do Cine Glória, a alguns metros dali. Estava consciente de que precisaria de um pouco de paciência e boa dose de cara de pau para conseguir uma reunião com Levy. Queria oferecer ao político o projeto de criação de um jornal popular, mas só poderia revelar o assunto pessoalmente. Não que o plano fosse ultrassecreto ou coisa parecida. Nada disso. Sabia apenas que jamais conseguiria agendar uma reunião se o dono da *Gazeta Mercantil* tivesse conhecimento de que o tema da discussão seria o financiamento de um novo produto editorial. Por maior que fosse a alma de empresário embutida no corpo esguio do paulistano, Mellé não poderia contar com o instinto capitalista de Levy na ocasião. Afinal, toda a UDN estava arrepiada com o suposto noivado entre o presidente João Goulart – o Jango – e as lideranças comunistas. Caso o casamento se consumasse, de nada adiantaria ter dinheiro no Brasil.

O jornalista, porém, estava confiante. Precisava somente de uma oportunidade para convencer o experiente político de que sua publicação vinha a calhar naquele momento. Apostava tanto no projeto que, alguns meses antes, havia pedido demissão do *Última Hora* para dedicar-se exclusivamente à nova cria. Seu trunfo seria provar a Herbert Levy que o jornal poderia tornar-se um grande aliado na guerra política, uma arma importante contra a ameaça vermelha que tanto procuravam combater. E tinha certeza de que o veterano político, com a experiência de ter comandado mais de 5.800 homens na

1963 » 1972

Revolução Constitucionalista de 1932, jamais recusaria essa estratégia de combate. Afinal, o tempo estava correndo contra os conservadores.

No início da década de 1960, o Brasil era um barril de pólvora prestes a explodir. O pacto populista, que legitimava o controle político do Estado por meio de uma relação paternalista com as camadas populares urbanas, estava seriamente ameaçado pela desaceleração da economia. A industrialização iniciada no Plano de Metas de Juscelino Kubitschek, a partir de 1956, havia se encerrado, e um de seus resultados mais evidentes fora a diferenciação social nas cidades – que, inevitavelmente, trazia consigo um conflito de interesses e a iminência de um enfrentamento de classes.

Com a crise econômica, os setores populares da sociedade, semi-integrados no processo político a partir da Consolidação das Leis do Trabalho, realizada em 1943 por Getulio Vargas, tornavam-se uma ameaça às camadas dominantes. As reivindicações operárias colocavam em xeque o já agonizante esquema populista, exigindo reformas que certamente romperiam o tênue equilíbrio da época. Para os nababos da indústria, nada poderia ser mais atemorizante do que um redirecionamento político dos operários, uma classe fundamental como mercado consumidor e mão de obra, porém com alto potencial destrutivo quando alinhada no campo oposto do jogo do poder.

A partir de 1961, a situação agravou-se: os salários reais passaram a cair, a inflação disparara, as greves dos trabalhadores eram cada vez mais frequentes. Para piorar, o ressurgimento da questão agrária, introduzida na segunda metade dos anos 1950 pelas Ligas Camponesas, destruía outro alicerce do pacto populista, recolocando os trabalhadores do campo na vida política brasileira. Além disso, a renúncia de Jânio Quadros, em agosto de 1961, e a conturbada posse de João Goulart, realizada com grande apoio da população, deixaram os conservadores de cabelo em pé: o fantasma das massas voltava a assombrar os palacetes da elite nacional.

Era difícil prever o destino do enorme contingente popular no complexo momento político brasileiro da época. Mas sabia-se que os trabalhadores eram o curinga da ocasião: quem conseguisse seu apoio comandaria a partida. Aqueles que conspiravam contra Jango tinham claro que dificilmente poderiam executar e manter o tão sonhado golpe de Estado sem uma cobertura popular. Um olho na sardinha, outro no gato: a direita não podia voltar-se contra os populares, mas também tinha de ficar atenta para não perdê-los de vista.

A essa cautela somava-se a pressão de uma traumática luta contra o relógio. O namoro entre Jango e os comunistas, pior pesadelo para a elite, estava rapidamente tomando forma de realidade. Para os mais conservadores – leia-se União Democrática Nacional –, era a hora de agir. A campanha contra o governo deveria intensificar-se, procurando, ao mesmo tempo, impedir qualquer processo de participação política do povo.

Mas, ao contrário do que acontecera nos anos 1950 contra Getulio Vargas, a ofensiva não se limitaria ao ataque por meio das camadas médias, para acabar com os agentes de politização populares. Dessa feita, as cobras udenistas dariam o bote no próprio terreno do adversário, reciclando a velha técnica populista que tanto repudiavam. Os mandachuvas tinham consciência de que sua comunicação com a patuleia era inexistente, mesmo porque não havia a menor harmonia entre os pensamentos dos dois grupos sociais. Jamais os empresários haviam bebido na fonte popular, e vice-versa. Mais do que nunca, os conservadores sentiram a necessidade de comunicação.

As chamadas Caravanas da Liberdade foram o pontapé inicial dessa pragmática aproximação com as massas. Inauguradas por Juracy Magalhães em 1958, consistiam em uma série de comícios pelo interior do país, buscando popularizar a imagem do partido nos mais distantes rincões nacionais. Era a UDN com ar de povo, cheirando a buchada de bode. Dentre os escalados para comandar o show, estavam medalhões da retórica como Carlos Lacerda, o Corvo – que admitiu posteriormente o caráter demagógico da empreitada –, Amaral Neto, Tenório Cavalcanti e o próprio Herbert Levy.

Contudo, por mais que se esforçassem no corpo a corpo com a população, as velhas raposas ainda sentiam falta de um canal mais incisivo para dialogar com as multidões. Na verdade, sabiam que precisavam de um instrumento de penetração nas camadas populares que fizesse frente à arma similar do governo. Arma essa, aliás, que era um instrumento mais poderoso que todo um exército de mercenários: o jornal *Última Hora*.

1963 » 1972

Lançado no Rio de janeiro em 1951 por Samuel Wainer, com apoio do então presidente Getulio Vargas, o *Última Hora* tinha uma intenção clara: propagar a mensagem getulista, solidificando o ideário do populismo no cotidiano dos trabalhadores. Campanhas nacionalistas, de reivindicação social, de defesa do salário, de luta pela democracia e liberdade eram misturadas aos temas que sempre interessaram ao povo: o esporte – especialmente o futebol –, as notícias policiais e outros assuntos de fácil assimilação pelas massas. Essa fórmula produziu um sucesso imediato: rapidamente, o jornal alastrou-se por uma cadeia de cidades no Brasil, permanecendo como mais importantes as edições do Rio de Janeiro e de São Paulo. De quebra, conseguiu chegar ao topo do mercado editorial brasileiro da época, seguido de longe por *O Estado de S. Paulo* e pelas *Folhas*.

Para os conservadores, o *Última Hora* se identificava com a esquerda. Não que a razão de viver de Wainer fosse comunista ou socialista, mas acompanhava a guinada do populismo getulista, em contrapartida à posição direitista da UDN. Essa caricatura vermelha acentuou-se no início dos anos 1960, com a polarização de forças na sociedade – para os conservadores, todas as esquerdas estavam reunidas para conspirar contra a nova democracia liberal prestes a surgir no país. O jornal passou a ser um inimigo potencial dos udenistas e companhia limitada, pois conduzia um grande contingente de trabalhadores a uma participação política ativa – contrária, obviamente, às posições da elite.

Com uma tiragem diária de aproximadamente 200 mil exemplares, era uma grande e, não seria exagero dizer, a única fonte formadora de opinião para as massas: os liberais sabiam disso.

Foi então que Herbert Levy, entre suas idas e vindas da recém-inaugurada Brasília, recebeu a estranha mensagem da secretária da *Gazeta Mercantil*. Não se animou a descobrir mais sobre o autor, mesmo porque tinha mais que fazer do que brincar de adivinhas à distância. Alguns dias antes do carnaval de 1963, entretanto, o político aterrissava para um período de descanso na capital paulista. Diante da insistência da secretária – o homem não parava de cobrar a reunião –, Levy autorizou-a a marcar em sua agenda um horário com o misterioso jornalista.

Ao finalmente encontrar-se com Mellé, o político percebeu que tirara a sorte grande. Afinal, antes mesmo de imaginar os benefícios que uma publicação como essa poderia trazer aos conservadores, Levy recebera o projeto pronto e acabado das mãos de um especialista. Mais precisamente, de um experiente jornalista romeno que havia passado temporadas na Sibéria, França e Itália, o que ajudava a explicar o sotaque às vezes incompreensível aos brasileiros. De um mestre do jornalismo popular, com a visão mais popular do jornalismo de que se poderia ter notícia. Levy não teve dúvida: Jean Mellé, anticomunista ferrenho, era o timoneiro ideal para conduzir essa publicação. Assim, em um encontro às escuras, nascia o jornal *Notícias Populares*.

Herbert Levy e Jean Mellé celebram o nascimento do *Notícias Populares*

2 DO INFERNO BRANCO À RUA DO GASÔMETRO

A visão de cadáveres jogados ao mar e mulheres dando à luz no emporcalhado convés do Conte Biancamano era uma das lembranças menos traumáticas na vida do romeno Itic Mellé. Quando desembarcou na Baixada Santista, em 1959, pensava já ter comido sua cota do pão que o diabo amassara. Mas bastaram três anos no Brasil para começar a acreditar que o tinhoso estava lhe preparando uma nova fornada. Afinal, a empatia entre Jango e os comunistas ameaçava reabrir as mesmas feridas que ele, a todo custo, buscava cicatrizar em terras tropicais. Por isso, resolveu procurar o deputado Herbert Levy – outro que temia, embora por motivos diferentes, uma aproximação entre Brasil, União Soviética e China. Deu certo: Mellé serviu como a luva perfeita para as trêmulas mãos da elite conservadora, atormentada pela ameaça vermelha. Mais até por sua história de vida do que por sua inegável capacidade profissional.

Itic Mellé nasceu em 3 de junho de 1910, no seio de uma pobre família judia da cidade de Iasi, a cem quilômetros dos Cárpatos. Mudou-se para a capital, Bucareste, logo depois de concluir seus estudos básicos. Passado pouco tempo, também mudou seu prenome para Jean. Como desde cedo mostrara gosto pelo jornalismo, procurou o redator-chefe de um grande jornal da cidade e foi logo pedindo um emprego de repórter. Para sua sorte, o editor gostou da demonstração de ousadia juvenil e o admitiu em sua empresa. Paralelamente a isso, Jean ingressou na faculdade de Direito, ampliando, assim, seu rol de amizades.

Bem relacionado no mundo político – especialmente no Palácio Real, onde imperava o rei Carol II –, Mellé viu sua popularidade crescer na sociedade romena com o passar dos anos. Maduro, resolveu montar o próprio jornal, batizado de *Momentul* (*O Momento*), cujo subtítulo era *Diário Popular de Informação*. Em menos de uma década, fez dele o periódico mais vendido no país, sempre usando e abusando de seu apurado e destemido senso crítico. Mal sabia ele, porém, que essa franqueza, tempos mais tarde, acabaria lhe custando caro. Muito caro.

No final de 1947, o exército soviético, que já estava na Romênia desde março de 1944, cercou o Palácio Real de Bucareste, forçou a abdicação do rei Miguel I e finalmente consolidou o controle sobre o país, declarando-o mais uma república popular. O ataque era parte do plano do líder georgiano Iosif Vissarionovich Djugashvili – ou simplesmente Josef Stálin –, que pretendia vestir todo o globo com o manto comunista. Mellé considerava que os soviéticos já haviam explorado demais os romenos – as regiões da Bessarábia, Hertza e a parte setentrional de Bucovina, por exemplo, tinham sido tomadas pelos stalinistas em 1940 – e não se conformava com a falsa ajuda que os camaradas alardeavam em prol da Romênia. Algum tempo depois, o jornalista não resistiu e soltou o *Momentul* com a seguinte manchete: RUSSOS ROUBARAM O PÃO DO POVO. A fera vermelha fora cutucada com uma vara tão curta quanto o pavio de Mellé.

No dia seguinte, quando se preparava para entrar em sua Mercedes-Benz e rumar para o *Momentul*, o jornalista foi abordado por dois oficiais comunistas. Os homens o imobilizaram e aplicaram uma injeção de sedativo em suas costas. Quando acordou, Mellé já estava bem longe da sua terra. Havia sido posto em um trem e literalmente descarregado na congelante Sibéria, onde se juntou a outros milhares de presos políticos confinados em campos de trabalhos forçados nas minas de carvão. O inferno branco seria a casa de Mellé por dez longos anos.

Durante esse período, o romeno não foi um hóspede propriamente afável para os anfitriões russos. Sua rebeldia causou muita dor de cabeça aos carcereiros: várias insurreições foram por ele encabeçadas, o que o forçava a errar de um campo para outro, em constantes remoções. Claro que essas atitudes voltavam-se contra o próprio jornalista, obrigado a sofrer os pesados castigos dos stalinistas. Um deles era manter o prisioneiro nu em buracos cavados no gelo durante 24 ou até mesmo 48 horas. Mellé tornou-se *habitué* dessas masmorras, mas nem por isso aprendeu a lição. Os soviéticos também se esmeravam na arte da tortura: inventaram uma espécie de cama onde o prisioneiro deitava de bruços com pés e mãos amarrados, e o instrumento automaticamente se encarregava de fazer um U com o corpo do torturado – em alguns casos, a máquina era capaz de desenhar até mesmo um O.

Alheios a tudo isso, a esposa romena de Mellé, Renée Marcovici, e seu filho pequeno, Radu Henry, receberam da Cruz Vermelha a informação de que Jean Mellé fora dado como morto. A família mudou-se então para a França, onde Renée começou uma nova vida, casando-se pela segunda vez. Apenas a mãe do jornalista, Fanny Huna, ainda acreditava no retorno do filho. Os anos foram passando, e os castigos, aumentando. Mellé, indomável, começou a usar um novo expediente para protestar contra sua situação: greves de fome. Contra isso, a única arma dos soviéticos era uma mangueira colocada goela abaixo dos rebeldes, que despejava caldo de repolho na tentativa de alimentá-los. Na maioria das vezes, todavia, o romeno vomitava o líquido.

Em 1958, debilitado ao extremo, ele completava dez anos de Sibéria e incríveis seis meses de greve de fome. Caso seguisse nessa toada, não duraria muito e se juntaria aos 20 milhões de vítimas do longo massacre conduzido pelo antigo líder soviético. Para a sorte de Jean Mellé, Nikita Kruschev, o novo chefe, cedeu aos apelos do então presidente americano, Dwight Eisenhower, e libertou mais de dez milhões de presos políticos que estavam confinados desde o governo de Stálin, terminado em 1953. O jornalista saiu em uma das primeiras levas e voou até a Áustria.

A tão esperada liberdade, contudo, ainda não chegaria. Oficiais da Romênia – então comandada pelo líder comunista Gheorghe Gheorghiu--Dej – abordaram Mellé no desembarque e levaram-no para uma prisão em Bucareste. Quando finalmente pôs os pés na capital, provocou ataques de incredulidade: todos julgavam estar vendo o espectro do jornalista. Lá, ficou confinado mais um ano. Ao ser libertado, considerou que aquele já não era mais um lugar seguro para viver. Sabendo que sua mulher havia constituído nova família, partiu para Nápoles, na Itália, para dar início à segunda parte de sua vida.

O jornalista Jean Mellé, em pose de estadista

Exemplar do *Momentul* de 1º de março de 1945: em meio às notícias da Segunda Guerra, o jornal destavaca o caso de um policial que morreu brincando com a pistola

A experiência siberiana, como não poderia deixar de ser, marcaria para sempre a vida de Mellé. O fantasma do sequestro jamais o abandonou. De Nápoles, o jornalista, temendo ser preso novamente, viajou para a cosmopolita e democrática Paris, onde tinha amigos e colegas que poderiam ajudá-lo a esquecer o passado. Não adiantou. O continente europeu já não oferecia a segurança da qual precisava para seguir em frente. Assim, voltou a Nápoles, mas apenas para descansar. Já havia decidido o próximo passo: embarcar para o Brasil, país onde seu irmão Victor estava estabelecido. A viagem foi marcada para 13 de julho de 1959.

Não se sabe ao certo se Mellé veio para a América do Sul apenas para escapar temporariamente das insistentes lembranças da Sibéria ou se já tinha a ideia de mudar-se em definitivo para os trópicos. O fato é que daqui nunca mais saiu. Assim, 16 dias depois, em Santos, no litoral de São Paulo, o antes rico e famoso jornalista desembarcava do navio Conte Biancamano com uma pequena maleta na mão e 15 dólares no bolso. O irmão o esperava no porto; juntos, dividiriam um apartamento na rua dos Gusmões, no coração da capital paulista.

Pouco tempo depois de sua chegada, durante um passeio na avenida São Luís, o jornalista foi abordado por uma soturna voz. "Mellé", bradou o homem misterioso. Um tremelique percorreu os quase dois metros do romeno, arrepiando cada fio de seus cabelos crespos. Tinha medo dos comunistas, era sabido, e naquele instante a ameaça voltava com força total. Atemorizado, virou-se e deparou com Joseph Halfin, um rapaz que havia trabalhado na seção esportiva do *Momentul*. Mais tranquilo, lembrou-se de que Halfin, cerca de dez anos antes, lhe pedira que o demitisse do jornal, porque precisava do dinheiro da rescisão para tentar a sorte no Brasil. O chefe, mesmo sem entender muito a ideia, concordara. E assim estavam os dois, frente a frente, a mais de dez mil quilômetros de Bucareste, debaixo da garoa que caía no centro de São Paulo.

Mellé ouviu a história do jovem, que estava trabalhando no *Última Hora* – posteriormente, Halfin se tornaria diretor da Air France. Levado pelo antigo repórter esportivo, o romeno foi apresentado a Samuel Wainer. Estava armado o encontro de três conterrâneos do conde Drácula: Wainer, conforme seria revelado na edição póstuma de sua autobiografia, realmente nascera na

Bessarábia, região da Romênia, como tanto alardeava Carlos Lacerda em sua *Tribuna da Imprensa* – à época, claro, o chefão do UH jurava ser mais brasileiro do que o saci-pererê. De qualquer forma, começava aí a segunda parte da carreira jornalística de Mellé. Encantado com o estilo moderno do *Última Hora*, aceitou o convite de Wainer e entregou-se de corpo e alma ao novo emprego.

Ali, o ex-editor do *Momentul* encontrou uma nova casa. Com fama de ter sido amante de uma ex-miss Romênia e da atriz francesa Jeanne Moreau, um dos maiores símbolos sexuais da época – relações jamais confirmadas ou negadas pelo romeno –, tornou-se o principal colunista internacional do jornal. Publicava diariamente a coluna "Jean Mellé informa", com notas de bastidores do mundo da política. Além disso, ficava nas oficinas até alta madrugada, conversando com os operários e matando a saudade de ver os jornais saindo para as bancas, um hábito perdido havia mais de uma década.

Assim, ia ganhando a confiança de todos na redação, localizada, naquela época, próxima do viaduto Santa Ifigênia. Passou a ser carinhosamente chamado de João de Melo, ou "o francês", ao que Mellé, em seu português draculesco – mistura de romeno, alemão, inglês e francês –, repetia, feliz: "Eu sou o *françuso*, rá-rá-rá!" Embora estivesse bem no jornal de Wainer, não esquecia dos tempos em que era o dono da própria publicação, e confidenciava a amigos seu grande sonho de voltar a ser o comandante de uma redação.

No final de 1962, a ideia já estava madura. A instabilidade política do país, na ótica de Mellé, obrigava-o a entrar em ação. O jornalista deixou o *Última Hora* – que, em sua opinião, pendia perigosamente para o lado comunista – para dedicar-se integralmente à elaboração de seu projeto de jornal popular, nos moldes do antigo *Momentul*. Foram alguns meses de preparação e outras tantas horas de lábia para convencer Levy da importância da publicação. Como um alarme, avisou: se nada mudasse em seis meses, os russos viriam buscar os liberais para colocá-los em calabouços na Sibéria.

Diante dessa sombria perspectiva, indicada com tamanho conhecimento de causa pelo romeno, não foi difícil para as partes chegar a um acordo. Um brinde entre Jean Mellé e Herbert Levy, em 1963, selou o final do período de gestação do jornal. Sem olhar para trás, Mellé partia de mala e cuia para capitanear o *Notícias Populares*.

Não era à toa que Herbert Levy precisava de um comandante para seu periódico popular: para ele, esporte era polo aquático, tênis e natação. Paulistano da Vila Buarque, nascido em 2 de novembro de 1911, era o nono filho da dezena de herdeiros do britânico naturalizado brasileiro Alberto

Herbert Levy, duro na queda em qualquer terreno

1963 » 1972

Eduardo Levy, professor e cônsul honorário da Grã-Bretanha em São Paulo durante quase duas décadas. Formado em Ciências Políticas e Sociais em 1937, pela Escola de Sociologia e Política de São Paulo, tinha longa experiência em jornalismo: trabalhara no *São Paulo Jornal*, no *Diário da Noite* e no *Diário Nacional*. Como se não bastasse, também era crítico de ópera, fluente em cinco idiomas e havia feito dezenas de viagens internacionais.

Com a justificável fama de bom moço, foi, na juventude, campeão paulista e brasileiro de natação. Jogando como goleiro, venceu o campeonato paulista de polo aquático – só não defendeu a seleção brasileira nas Olimpíadas de Los Angeles, em 1932, por falta de horário na concorrida agenda. Em 1928, foi o primeiro nadador bandeirante a vencer a disputa de braçada clássica brasileira. Conquistou mais de cem medalhas, cuja maioria doou à campanha "Ouro para o bem de São Paulo", por ocasião da Revolução Constitucionalista de 1932. A participação de Herbert no levante, entretanto, ultrapassou muito esse gesto benemérito.

Como voluntário, entrou para o Primeiro Batalhão da Milícia Civil Paulista em 9 de julho de 1932. Graças ao recuo das outras forças comprometidas com o movimento, no Rio Grande do Sul e em Minas Gerais, em pouco tempo já liderava o 2.º Pelotão da 2.ª Companhia do 6.º Batalhão da Força Pública, como segundo-tenente. Ao final da revolução, estava no comando da Coluna Romão Gomes, na frente de Campinas, a essa altura com 5.800 homens – a última a render-se na batalha. Aos 20 anos, havia sido promovido a capitão com funções de general de brigada. Sem dúvida, fora um dos civis com maior responsabilidade militar no combate.

Suas habilidades também se estendiam ao campo dos negócios. Havia criado com os irmãos o *Boletim Comercial Levy* (1929) e a *Revista Financeira Levy* (1933), que em 1934 se juntariam à recém-adquirida *Gazeta Mercantil Comercial e Industrial*. Sob o título *Gazeta Mercantil*, anos mais tarde, a publicação se tornaria o principal veículo de informação econômica do país. Isso porque Herbert Levy, mais que qualquer outro jornalista, tinha grande experiência na prática: no ano de 1943, fundara, com o auxílio do irmão Haroldo e do filho mais velho, Luiz Carlos, o Banco da América – em 1969, uma fusão com o Itaú daria lugar a uma nova instituição, o Banco Itaú-América S.A., da qual Herbert foi eleito presidente do seu conselho de administração. Também tinha fortes ligações com o capital agrícola.

Na vida pública desde 1927, o empresário participara do Partido Constitucionalista e da União Democrática Brasileira, ao lado de Antônio Carlos de Abreu Sodré, Armando Salles de Oliveira e Waldemar Martins Ferreira. (Além de mentor político de Levy, o professor Waldemar Ferreira se tornaria mais tarde também seu sogro, já que em 1934 Herbert se casou com Wally Martins Ferreira, filha do mestre.) Em 1945, presenciou o nascimento da União Democrática Nacional (UDN). No período de 1937 a 1945, aliás, Levy exerceu oposição ferrenha ao governo Getulio Vargas, tendo sido preso seis vezes – a primeira logo depois do discurso de formatura na Escola de Sociologia e Política, no qual, como orador da turma, fez severas críticas ao Estado Novo.

Em 1947, ingressou na Câmara dos Deputados, de onde sairia apenas 40 anos depois, após dez mandatos consecutivos. Um dos principais articuladores da candidatura do então governador de São Paulo, Jânio Quadros, à presidência da República, em 1959, o parlamentar foi eleito presidente nacional da UDN em 1961, na convenção de Recife. Teve como principal tarefa justamente evitar o racha que ameaçou o partido com a ruptura entre Carlos Lacerda e Jânio Quadros, no mesmo ano. Após a renúncia de Jânio, Levy, apesar de ter conduzido inicialmente a UDN ao apoio do sistema parlamentarista, com Jango no poder, logo se tornou líder da oposição ao governo do gaúcho. Como se vê, as credenciais do empresário são autoexplicativas. Queria distância da esquerda, assim como o diabo da cruz.

3 A SORTE ESTÁ LANÇADA

No início de 1963, o plano de Levy começava a se concretizar. Em meio ao tiroteio generalizado, com radicalizações da direita e da esquerda, chegava Jean Mellé, trazendo debaixo do braço a proposta de um novo jornal popular nacional. Após consultar alguns conhecidos da colônia romena, como o industrial Ludwig Poenaru, também expulso da Romênia pelos comunistas, Levy comprovou o êxito de Mellé no jornalismo popular em seu país. E, com o ameaçador alerta do jornalista romeno ainda tilintando nos ouvidos, Herbert ordenou que seu filho Luiz Fernando, então com 24 anos, desse prioridade total à nova publicação.

A ideia era contra-atacar o *Última Hora* na mesma moeda – ou seja, criar um veículo com os mesmos alicerces jornalísticos (sexo, crime, esporte, sindicatos), mas orientado pela visão conservadora. A dupla não queria lucro algum com o periódico. O objetivo era um só: roubar o público do UH e evitar a penetração da mensagem populista nas classes trabalhadoras. Com o lançamento do novo jornal, os udenistas não visavam, pelo menos a princípio, a adesão das massas. Queriam apenas impedir que o apoio pendesse para o terreno do adversário, buscando a desmobilização da população em torno dos temas políticos.

Mais que um produto informativo ou de entretenimento, a nova publicação deveria ser acima de tudo política – procurando, paradoxalmente, evitar trazer temas políticos em suas páginas. Sua meta era neutralizar a ação do *Última Hora* nas classes populares, utilizando uma aparente e falsa neutralidade. Não procuraria tentar formar opiniões, trabalho esse realizado à exaustão pelo concorrente, e sim veicular notícias que restabelecessem a verdade distorcida, segundo a ótica da direita, pelo periódico de Wainer. Na visão dos Levy, o povo deveria ter acesso a um jornal construtivo, que se contrapusesse à visão negativa que o UH dava à situação política do país, criando confrontos entre os empresários e os sindicalistas.

Assim, foi constituída, em 19 de abril de 1963, a Editora *Notícias Populares* S.A., com sede na própria rua do Gasômetro, no Brás, e escritório administrativo na rua São Bento, no Centro. No dia seguinte, o *Diário Oficial* do Estado anunciava a formação da empresa, com um capital de 130 mil cruzeiros. De acordo com o plano inicial, a maior parte do dinheiro levantado para lançar a empreitada seria fornecida por Herbert Levy e seus filhos. Empresários como José Ermírio de Moraes Filho, Luiz Pinto Thomaz e João Arruda também haviam se comprometido a contribuir por meio da compra de ações. A ajuda, porém, ficou apenas na promessa.

A Jean Mellé coube a tarefa de montar a equipe de jornalistas para dar sustentação à ideia. Nesse ponto, o romeno tratou de compensar a precária organização administrativa cercando-se de nomes de peso – a maioria, como ele, migrada da redação do *Última Hora*, de onde haviam sido tirados com propostas de salário até três vezes maiores. O time contava com Narciso Kalili (secretário de redação); Ramão Gomes Portão (editor de polícia), Cícero Leonel (chefe de reportagem), Sílvio Sena (editor-chefe), Carlos Tavares, Sérgio Pompeu e Mauro Santayana (redatores); Dalmo Pessoa, Vital Battaglia, Rui Falcão, Adriano Neiva – o De Vaney –, Tão Gomes Pinto e Celso Brandão (esporte); Percival de Souza e José Carlos Bittencourt (geral).

Completavam o elenco correspondentes em Brasília, Rio de Janeiro, Santos e Paris – onde trabalharia o filho de Mellé, Radu Henry – e diamantes lapidados pelo romeno, como Álvaro Luiz Assumpção, o Meninão. Figura badalada da alta sociedade, Meninão foi encarregado de fazer coluna social para o *Notícias Populares*. Precursor de uma tendência que dominou os jornais brasileiros nos anos seguintes, o ex-*playboy* revolucionou o gênero, misturando notas quentes sobre política e economia no espaço reservado à cobertura da vida noturna, a seção "Em dia com a noite".

Outros medalhões assinariam colunas no jornal, como Moracy do Val (que escreveria a seção "Show", sobre variedades) e Cláudio Marques ("Caixa alta", com notas sobre política e sociedade). Por sorte, o principal cronista brasileiro, Nelson Rodrigues, já não escrevia mais para os concorrentes *Última Hora*, onde teve espaço cativo até 1961, ou *Diário da Noite*, em que passou dez meses, até julho de 1962. O passe de Nelson era do *Globo* carioca, mas suas colunas não estavam sendo reproduzidas em São Paulo. Era mais uma excelente oportunidade de enobrecer o projeto de Jean Mellé. A partir de 1963, as páginas do *Notícias Populares* mostrariam "A vida como ela é..."

Inicialmente, o romeno queria batizar a publicação de *O Momento*, em homenagem à sua antiga cria. Como o nome já estava registrado por outra empresa jornalística, Mellé buscou um título forte, que fosse direto ao assunto, e chegou a *Notícias Populares*. Sugestão prontamente aceita, era hora de fazer a propaganda entre os empresários e a população. Pouco menos de um mês antes do lançamento, uma pequena nota encontrada numa coluna da *Folha de S.Paulo* entregava completamente o ouro que Levy e os colaboradores udenistas queriam esconder dos leitores. O texto, de 22 de agosto de 1963, dizia o seguinte:

> Jean Mellé, que vai ser o "cap" editorial de *Notícias Populares*, esteve explicando a homens de livre empresa, num almoço em casa do deputado Herbert Levy, o que virá a ser o seu dinâmico vespertino anticomunista. Estou sabendo que os "bigs" em torno da mesa já acertaram propaganda para o jornal durante um ano. Depois desse ano, só se o *Notícias Populares* tiver realmente leitores e nada de dez ou quinze mil exemplares...[1]

---

1. Em todas as transcrições foi mantida a grafia original. [N. E.]

Compare-se esse trecho com o editorial estampado na capa da primeira edição do *Notícias Populares*, colocada nas bancas em 15 de outubro de 1963, uma terça-feira, com tiragem de cerca de 15 mil exemplares:

UM JORNAL EM SUAS MÃOS

São Paulo tem, a partir de hoje, mais um jornal. Precisamente este, que V. agora manuseia com o mesmo sentido crítico com que o povo forma e derruba governos. E é um jornal, acreditamos, feito ao seu gosto, destinado a resistir a este mesmo exame a que seus olhos e sua inteligência o submetem: pela sua feição grafica, pelo seu conteúdo informativo. Tivemos, como ocorre em todo empreendimento, nossos momentos difíceis, noites de vigilia, enquanto a rotativa desenrolava das bobinas sucessivas pre-estreias. Somos os que se propõem a lhe oferecer um jornal de primeira qualidade, povo como V. Por isto, os numeros que rodamos antes e que não chegaram às suas mãos sofreram o mesmo crivo, sucessivamente, até que nos decidimos a pô-lo na rua, fazendo-o chegar a V. Examine-o, por dentro e por fora, como o fizemos antes. Ele é seu, agora, como antes já foi nosso: elaboramo-lo, pacientemente, a V.

Não procure, nestas paginas, intenções políticas. Isto o cansaria sem resultado. Outro intuito não há senão o de dar a V. a visão cotidiana de São Paulo, do Brasil, do mundo em que vivemos. Um mundo nem sempre bom, mas cheio de mensagens otimistas: de pujança cientifica, de solidariedade entre os povos, de trabalho – por entre todas as dificuldades inerentes à propria essencia de coisa viva. Um mundo belo, enfim, pois, quando mais se agrupam estas dificuldades, delas tira a humanidade suas paginas mais gloriosas. E esta é a luta, com esteios de fé e halos de esperança, que traremos diariamente a V.

TODOS NÓS

Bem, se o "povo forma e derruba governos", por que o *Notícias Populares* não trataria dos assuntos políticos? Estava ali, já na primeira manchete: GREVE NAS ESCOLAS HOJE: PROFESSORES RECUSAM PROPOSTA. Certamente não se tratava de uma das mensagens otimistas a que o editorial se referia: a contradição com a proposta veiculada pela apresentação do jornal era evidente no início da trajetória do *Notícias Populares*, que também passaria a ser conhecido pela sigla

NP. A pomposa conversa do editorial, se passada pelo referido "sentido critico do povo", não colava. Mas, como as elites sempre tiveram a certeza de que o povo não pensa, os comandantes do *Notícias Populares* apostaram nesse jogo de aparências.

A primeira página da primeira edição trazia ainda chamadas policiais e uma foto de Brigitte Bardot, a líder absoluta no *ranking* oficial dos colírios de Mellé, seguida pelas não menos famosas e desejadas Catherine Deneuve e Elizabeth Taylor. O preço de cada exemplar, 20 cruzeiros, também era uma exigência do romeno. Para ele, uma publicação como o NP deveria custar significativamente menos que os concorrentes da grande imprensa – o *Última Hora*, o *Diário Popular* e a *Folha de S.Paulo*, por exemplo, saíam por 30 cruzeiros cada um. Suas convicções quase dogmáticas sobre fórmulas como essa convenciam qualquer um. A marca do romeno também se fazia textualmente presente no *Notícias Populares*: na página 3, ressurgia a coluna "Jean Mellé informa", com notas sobre política nacional e internacional – outra atração importada do *Última Hora*.

O noticiário era bem balanceado, com espaços parecidos para política, internacional, esporte e polícia. Havia ainda quadrinhos, horóscopo e turfe, além das numerosas colunas, que passariam a ser uma das marcas indeléveis do jornal. Além de sua tradicional "Jean Mellé informa", o chefão romeno alimentava a coluna "Mundo na imprensa" com notas da *Time* americana e de outras publicações que costumava ler ainda na Europa, como *Le Monde* e *L'Observateur*, da França, e jornais russos. A partir de fevereiro de 1965, Mellé ainda assumiria um espaço de fofocas na página de variedades. Com a saída de Cláudio Marques, o romeno se tornou também o titular da coluna "Caixa alta". Pouca gente, porém, ficou sabendo: a seção passou a ser publicada sob o gracioso pseudônimo de Jackie Cassino.

A primeira sede do *Notícias Populares*, localizada em um sobrado na rua do Gasômetro, 425, retratava bem a primária organização empresarial de um periódico que estava, acima de tudo, a serviço da política. A redação ficava no primeiro andar: subindo as escadas, a sala de Mellé situava-se em um canto à direita, contraposta a um grande salão onde as máquinas de escrever estavam em prateleiras afixadas na parede – mesas, inicialmente, só para os editores.

Para escrever uma matéria, o repórter apenas puxava uma cadeira e começava a dedilhar as Remington e Olivetti, concretizando o projeto de Levy e, principalmente, de Mellé. A exemplo de seu antigo chefe Samuel Wainer, o romeno parecia ter encontrado sua razão de viver.

No térreo, ficavam as mambembes rotativas do jornal. Já bem capengas para a época, mal davam conta do serviço que necessitavam realizar – puro exemplo do tosco arranjo da Sociedade Anônima. A bem da verdade, elas eram as mesmas que antes imprimiam os 3 mil exemplares da então tímida *Gazeta Mercantil*. O folclore continuava: para o cargo de retocador de fotografia, foi recrutado um cantor de ópera, conhecido apenas como Paulo. Com os minguados recursos para sua gráfica, uma das grandes preocupações de Mellé nos primeiros anos do NP era a economia e a redução de custos: a ordem, reaproveitar ao máximo tudo que pudesse ser reaproveitado.

Impressão do primeiro exemplar do *Notícias Populares,* nas oficinas da rua do Gasômetro, em outubro de 1963

Exemplo claro dessa política verificava-se com os clichês, as placas de zinco empregadas na impressão tipográfica. Uma vez usados, podiam ser fundidos e reutilizados. O romeno, tão logo uma edição acabava de ser rodada, já saía como um louco atrás do clichê. A postura de Mellé era tão incisiva que a redação da época já sabia o que fazer antes mesmo de qualquer pedido do romeno. "Se você buscou *clichêu*, não acha/Desce *embaixa*, desce *embaixa*..." Os versos cantarolados pelos jornalistas foram compostos pela "Rita Pavone" da redação – este era o apelido do repórter Renato Lombardi, que se tornaria um dos principais especialistas em jornalismo policial do Brasil. A marchinha parodiava o sotaque do chefe e referia-se à sagrada tarefa de descer à gráfica para recuperar as placas metálicas.

O dialeto do veterano jornalista, aliás, mereceria um capítulo a parte. Como já foi citado, o português de Mellé era uma salada romena – razão pela qual tudo que escrevia era revisado e muitas vezes reescrito pelos jornalistas de maior confiança do chefão, como Sílvio Sena. O romeno aprendeu que o indicativo do gênero masculino era a letra "o": assim, qualquer jornalista

Após os trabalhos, Mellé (esq.) e Ramão (dir.) recarregam as baterias com um funcionário

NADA MAIS QUE A VERDADE

O começo: *Notícias Populares*, número 1, 15 de outubro de 1963

homem virava *jornalisto*, artista era *artisto* e assim por diante. Por associação lógica com o termo tabagista, Mellé tratava os bêbados de *pingagistos*, e qualquer bandido, mesmo aquele que roubava galinhas na periferia de Diadema, era um *gângstero*. Uma vez, querendo escrever piscina, grafou *bacilo d'água*.

Essa difícil relação com o português pode ser bem dimensionada tomando-se por base um episódio ocorrido ainda no início do jornal. A grande notícia do dia era a de que a chuva inundara a cidade. Na manchete, espaço de três linhas com 11 toques em caixa alta. A versão do romeno: **ENCHENTE CATASTROFAL EM SP**. Mesmo alertado pelos jornalistas do equívoco, Mellé não dava o braço a torcer. "Não pode, seu Mellé, esse termo não existe. O certo é 'enchente catastrófica'", explicavam os colegas de redação. "Mas aí não dá o *tamanha*", respondia o chefe. Resignado, o romeno cedeu aos apelos ortográficos e desistiu de seu simpático neologismo – não sem antes murmurar: "*Esse* língua portuguesa..."

Mesmo com todos os problemas nas semanas seguintes ao lançamento, o jornal alcançava uma tiragem razoável, estimada entre 20 mil e 30 mil exemplares. Nada, portanto, que entusiasmasse o romeno, que pretendia reeditar no NP o êxito de seu *Momentul*. Mas Mellé punha muita fé em seu taco; com faro aguçado, confidenciava que precisava de apenas um episódio de grande destaque para fazer as rotativas trabalharem até dizer chega. O que ele não sabia, entretanto, é que já na edição de 12 de novembro esse fato estava anunciado. Sob o título **NP REVELA AS PREVISÕES PARA 1964**, a adivinha Jeanne Laplace bradava que John Fitzgerald Kennedy, então presidente dos Estados Unidos, deixaria o poder. Outra vidente, Jacqueline Malley, previra "a eliminação de Kennedy das eleições de 1964, por motivos de saúde".

Bem, quase certo. Dez dias depois, em 22 de novembro de 1963, em Dallas, o admirado político ianque foi eliminado para sempre. Grande fã de JFK, Jean Mellé não desperdiçou a oportunidade. No dia seguinte, soltou uma manchete fiel ao seu estilo, em letras garrafais: **KENNEDY ASSASSINADO**. Com uma biografia caprichada, o último discurso do presidente e a cobertura da prisão de Lee Harvey Oswald, o suposto assassino, a edição estava esgotada. Em sua coluna, Mellé escreveu: "Assassinato de Kennedy modificará os destinos dos EUA e de todo o mundo". Poderia ter escrito também que o fato modificaria a história do jornal: aquele era o marco que consolidava o *Notícias Populares* como um dos periódicos mais vendidos do país.

Nos dias seguintes à tragédia, o NP noticiava a repercussão do crime e a morte do "assassino". Em 28 de novembro, o jornal entrou na discussão das teorias conspiratórias sobre o crime e publicou uma reconstituição do assassinato. De posse de um carro conversível emprestado por Meninão e de um rifle tcheco calibre 22, os repórteres Cícero Leonel, Wilson Santos e Walter Marcondes foram até um prédio da avenida Dom Pedro I, no Cambuci, zona sul paulistana. Simulando o cenário do crime em Dallas, fotografaram os momentos de agonia do presidente morto com a ajuda de um técnico de armas da Casa Ao Gaúcho.

No dia seguinte, 29 de novembro, o assunto já tinha pouco destaque nos outros jornais, mas o NP noticiava na manchete: **JACQUELINE NO BRASIL**. A viúva mais famosa do planeta não estava a caminho do país – a notícia era a de que João Goulart apenas havia convidado Jackie para substituir o marido na visita oficial que o presidente faria no início de 1964. Não importa: a edição foi um sucesso de vendas. O *Notícias Populares* caía nas graças do trabalhador, e ganhava, assim, condições de cumprir seu papel para a UDN.

23/11/1963: John Kennedy se foi, assim como os exemplares do NP nas bancas de São Paulo

4 CIRCO DO ROMENO PEGA FOGO

Para quem já havia superado uma década em condições sub--humanas na Sibéria, driblar um empreendimento (mal) organizado pela burocracia seria fichinha. Em pouco tempo, Jean Mellé conseguiu tirar leite de pedra, transformando a precária estrutura do NP em uma organização respeitável para os padrões jornalísticos. Em uma época em que a boemia e o jornalismo dançavam de rosto colado, o romeno tinha uma visão da engenharia de um jornal que somente 20 ou 30 anos depois seria implantada pelos grandes veículos. Claro que muitos achavam que o chefe estava pirado quando dizia, por exemplo, que os jornais do futuro sairiam em três edições diárias, com quatro páginas no máximo, para reproduzir com mais agilidade as notícias do dia. Mellé só não contava com a internet, que sepultou sua previsão de um jornal em papel com três edições. Mas não seria a rede de computadores exatamente a concretização dessa ideia em outro meio?

Independentemente disso, quando o romeno arregaçava as mangas, ninguém ousava contrariá-lo. Nem mesmo o dono, já que Mellé gozava de autonomia em todos os sentidos – o próprio Luiz Fernando Levy admite que suas reuniões com o jornalista serviam apenas para cumprir tabela, pois jamais ousara interferir nas decisões do veterano editor. A principal cobrança do chefe para a redação dizia respeito ao horário de fechamento. Normalmente, as páginas deveriam começar a descer às 20 ou 21 horas, mas Mellé costumava antecipar o *deadline* para as 19 horas. O motivo? Atingir aquele trabalhador que voltava para casa tarde da noite e não teria tempo, no dia seguinte, de parar em uma banca. De quebra, arrebanhava o público que se esbaldava nas boates do Centro até altas horas da madrugada. Na década de 1990, essa estratégia passaria a ser praxe no jornalismo – com direito a exageros de grandes veículos, que chegam a colocar a edição de domingo nas bancas no sábado à tarde.

Claro que Mellé também escorregava nessa pressa de fechar seu NP. Certa vez, Vital Battaglia, que finalizava a edição de esportes, foi abordado pelo romeno. "*Jornalo* fecha cedo hoje. Acho que não vai dar para esperar para fazer o jogo da noite", disse o editor. "Bom, seu Mellé, se não der, tudo bem. A gente dá no segundo clichê", respondeu Battaglia. A tréplica foi digna de Dadá Maravilha, o rei das pérolas futebolísticas. "*No*, acho que nem em segundo clichê, *no* compensa trocar. Será que *no* dá para colocar o resultado só do meio tempo do jogo?" Evidentemente, explicaram ao romeno que, nesse caso, seria melhor não colocar nada.

A verdade é que Mellé estava se acostumando novamente a ser chefe. E não só na redação. Não se sabe como, mas, ainda na fase inicial do *Notícias Populares*, o romeno havia convencido os Levy a desembolsar uma nota preta em uma nova frota de distribuição. Do sobrado do Gasômetro, certa vez, Mellé mostrou a um incrédulo Tão Gomes Pinto um comboio de lustrosos caminhões e caminhonetes Ford, que chegavam com pneus pretinhos e o reluzente logotipo do NP estampado nas portas. "Este *estar* segredo do *jornalo*: *distribuiçon*", disse ele. Para completar o esquema de entrega, jornaleiros à moda antiga levavam o NP na boca da Boca, cobrindo os principais pontos da badalação noturna paulistana da época. Só as velhas rotativas, para variar, continuavam falhando na hora H. Experientes, porém, os funcionários já haviam descoberto como lidar com as máquinas nesses momentos: pauladas na lateral da engenhoca eram tiro e queda.

1963 » 1972

Na parte editorial, o jornal não precisava de trancos para engrenar. A equação esportes, polícia e cidades, reforçada por fotos de mulheres do Teatro Natal, na praça Júlio Mesquita, era a garantia de resultados positivos nas bancas. Uma equipe de primeira linha, comandada com pulso firme pelo romeno, começava a tomar corpo no jornalismo paulistano. Nenhuma outra publicação, por exemplo, cobria as enchentes – pesadelo dos verões paulistanos já naqueles tempos – como o *Notícias Populares*. O banho que o NP dava nos concorrentes, contudo, não era fruto apenas do espírito jornalístico dos repórteres: os próprios funcionários do jornal eram vítimas das cheias, que transformavam a região do Brás em um verdadeiro mar urbano. Muitos só conseguiam chegar ao Gasômetro pegando carona em caminhões ou mesmo enfrentando as águas turvas. Por isso mesmo, não foram poucas as vezes em que jornalistas tiveram de trabalhar de cueca, enquanto calças e meias secavam no laboratório de fotografia – isso a despeito da presença feminina na redação, que contava com duas ou três funcionárias.

Mas as exclusivas não paravam por aí. Na editoria de esportes, o NP literalmente entrava em campo para chegar aonde a concorrência não chegava. Um de seus repórteres, João Carlos Guide, setorista do Palmeiras, havia conseguido enorme trânsito no clube, e cansou de trazer furos para a redação, mostrando ângulos inéditos na reportagem esportiva. Não era difícil encontrar jogadores do alviverde visitando o prédio da rua do Gasômetro. Em retribuição, Guide era frequentemente requisitado para completar o time nos treinos no Palestra Itália. A relação não se abalou nem quando o repórter, autor de uma entrada mais estabanada no treino, contundiu o zagueiro Aldemar, tirando o jogador de um clássico contra o São Paulo.

A editoria de polícia, tocada pelo rechonchudo Ramão Gomes Portão, não ficava menos perto da notícia. Um dos fotógrafos do caderno, chamado Luiz Manuel, descendente de portugueses, entrava em qualquer beco antes da polícia para prender um bandido – não sem antes, claro, fazer o devido registro fotográfico da cena. Além da câmera, seu outro instrumento de trabalho era uma pistola automática 765, da qual não se separava nunca. (Aliás, a maioria dos repórteres policiais da época também não dispensava uma arma ao lado da caneta e do bloco).

Luiz Manuel, por sinal, foi o protagonista de uma das mais incríveis histórias do jornal na era do Gasômetro. Em uma noite de fechamento – já na espera pela troca de clichês –, o fotógrafo limpava o revólver de estimação em uma bancada na redação. Perto dele, J. B. Paladino, jornalista que cuidava da editoria internacional, insistia em provocar o lusitano. "Ô português, tenho mais medo dessa arma no chão que na sua mão", gargalhava. Paciente, Manuel continuava compenetrado em seus afazeres, apenas dando um recado: "Não me encha o saco, ora pois." A noite adentrava, e as brincadeiras de Paladino, que estava sentado em uma das mesas da redação, prosseguiam. De repente, o fotógrafo levantou e deu um tiro no pé do engraçadinho. Ninguém ficou para ver: todos os jornalistas desceram a escada voando e foram se refugiar no hotel do outro lado da rua.

No corre-corre, também entraram os funcionários que trabalhavam na oficina, no térreo. A salvo na hospedaria, relataram aos companheiros que a bala atravessara o assoalho de madeira do primeiro andar e passara pela clicheria, alojando-se na mesa sobre a qual alguns trabalhadores jogavam crepe. Depois de quase meia hora escondidos, os jornalistas voltaram ao prédio e encontraram Paladino imóvel, com a pele quase transparente: a bala havia atingido a costura de seu sapato. Já Luiz Manuel permanecia sentado, com as pernas para cima. Limpava calmamente a sua arma e, afinadíssimo, assobiava o *Vira*.

Evidentemente, casos como esse fugiam à rotina do *Notícias Populares*. Mas isso não significava que o clima na redação tivesse a harmonia de um mosteiro de monges beneditinos. Jean Mellé e Narciso Kalili, os dois primeiros homens na hierarquia editorial do NP, viviam uma relação de amor e ódio. Mais que um conflito pessoal, tratava-se de um confronto de escolas: de um lado, o romeno querendo mostrar a verdade nua e crua; de outro, o veterano jornalista brasileiro, sempre preocupado em manter a publicação com alto nível editorial, buscando erradicar todo e qualquer exagero populáresco.

Assim, bastava o horário do fechamento se aproximar para o tempo esquentar. Todas as noites era a mesma coisa: a dupla subia e descia a escada do prédio aos berros, trocando ideias (poucas) e ameaças (muitas). Os insultos ecoavam por todo o prédio, desde o aquário de Mellé até o salão das rotativas.

O pavio curto do chefão era conhecido por todos, mas ninguém se preocupava com essas ameaças – afinal, depois dos entreveros, Mellé voltava a derreter-se pelo colega. Além disso, a presença delegadesca de Ramão Gomes Portão intimidava a dupla. Quando a coisa parecia sem volta, o editor de polícia – advogado e criminalista de formação, muito inteligente e educado – colocava sua imensa barriga para apartar os brigões, e estava tudo resolvido.

Todavia, isso começou a mudar quando Mellé resolveu publicar a história de um triângulo amoroso envolvendo uma grande dama da alta-roda paulistana, Lygia Jordan. A reportagem de Percival de Souza citava o nome de todos os envolvidos, inclusive os vértices da trama, figurões da aristocracia bandeirante. Mesmo aconselhado por Kalili a deixar a história de lado – o veterano sabia que mexer com a alta sociedade era mergulhar em um vespeiro –, o romeno não se fez de rogado e soltou a matéria. A repercussão foi enorme: além de transformar-se em um verdadeiro escândalo social na época, a história rendeu dividendos ao NP, que praticamente dobrou sua tiragem na ocasião.

Mas Mellé pagaria caro pela ousadia. Certa noite, finalizado o expediente, o romeno estava prestes a entrar em seu prédio quando foi abordado por dois desconhecidos. Pelas costas, um deles segurou a vítima; rapidamente, o outro começou a desferir uma saraivada de golpes no editor do *Notícias Populares*, no melhor estilo Éder Jofre. Mellé caiu junto com a sacola com garrafas de refrigerante que comprara pouco antes. De acordo com relatos de testemunhas, os agressores fugiram em um táxi de marca DKW de cor cerâmica. Antes de sair, deixaram lembranças de Claudino Caiado de Castro, um dos envolvidos no caso Lygia Jordan.

Anos depois, os responsáveis pela emboscada foram pegos pela polícia e deduraram o mandante da agressão. Os pugilistas Miguel Angel Miranda e Paulo da Silva confessaram ter recebido 100 mil cruzeiros de Caiado para aplicar a surra em Mellé, sob a justificativa de que o jornalista estava criticando Lygia – que passara a ser mulher do figurão – no jornal que dirigia. A partir daí, a fera romena passou a andar protegida: berro 38, cano longo.

As discussões com Kalili continuaram, e a redação passou a temer pela segurança de ambos. Como ninguém se atrevia a desarmar Mellé, até mesmo os profissionais mais pacíficos passaram a carregar revólveres. Se houvesse detector de metais na entrada da redação, o jornal jamais chegaria às bancas. Claro que a situação incerta do país também contribuiu para o aumento do arsenal dentro do *Notícias Populares*. A polarização das forças políticas fazia que, para muitos, sair às ruas fosse uma grande incógnita. Assim, também os jornalistas começaram a trabalhar com segurança própria – no caso de Mauro Santayana, um belo facão de 40 centímetros, cabo de prata, tratava de afugentar qualquer perigo. Arma nenhuma, porém, serviria como defesa do turbilhão que envolveria o Brasil um pouco mais tarde.

5 METRALHA UDENISTA CONTRA A DEMOCRACIA

O deputado Herbert Levy sempre teve cadeira cativa no *Notícias Populares* – afinal, era o dono. Nos primeiros números, notas sobre a agenda e os pronunciamentos do político abundavam. Somente Brigitte Bardot aparecia tanto no jornal: problemas familiares, viagens, maldições astecas, qualquer coisa era pretexto para estampar a musa maior de Jean Mellé nas páginas do NP. Em janeiro de 1964, auge do verão brasileiro, a atriz veio para o Brasil em uma temporada carioca e passou a ofuscar até a presença de Levy. Famosa pela aversão aos repórteres, Brigitte trancou-se no quarto do Copacabana Palace durante a visita. No dia seguinte, o *Notícias Populares* estampava na capa: BRIGITTE SEQUESTRADA. No mesmo mês, foi flagrada por um *paparazzo* praticando *topless*. A imagem de BB seminua na capa do NP deu origem a uma série de reportagens sobre a nova moda, chamada de "biquininho". Enciumado, Jean Mellé desaprovou o *topless* de Brigitte. Na pele de Jackie Cassino, escreveu em sua coluna que considerava o modismo "de inteiro mau gosto".

No mês seguinte, La Bardot foi colocada de lado e o espaço de Herbert Levy no jornal aumentou em proporção à tensão crescente na atmosfera política brasileira. Em 19 de fevereiro de 1964, tem início o bombardeio mais efusivo por parte do deputado udenista contra o governo, com a manchete **LEVY: JANGO ATRASA O MÍNIMO PARA FAZER REVOLUÇÃO.**

> O retardamento da assinatura do decreto do novo salário mínimo faz parte de esquema da 'guerra revolucionária' que o presidente João Goulart promove no Brasil. A denúncia foi feita ontem pelo deputado Herbert Levy, no Aeroporto de Congonhas, quando embarcava para Brasília. Segundo o deputado Levy, o objetivo do Sr. João Goulart seria o de dificultar as condições de vida do povo, para que este, desesperado, aceite qualquer solução.

Daí para a frente, pobre Jango e companhia limitada. A metralhadora giratória udenista não economizava projéteis contra os governistas, atacando com mais frequência toda e qualquer medida que não a agradasse. Como, com o passar do tempo, as notícias políticas desagradavam mais e mais os conservadores, não é exagero dizer que o NP, no período de fevereiro a abril de 1964, virou uma espécie de tribuna da UDN. O golpe militar aproximava-se, e o jornal, como um soldado tomado pela flama candente do ardor cívico, passou a encampar a ideologia da defesa da segurança nacional. Ironicamente, a equipe do jornal era composta por uma esmagadora maioria de simpatizantes da esquerda, que até tentava "sabotar" – como definiu Mauro Santayana – as notícias reacionárias. Mas a voz do dono e do editor-chefe, obviamente, determinava a última palavra. Mesmo assim, a oposição não chegaria a se transformar em um grande conflito ideológico, mesmo porque era Mellé o responsável pelas notícias pró-UDN. De qualquer forma, o fatídico mês de março começava assim para o *Notícias Populares*:

1963 » 1972

LEVY: GOVERNO TEM INTERESSE EM SUBVERTER A ORDEM

O deputado federal Herbert Levy proferiu, sexta-feira última na Associação Comercial e Industrial de Campinas, palestra sobre o aniquilamento econômico e a ameaça à liberdade que se processa no país.

Nada mal para um jornal que não se prestaria a falar de política. Além desses ataques diretos, o NP também começou a publicar manchetes econômicas contra o governo, buscando minar o apoio popular a Jango – afinal, a parte mais sensível do corpo do trabalhador era mesmo o bolso. **PÃO E LEITE MAIS CAROS** e **MAR DE LAMA NO AUMENTO DO ÔNIBUS** foram as manchetes de 4 e 7 de março. A estratégia é de fazer qualquer general aplaudir de pé. Em épocas de turbulência e polarização, o povo tende a ficar do lado que defende a estabilidade para o crescimento pacífico e saudável da família. O jornal também temperava o clima com ameaças vindas de fora, onde a Guerra Fria esquentava os ânimos. No dia 10, por exemplo, lia-se uma matéria com o seguinte título: **OEA: CUBA FAZ AGITAÇÕES NO BRASIL.** Para o NP, só um golpe salvaria o país.

Aliás, de acordo com as páginas do jornal – reflexo, claro, da mentalidade da direita –, o golpe era a manutenção do governo de Jango, eleito democraticamente pelo povo. A sequência de manchetes catastróficas não deixa mentir: **PANCADARIA ESTOURA DE NOVO EM MINAS: METRALHADORAS E TANQUES PARA GARANTIR JANGO**, em 13 de março de 1964; **GOULART ENCAMPOU REFINARIAS**, no dia 14; **PANCADARIA EXPLODE DE NOVO EM MINAS**, no dia 16. (Em três dias, duas manchetes traziam o termo "pancadaria".) No dia 17, **METRALHA NA FACULDADE** (relatando uma ação da polícia na Faculdade de Direito do Largo São Francisco). No dia 18, **400 DESPEJOS POR DIA: ALUGUÉIS** (impasse na lei de regulamentação dos aluguéis). A situação era caótica.

Se alguém ainda tinha dúvida de que o NP era um jornal político, ela começou a se dissipar no mesmo dia 18, quando o jornal passou a fazer propaganda da Marcha da Família com Deus pela Liberdade. Evento importantíssimo no contexto da época, a marcha foi motivada por uma frase de João Goulart, ao comentar o fato de que as mulheres de Belo Horizonte, de terço na mão, impediram um comício de Leonel Brizola: "Não é com rosários que se combatem as reformas". Jango perdeu uma ótima oportunidade de ficar com a boca fechada. Pouco tempo depois, os conservadores convocaram a marcha para combater, agora nas palavras do NP, "a demagogia das reformas, que escondem o objetivo de um golpe contra as instituições democráticas do país preparado pelo chefe da Nação". "A cidade vai parar", torcia o jornal.

No dia seguinte, 19 de março, o primeiro de uma série memorável para a direita, a manchete estampava: **POVO MOBILIZADO CONTRA O GOLPE: MARCHA COM DEUS É HOJE!** Em sua coluna, Jean Mellé abria espaço para as sempre ponderadas palavras do deputado Levy, que chamava o presidente da República de "fraude". Pelos cálculos mais pessimistas, a marcha reuniu mais de 500 mil pessoas; nos mais otimistas, 800 mil. Ao lado de Herbert Levy, Cunha Bueno, Plínio Salgado e Ademar de Barros, governador de São Paulo, a multidão protestou contra Jango e seus "assecas". O jornal não se conteve: **SÃO PAULO DE PÉ DEFENDE A DEMOCRACIA** foi a manchete de 20 de março, que também trazia a declaração de – sim, ele de novo – Carlos Lacerda: **SÃO PAULO SALVOU O BRASIL.**

No dia 21, ainda colhendo os louros da vitória pela marcha contra o comunismo ateu de Jango e Brizola, o *Notícias Populares* manchetou: **LACERDA E ADEMAR UNIDOS: DEFENDEREMOS DEMOCRACIA.** Como toda a direita, o NP não dava moleza para o governo. No dia 25, para bater do outro lado, o econômico, volta à tona a questão dos aluguéis. **ALUGUÉIS: JG ADIOU DECRETO**, dizia a manchete, referindo-se à postergação da lei de tabelamento dos aluguéis, determinada pelo presidente, contrariando todas as expectativas. As manchetes do dia 27, **REBELIÃO NA MARINHA**, e do dia 31, **MARINHA: BOATOS AGRAVAM A CRISE**, mostravam que a vitória antigovernista estava próxima.

Na redação do NP, o clima também fervia. Os jornalistas puderam presenciar, no final da tarde do último dia de março, o abraço aliviado de Luiz Fernando Levy e Jean Mellé, que desceram a escada comemorando por antecipação a vitória das Forças Armadas. Concomitantemente, eclodia o movimento revolucionário em Minas Gerais, com a saída das tropas comandadas pelo general Mourão Filho. O romeno colocou todos os repórteres na rua, deslocando-os para cobrir a movimentação política. Vital Battaglia, por exemplo, foi para o quartel do Ibirapuera acompanhar a movimentação das tropas alojadas na capital paulista, já que havia a notícia de que o III Exército poderia estar se dirigindo para São Paulo. Tudo o que encontrou, porém, foi

19/3/1964: O NP convoca a população para combater a "demagogia das reformas" de João Goulart

20/3/1964: Na edição que comemorava o sucesso da marcha, Lacerda afirmou que São Paulo salvou o Brasil

um general que acompanhava a "revolução" com os ouvidos grudados em um rádio Spica, esperando notícias de fora.

Mesmo assim, na volta à redação, o jornalista fez um relato de mais de 30 laudas do dia D, e entregou o material ao chefe. Mellé não chegou nem ao fim da primeira página. "Não precisa, Battaglia. Já ganhamos", afirmou o romeno. As notícias quentes vinham mesmo da cúpula da UDN, e iam direto para a primeira página. Dia 1.º de abril: **AB: ESTAMOS COM MINAS**. "Ademar de Barros, acentuando estar contra o golpe, afirmou ser necessário dar fim à onda comunista que assola o Brasil". Dia 2, os donos do NP estavam em festa. Dia 3, em letras garrafais, a vitória definitiva: **GOULART ABANDONOU O BRASIL!** Ainda na capa, o jornal reproduzia novas declarações do governador paulista: **ADEMAR: MANDAREMOS NAVIOS COM COMUNISTAS À URSS**.

No mesmo dia, na página 3: **LEGALIDADE INAUGUROU NOVA POLÍTICA. TRANQUILIDADE!** Ao lado, a coluna principal de Jean Mellé tinha um título mais que sugestivo: "As Forças Armadas como fator importante na formação de uma real democracia nas Américas". Um dia depois, no tradicional espaço de Levy, a afirmação de que o novo presidente deveria ser um militar. "É a melhor homenagem que se poderia prestar ao Exército nacional, que garantiu a sobrevivência da democracia", resume. Não há quase uma linha sobre o destino de Jango, só para o futuro que, sob um céu anil e com a bênção dos militares, se abria. **AURO VISITOU ADEMAR E KRUEL: PAZ E**

DEMOCRACIA ASSEGURADAS. A manchete do dia 11 é a pá de cal na tensão política e civil que o NP, apesar de na teoria pretender mostrar as mensagens otimistas da sociedade, transmitiu por quase seis meses em suas páginas: **CASTELO BRANCO PRESIDENTE!** Com o novo líder, viria o tão esperado reforço na segurança nacional, como se pode perceber pelas chamadas seguintes: **SUBVERSÃO: VASCULHADOS TODOS OS FOCOS; CAÇA ÀS CÉLULAS COMUNISTAS.** Agora, sim, o paraíso reinava no mundo do *Notícias Populares.* Seguem-se ainda os seguintes excertos:

MINISTRO DA GUERRA: REVOLUÇÃO RESPEITOU CONSTITUIÇÃO (entrevista com o general Artur da Costa e Silva, p. 6, dia 11/4)

CASTELO BRANCO INICIA MARCA DA RECONSTRUÇÃO NACIONAL (p. 3, 13/4)

GOVERNO VAI CONGELAR PREÇOS EM TODO O BRASIL (p. 6, 13/6)

CASTELO BRANCO: ALIANÇA SÓ COM OS PAÍSES LIVRES (16/4)

CADEIA PARA QUEM ROUBAR O POVO (18/4)

Até mesmo Radu Henry – filho mais velho de Mellé que se tornara jornalista e *bon-vivant* em Paris – contribuía com notícias da Europa. **CASTELO BRANCO SERÁ PRESIDENTE COMO DE GAULLE: SALVARÁ BRASIL,** escreveu em 11 de abril. Para tranquilizar ainda mais a população, o jornal batia na tecla do congelamento, publicando os 64 artigos de primeira necessidade cujos preços o governo decretara intocáveis (um desses produtos indispensáveis era o sanduíche de mortadela). O *Notícias Populares* também não se esquecia da ação da polícia. De acordo com o periódico, os guardas estavam fazendo sua parte – não havendo, portanto, motivo para pânico. Pelas linhas do jornal, o governo parecia dar a alma pelo povo. **CASAS PRÓPRIAS: 14 BILHÕES PARA OS PAULISTANOS** era a manchete de 21 de abril. Tudo estava às mil maravilhas.

O NP seguiu nesse ritmo até a segunda metade de 1965, quando completaria dois anos de vida. Já acumulava prestígio no interior e na capital de São Paulo, com uma tiragem média variando entre 70 mil e 90 mil exemplares diários. Levantamento do Instituto Brasileiro de Opinião Pública e Estatística (Ibope), publicado no final de 1964, revelava que o *Notícias Populares* registrara um aumento de 357% de sua venda avulsa nas bancas da capital no período de novembro de 1963 a agosto de 1964. No mesmo estudo, o Ibope acusava um decréscimo das vendas em bancas dos outros jornais: 30% para os matutinos e 21% para os vespertinos. O plano inicial de neutralizar a ação do *Última Hora* estava cumprido, como o próprio Mellé deixou escapar em sua coluna de 11 de outubro de 1965:

> Foi perguntado a um ilustre homem político num programa de TV o que achava do jornal *Notícias Populares*. Respondeu que, até dois anos atrás, os trabalhadores, para ler as notícias e os assuntos que lhes interessavam, eram obrigados a procurá-

Herbert Levy solta a voz em um de seus discursos contra o governo

-los num órgão com tendências comunistas e anti-religioso. Também surgiu um jornal como eles queriam: informativo, completamente independente, escrito e apresentado no estilo existente em todos os países ocidentais, onde o leitor é ouvido e respeitado, sendo-lhe oferecido um tipo de jornal do qual gosta.

Como também o objetivo de auxiliar na derrubada do governo fora alcançado, a família Levy não tinha mais interesse em dar informação aos trabalhadores – nem que fosse para ter lucro com o jornal, que havia roubado quase metade dos leitores do UH. A futura candidatura de Carlos Lacerda para presidente, que seria apoiada nas páginas do NP, havia sido posta de molho pela UDN. Conclusão dos conservadores: não era mais preciso manter um jornal como arma política. Além disso, apesar do crescimento, o vespertino de Jean Mellé deixou prejuízos consecutivos em seus dois primeiros anos de existência. A perda financeira em 1964 foi maior que o dobro do prejuízo do próprio ano de fundação. Era preciso uma retaguarda empresarial para dar sustentação ao jornal, e isso não era tarefa fácil de assumir. Uma carta aberta endereçada ao prefeito Faria Lima, publicada pelo *Notícias Populares* em maio de 1965, serve de pequeno exemplo das dificuldades estruturais enfrentadas por seus profissionais. O texto rogava ao brigadeiro que agilizasse a instalação de um "PBX e mais dois números de telefone" na sede do Gasômetro. Parece incrível, mas o jornal tinha apenas uma linha telefônica:

> Somente no setor das consultas sobre a Lei do Inquilinato, mais de 50 mil pessoas foram atendidas pelo nosso redator especializado, sendo a maior parte das informações dada por telefone; pelo único telefone que *Notícias Populares* possui, e, assim mesmo, emprestado de outro jornal.
>
> Estamos hoje sob a égide da revolução, pela qual *Notícias Populares* lutou com riscos e perigos para alguns de seus membros. Pedimos, pois, em nome dos 200 mil leitores de *Notícias Populares*, que se faça justiça agora.

O NP era um fenômeno de público, mas um desastre como empreendimento. Sem disposição para reverter isso, Herbert e Luiz Fernando Levy preferiram voltar a tocar apenas a *Gazeta Mercantil*.

Assim, em 22 de outubro de 1965, uma semana depois do segundo aniversário do jornal, o *Notícias Populares* foi vendido a Octávio Frias de Oliveira e Carlos Caldeira Filho – a dupla de empresários conhecida como Fri-Cal –, dirigentes da Empresa Folha da Manhã S. A. Ainda que contra a vontade de Jean Mellé, a família Levy negociou o título, acertou a transferência dos jornalistas e obteve a garantia de que o romeno seria mantido no cargo. O restante da empresa constituída dois anos e meio antes foi rebatizada de Editora São Bento – nome da fazenda de café da família e da rua que abrigava o escritório administrativo – e liquidada logo depois. Na semana seguinte ao negócio, a rua do Gasômetro ficou para trás. O NP instalou-se na alameda Barão de Limeira, no centro de São Paulo, onde encontraria a estrutura necessária para seguir crescendo. Ali, passada a fase de tribuna política, o jornal viveria uma nova história, ainda mais ao gosto dos fregueses.

A VOZ DO POVO
É A VOZ DE DEUS

Em 1965, Octávio Frias de Oliveira e Carlos Caldeira Filho estavam apenas começando o que se tornaria um dos maiores impérios jornalísticos do Brasil. Três anos antes, haviam comprado a *Folha de S.Paulo* (periódico surgido em 1960 pela fusão da *Folha da Manhã*, *Folha da Tarde* e *Folha da Noite*), pagando 1,5 bilhão de cruzeiros ao advogado Nabantino Ramos. Empreendedor ambicioso, Ramos foi a personificação da imagem da *Folha* como empresa jornalística. Profissional, metódico e pragmático, implantou no negócio as primeiras normas industriais e os manuais de redação. A estrutura empresarial, portanto, já estava montada. À dupla Fri-Cal caberia apenas consolidar o empreendimento.

E não haveria muito problema para isso: os dois novos donos do jornal pareciam se completar. Caldeira Filho, de família tradicional santista, construíra seu patrimônio com negócios bem-sucedidos no ramo da construção civil. Muitas vezes preocupava-se mais com o Santos Futebol Clube – do qual era sócio atuante desde o final da década de 1920 – do que com a própria

1963 » 1972

saúde financeira. Fazia o estilo folclórico: raramente usava terno e gravata, preferindo combinar camisas e calças claras com sandálias e chinelos. "Vivo no calor, caramba", costumava justificar. A aparência o aproximava mais de um fazendeiro nordestino de novela das oito do que de sócio de uma empresa jornalística séria. Como contraponto a essa figura, encaixava-se Frias de Oliveira, ex-funcionário público que fez dinheiro trabalhando em funções ligadas ao capital financeiro. Detalhista e disciplinado, passava longe do jeito informal do companheiro.

Talvez por isso mesmo os dois formassem uma eficiente equipe. Caldeira, participando do corpo a corpo com os funcionários e jornalistas, era figurinha fácil nas redações. Mais acessível, protagonizou muitas situações inusitadas pelos corredores do edifício da Barão de Limeira. Em uma delas, dois funcionários do NP – um deles recém-contratado – conversavam no elevador. Sem se importar com a figura alvamente vestida ao seu lado, o novato exclamou: "Quer moleza, rapaz? Senta no pau do Caldeira!" Bem-humorado, o santista, com um sorriso, apenas apresentou-se ao autor da frase, e fez questão de descer do elevador abraçado ao envergonhado funcionário. Caldeira era o amigo dos jornalistas; Frias, o chefe. Sempre mais formal, assemelhava-se à figura do administrador, do burocrata.

Naquele ano de 1965, ainda na esteira do golpe, a parceria de sucesso entre os dois empresários no grupo Folha viabilizou algo considerado impossível apenas um ano antes. Em menos de dois meses, Frias e Caldeira colocaram sob o mesmo teto duas forças que brigavam em exércitos opostos no *front* brasileiro: o *Notícias Populares* e o *Última Hora*. A compra do jornal de Samuel Wainer aconteceu em agosto de 1965 – antes, portanto, do negócio envolvendo o NP. O UH afundava em dívidas – Wainer estava pagando os credores até com geladeiras e panelas. Sem o apoio da turma de Getulio e Jango, estava fadado ao desaparecimento. A Folha, então, ficou com o título *Última Hora*, assumindo as dívidas trabalhistas e pagando a quantia restante no decorrer de cinco anos.

Do ponto de vista empresarial, os dois novos populares do grupo Folha estavam capengas, com prejuízos acumulados. Nas bancas, porém, tinham muito para oferecer, pois seguiam como nomes fortes na cabeça do leitor. Mais importante, serviriam à intenção da empresa de crescer e estar com um pé (ou dois) em todos os nichos do mercado – mesmo que isso significasse absorver os concorrentes apenas para manter seu domínio. O *Última Hora* acabou padecendo desse problema. Em uma mensagem publicada na primeira edição do jornal sob o comando da Folha, em 4 de setembro de 1965, Frias e Caldeira garantiam aos leitores que o jornal continuaria em expansão, "defendendo os legítimos interesses dos trabalhadores". Nos anos seguintes, porém, o UH seria preterido em relação aos vizinhos de andar na Barão de Limeira, e acabaria em franca decadência. Durante esse tempo, o *Notícias Populares* trilharia um caminho de maior êxito – ainda que em uma estrada não menos sinuosa.

Carlos Caldeira Filho e sua tradicional indumentária

Tranquilizado com a perseguição oficializada aos comunistas, Jean Mellé pôde, enfim, tocar sua cria da maneira que imaginava. Teve de lidar com algumas baixas na equipe: um grupo de jornalistas aceitou convites para trabalhar no *Jornal da Tarde*, inovador vespertino criado pelo grupo Estado, que chegou às bancas em janeiro de 1966. A principal perda, porém, já havia sido superada ainda no tempo do Gasômetro. Cansado das discussões com o romeno, Narciso Kalili pediu o boné; em seu lugar assumira o jornalista Nicolau Alberto Chaui. Então com 50 anos, Chaui, descendente de sírios, tinha sólida experiência em jornalismo popular. Ingressara na carreira em

Octávio Frias de Oliveira, em um raro momento de descanso

Catanduva, interior de São Paulo, e pouco tempo depois já trabalhava no tabloide *A Hora*, na capital paulista. Com o êxito do periódico, o jornalista recebeu um convite para trabalhar no *Última Hora*, onde ajudou a formar uma geração de jovens talentos com seus conselhos e orientações.

Após a saída de Kalili, Mellé percebeu que a vaga de secretário de redação do NP parecia talhada para Chaui. O romeno sabia que precisava de um jornalista veterano e experiente, mas que estivesse disposto a encarar com a vontade de um novato o desafio de elevar a publicação a novos patamares. O ex-funcionário do UH aceitou a proposta e levou sua conhecida fama de "professor" para o NP. Hábil no contato com a redação, o jornalista, como Mellé havia previsto, foi a peça que fez a engrenagem do *Notícias Populares* deslanchar. Em Nicolau Chaui, o jornal encontraria um suporte firme para o crescimento que se verificou na segunda metade da década de 1960.

Assim, a única pressão que recaía sob a curvada coluna de Mellé – problema oriundo do trabalho forçado realizado na Sibéria – era a de vender jornais, e essa ele sabia, desde os tempos do *Momentul*, administrar como ninguém. Em sua lista de prioridades, a publicação estava sempre na primeira posição, deixando para trás outros assuntos profissionais e até mesmo os pessoais. Não seria exagero dizer que sua dedicação ao jornalismo era integral: passava a manhã inteira lendo todos os jornais em seu apartamento, na rua Conselheiro Brotero, e dedilhando, apenas com o indicador direito, as primeiras notas para sua coluna em uma Olivetti Lettera 22 verde. Após o almoço, saía para a redação e só voltava para casa tarde da noite, quando sua nova mulher, Giulietta, o esperava com seu prato preferido: macarrão com açúcar.

Nem nos raros momentos de descanso Mellé desviava o pensamento do jornal. As frequentes sessões no Cine Olido e as paradas obrigatórias na casa de chá Cristal, na avenida São João, não eram completas enquanto o chefão do NP não entrasse nas bancas do centro de São Paulo para perguntar ao jornaleiro como estava a vendagem de sua publicação. Invariavelmente, em uma delas, colocava a mão no bolso e comprava um exemplar do periódico. "Sou o leitor número um do *Notícias*", justificava-se para dona Giulietta, sempre inconformada com a atitude do marido.

Apenas quando o letreiro do cinema anunciava a exibição de *Doutor Jivago*, a obra-prima de David Lean baseada no romance de Boris Pasternak, o romeno se transformava. Parecia o único momento em que, para ele, não havia laudas, clichês ou rotativas – talvez por isso tenha arrastado a mulher quase uma dezena de vezes à sala de projeção. Ao apagar das luzes, Mellé parecia hipnotizado: não pelos olhos azuis de Julie Christie ou pelo portentoso bigode de Omar Sharif, mas sim pelas paisagens geladas que lembravam a Sibéria, seu lar forçado durante dez anos. Não por coincidência, comprara o disco com a trilha sonora da película e transformara o *Tema de Lara*, de Maurice Jarre, na música oficial de trabalho em seu escritório. Para animá-lo, ou era isso ou as peripécias do detetive Steve McGarrett, do seriado televisivo *Havaí 5-0*, seu favorito.

Enquanto isso, o *Notícias Populares* começava a ganhar as feições de um jornal popular, no sentido que o romeno o concebia: com ênfase na parte policial e esportiva, as preferências do povo. Isso sem contar, claro, as fotos das belas mulheres, sempre retratadas em poses sensuais, e matérias sobre sexo. Mellé, contudo, não se limitou a repetir fórmulas já batidas. Uma de suas grandes inovações era deixar a decisão sobre a manchete que iria para as bancas com os contínuos, trabalhadores normalmente à margem de qualquer opinião jornalística. A ousada jogada, porém, revelou-se genial. Uma das principais peculiaridades do *Notícias Populares* era o fato de que seus jornalistas falavam, em geral, para classes a que não pertenciam – o que dificultava o acerto no uso da linguagem. A saída encontrada por Mellé dizimou toda e qualquer insegurança a respeito da eficácia de determinada mensagem para os leitores do jornal. Nada melhor do que usar essa amostragem para definir a manchete, principal atrativo para o público, determinante na hora da venda do produto em banca.

Inicialmente, a tarefa coube a um contínuo, o carioca Guilherme Soares, crioulo forte com quase 1,90 metro de altura. Seu apelido, Mug, fora dado por Ramão Gomes Portão em razão da semelhança física do funcionário com um bandido da época. Seu porte físico o fez acumular também a função de guarda-costas de Mellé. Aproveitando essa proximidade, o romeno começou a pedir a opinião de Mug para as manchetes que a redação escolhia. "O que acha, moço? O que você entende disso? Acha que vende?", perguntava Mellé. Em caso de resposta afirmativa, o chefe dizia "*vox populi, vox Dei*" e mandava rodar a manchete.

Em um episódio de briga na Assembleia Legislativa, por exemplo, a redação optou pela manchete RIFIFI NA ASSEMBLÉIA. Um filme francês em cartaz na época tinha o mesmo termo em seu título. Mellé leu a sugestão e sentenciou: "Não, o povo não entende isso. Isso é coisa de vocês". Para provar sua tese, chamou Mug. "O que você entende, moço?", indagou ao rapaz, que fazia cara de espanto ao ler a frase, claramente sem entender o que estava escrito naquele pedaço de papel. Então Mellé explicou a história, e o rosto do contínuo se iluminou. "Ah, teve um quebra-pau na Assembleia", exclamou. E assim foi para as rotativas.

Mug, todavia, não era o único conselheiro de Jean Mellé. Certo dia, a redação do *Notícias Populares* preparava-se para rodar uma manchete corriqueira, sobre um crime em São Paulo. Mellé entrou na gráfica e reparou que todos os funcionários estavam aglomerados para ler uma pequena nota sobre a suposta aparição de uma mula sem cabeça na capital. Parou as máquinas na hora e mudou a manchete. A nova capa estourou nas bancas. "*Pova* sabe, *pova* conhece", justificava.

Outra aposta inovadora do romeno foi a cobertura incessante do dia a dia dos artistas, coisa que poucos veículos faziam na época. A lógica era simples: artista vendia jornal. Por isso, o NP usava e abusava de gente famosa em suas primeiras páginas, atraindo a atenção do povo. Além de alavancar as vendagens, esse chamariz rendia fama à publicação, que ficava conhecida nas mais diversas camadas sociais.

E a maior prova desse fenômeno jornalístico seria proporcionada, quem diria, por uma gangue de garotos cabeludos e garotas com minissaias coloridas.

7 O CALHAMBEQUE ACELERA NA BARÃO DE LIMEIRA

Pouco tempo depois de o jovem Roberto Carlos ter pisado pela primeira vez no palco da TV Record, em setembro de 1965, a cidade já estava contaminada pela febre da Jovem Guarda, movimento musical que influenciou o comportamento de toda uma geração nas décadas de 60 e 70. Protagonizada por Roberto (o Rei), Erasmo Carlos (o Tremendão) e Wanderléa (a Ternurinha), e contando com coadjuvantes do quilate de Jerry Adriani, Wanderley Cardoso, Ronnie Von e Rosemary, a Jovem Guarda passou como um furacão pela juventude brasileira, já agitada pela vibração de Elvis Presley e dos Beatles. Indiscutivelmente, o iê-iê-iê era a coqueluche da época. Como Mellé também queria que seu *Notícias Populares* fosse a maior brasa, a união foi inevitável.

O início desse flerte aconteceu com os Beatles, reis indiscutíveis do ritmo nas paradas mundiais. Democrático como sempre, o NP abrigava lado a lado em suas páginas de variedades um folhetim de Dostoievsky e as notícias sobre os batutas de Liverpool. Eles apareciam até quando não tinham nada que ver com o assunto: em fevereiro de 1965, uma foto de Ringo Starr e George Harrison fumando charutos ilustrava uma reportagem intitulada **PLAY-BOYS DE SÃO PAULO PODEM USAR ATÉ BATOM E PÓ-DE-ARROZ: NÃO É CRIME.**

O rei brasileiro apareceu pela primeira vez com destaque na capa um ano depois, em 1.º de março de 1966: **ROBERTO CARLOS EVITA QUEBRA-PAU CANTANDO.** Tudo aconteceu em um show na cidade de Sorocaba, no interior paulista, quando o empresário que havia contratado o artista não quis entregar todo o dinheiro combinado pelo espetáculo. Roberto Carlos, então, cantou apenas duas músicas e saiu atrás do homem que o tungava em 3 milhões de cruzeiros. Entretanto, a impaciente plateia, que lotava o Ginásio de Esportes, ameaçou invadir os bastidores para ter o dinheiro de volta. Para acalmar os ânimos, o astro do iê-iê-iê brasileiro voltou ao palco, terminou o show e ainda saiu aclamado de Sorocaba.

No mês seguinte, o assunto cresceu, e o NP percebeu que a Jovem Guarda já conquistara a preferência da juventude paulistana. No início de abril, o jornal chegou a noticiar na capa que os Beatles estavam "condenados à degola em São Paulo" – as bilheterias do filme *Help* estavam caindo. Duas semanas depois, a Jovem Guarda tomava a manchete: **IÊ-IÊ-IE ALARMA DEPUTADOS E DIVIDE ASSEMBLÉIA.** Tudo porque Roberto Carlos havia reunido dez mil fãs no show que comemorava seu aniversário.

A coisa esquentou mesmo em 25 de abril de 1966, quando Ramão Gomes Portão soltou a seguinte manchete policial: **ROBERTO CARLOS DEU 2 TIROS NOS AGRESSORES.** O rei do calhambeque discutiu com uma pessoa na rua e disparou contra ela, sem maiores consequências para sua carreira. Entretanto, o tino do romeno percebeu imediatamente o promissor filão da Jovem Guarda. Daí para a frente, *splish*, *splash*: choveram notícias e manchetes com o pessoal da turma. Como visto no caso dos tiros, a cobertura do assunto dava menor atenção à atuação artística da gangue, priorizando os escândalos pessoais de seus personagens. Namoros, brigas e drogas eram temas recorrentes na vida dos roqueiros e nas páginas do periódico. Quanto a transgressões, o caneco era de Erasmo Carlos – de acordo com o *Notícias Populares*, o Tremendão fora acusado de

25/4/1966: Com esta manchete, o NP descobriu a mina de ouro chamada Roberto Carlos

"transar com mocinhas" e havia tido problemas com a polícia. Também os coadjuvantes da época costumavam ser lembrados em saias justas e confusões.

Além do sucesso de público, existe outro fator, implícito, que justificava a frequente presença dos roqueiros brasileiros nas páginas do NP. O caráter despolitizado da turma da Jovem Guarda, mais preocupada em acelerar suas máquinas na rua Augusta do que contestar os rumos que os militares começavam a ditar ao país, atraía e muito o chefão Jean Mellé – um sabido entusiasta das Forças Armadas. Entre divulgar a rebeldia política de Geraldo Vandré, Chico Buarque e Edu Lobo, todos ligados à esquerda, ou a rebeldia adolescente de Roberto, Erasmo e Ronnie Von, todos ligados somente à bateria de suas carangas, o editor nem hesitava.

13/2/1968: "Ideia genial" de Mellé faz tietes cercarem a redação em busca de informações sobre o sumiço do Rei

Por mais que os outros tentassem podá-lo, Roberto Carlos era a flor do jardim do *Notícias Populares*. Grande destaque do cenário musical brasileiro, qualquer notícia que se relacionasse com ele tinha enorme repercussão na mídia; no NP, então, os rumores multiplicavam-se por dez. Culpa de Jean Mellé, que, astutamente, usava e abusava da imagem do Rei para vender jornal. A proximidade passou a ser tanta que o romeno até chegou a receber Roberto algumas vezes para jantar. "Hoje não ter *cadavro* pro primeira página. Liga Roberto *Carlas*. Qualquer coisa Roberto *Carlas* mancheta", costumava dizer.

Com tanto entusiasmo da parte do editor, não é difícil imaginar que, várias vezes, o *Notícias Populares* exagerava na dose. Certa vez, pelos idos de 1968, o jornal estava sem manchete, e Mellé pediu ao repórter José Carlos Bardawil que telefonasse ao Rei para descolar alguma coisa. Ao falar com o diretor da TV Record, Paulinho de Carvalho, Bardawil ouviu uma resposta negativa: Roberto Carlos estava em Nova York. Não precisava, mas o diretor ainda acrescentou: "Estou ligando para lá e não consigo falar com ele". Para Bardawil, a história estava enterrada. Bastou levar as informações para Mellé, porém, para perceber que não era bem assim. De primeira, o editor rebateu: "Mancheta, mancheta!" Era a deixa para que alguém pegasse papel e caneta e anotasse a manchete, que já estava em sua cabeça.

Ditou: "Desapareceu Roberto *Carlas*. Linha fina lá em cima: Paulinho de Carvalho do Canal 7 não acha 'brasa' em Nova York". Pouco adiantaram as ponderações de Bardawil, dizendo que a Record, amparada pela lei, exigiria um desmentido e que o jornal se desmoralizaria com o episódio. "Não, deixa comigo, você não está *jornalisto* mais. O maior *jornalisto* do mundo é o Jean Mellé". E assim, em 13 de fevereiro de 1968, o NP estampava na primeira página: **DESAPARECEU ROBERTO CARLOS**. Não demorou para que uma multidão aparecesse diante da sede do jornal, querendo entrar à força para obter mais informações sobre o sumiço do ídolo. A redação no aperto, tendo de inventar desculpas para os leitores desesperados, e Mellé não chegava. No fim da manhã, entra o editor, saltitante: "Mais 20 mil *jornalos*! Jean Mellé genial! Mais 18.900 *jornalos*. Jean Mellé gênio, gênio, gênio, genial".

No entanto, restava ao Aladim romeno a pendência com o diretor da Record, que já estava espumando atrás dos responsáveis pela notícia. Tranquilo, Mellé escutava por telefone uma série de impropérios, sempre dizendo ao interlocutor: "*Si, si, Paulinha*, mas deixa Jean Mellé falar, *Paulinha*". Na primeira oportunidade, em um tom quase angelical, explicou: "Eu estava aqui, *Paulinha*, solitário em minha *redaçon*, quando comecei a pensar nos meus amigos do *peita*. Comecei a pensar *Paulinha* de Carvalho. Pobre *Paulinha*. Está três dias sem seu ídolo. Seu ídolo está em Nova York. *Paulinha* perdendo *dinheira*. E eu ficar com pena de *Paulinha*. Pobre *Paulinha*, ninguém fala de *Paulinha*, ninguém fala de TV Record, ninguém fala de Roberto *Carlas*. Aí eu pensei: por que não dar *primeiro* página de jornal que *vender* 110 mil *exemplaros*, maior tiragem de São Paulo, *no* banca? Por que não dar *mancheta* para *Paulinha*? De graça, sem cobrar nada, gratuita". Paulinho já amolecera, mas Mellé não parava. "Ah, ótimo, ótimo. Pois bem, então eu dei *mancheta*. *Si, si,* desmentido? Claro, mas o desmentido, deixa com Mellé. Mellé *amiga sua*."

Desligado o telefone, de imediato, o romeno já tinha a manchete: **ACHARAM ROBERTO CARLOS**. Linha fina: "Porque 'brasinha' deixou Waldorf Astoria em Nova York". Nas páginas internas, o leitor, aliviado, descobria que o Rei saíra do hotel sem avisar ninguém "para escapar dos repórteres e fotógrafos e para ter tranquilidade com sua noiva Cleonice". No dia seguinte, 14 de fevereiro de 1968, o NP vendeu os mesmos 18 mil jornais a mais, e não sofreu consequência alguma. Mellé tinha de manter a sua fama de mau.

Nós somos terríveis: Roberto Carlos desce da caranga e recebe o abraço de Jean Mellé

E não parava por aí. Desde abril de 1967, o *Notícias Populares* trazia uma seção que prometia ser o "mais completo noticiário sobre o movimento da Jovem Guarda": a coluna "Barra limpa" era feita por profissionais que se mantinham em contato diário com os expoentes da juventude. Dentre os incumbidos da missão estavam nomes como Hebe Camargo, Silvio di Nardo e Moisés Forner, que contavam com as dicas quentes de Meninão e Moracy do Val.

Antes mesmo desse fato, quando descobriu que a revista *Capricho*, dirigida a adolescentes, vendia até 500 mil exemplares, Mellé adicionou mais um ingrediente à sua receita de sucesso: as fotonovelas. A melhor delas veio em 1967. Sem pestanejar, bateu o martelo: "Chama Roberto *Carlas*. Quero falar com Roberto *Carlas*. Chama *nossa fotógrafa*, chefe *das fotógrafas*. Amanhã começa fotonovela". E assim foi. De 2 de fevereiro até 6 de junho, as páginas do NP traziam a fotonovela *A caminho do amor*, uma história de romance protagonizada pelo Rei e por Débora Duarte. Vendia muito, apesar da produção mambembe – em certo capítulo, uma foto tinha como fundo uma Kombi do jornal, com o logotipo do NP e tudo. Outras fotonovelas foram protagonizadas por Erasmo Carlos, Martinha e Vanusa (*Paixão desenfreada*), Ted Boy Marino, Agnaldo Rayol, Ronnie Von (*Amar é o meu tormento*), Wanderley Cardoso e Rosemary (*Diário de Elisa*). A chamada de capa na estreia dessa última não poderia ser mais atrativa: **HOJE NO *NOTÍCIAS POPULARES*: WANDERLEY CARDOSO CASA COM ROSEMARY.**

Evidentemente, a agenda lotada não permitia que os brasas da Jovem Guarda participassem de todas as produções. Mas não era problema. Sem nenhum remorso, o jornal apelava também para atores pouco fotogênicos, estrelas de fotonovelas que flutuavam entre o trágico, o cômico e o patético. Nessa categoria, merece registro a incrível trama de *Gilda*, publicada em 1966. O enredo era simples: uma jovem, desiludida com a vida, pretendia atirar-se do viaduto do Chá. Em que pese a precária produção, a história do nada glamouroso suicídio ficaria por semanas a fio nas páginas do NP.

Com certeza, Gilda não era "a garota papo-firme que o Roberto falou".

Apesar de viver intensamente as aventuras da Jovem Guarda, o *Notícias Populares* acabaria lembrado nas décadas seguintes por um polêmico episódio que envolveu um legítimo representante da MPB engajada. Em 21 de outubro de 1967, Sérgio Ricardo apresentava-se no Teatro Paramount, em São Paulo, durante o III Festival de Música Brasileira da TV Record. O polivalente cantor, compositor e cineasta paulista defendia *Beto bom de bola*, de sua autoria, quando parte da plateia começou a apupá-lo. Sérgio Ricardo ainda tentou continuar com a apresentação, mas as vaias tornaram-se frenéticas, e acabaram tirando o artista do sério. Após esbravejar contra o público – "vocês são uns animais!" –, o cantor espatifou seu violão no palco. Os destroços do instrumento foram atirados na audiência; ainda que não tenham provocado baixas entre os espectadores, acabaram fazendo o apresentador Blota Jr. desclassificar a música.

Toda essa *mise-en-scène* aconteceu num sábado à noite; no domingo, alguns jornais, como a *Folha da Tarde*, trouxeram o registro do fato, sem muito destaque. Foi somente na segunda-feira que os periódicos debruçaram-se sobre o festival, vencido por Edu Lobo, Marília Medaglia e Quarteto Novo com a música *Ponteio*. Assim, o *Notícias Populares* de 23 de outubro de 1967 (nessa época, o jornal ainda não circulava aos domingos), na capa de seu segundo caderno, trazia uma burocrática chamada: ACABOU O FESTIVAL COM VIOLÃO QUEBRADO E JOGADO AO PÚBLICO. Nas internas, o título não era mais criativo: FESTIVAL TERMINOU COM CANTOR JOGANDO SEU VIOLÃO NA PLATÉIA. Esse também foi o tom dos principais veículos da grande imprensa paulistana. O mais espirituoso foi o *Jornal da Tarde*, que trouxe, ao lado da foto de Sérgio Ricardo destruindo o instrumento, a chamada ESTA VIOLA NÃO DÁ MAIS SAMBA.

Décadas após o episódio, entretanto, não é difícil ouvir veteranos jornalistas e leitores dizendo que a manchete do NP nessa ocasião foi a famosa e genial VIOLADA EM PLENO AUDITÓRIO. Essa afirmação virou uma espécie de mito do jornalismo popular, ensinado pelas escolas de comunicação Brasil afora. Contudo, o NP apenas levou a fama pela genial manchete – que, garantem testemunhas, foi mesmo publicada em algum lugar. O próprio Sérgio Ricardo afirma que a manchete existiu, mas não tem certeza do veículo – os mais cotados, em sua opinião, eram o *Notícias Populares* e *O Dia*, do Rio de Janeiro (que também não apresenta o texto em sua coleção). Como o sucesso do jornal de Mellé levou à criação de várias publicações nanicas que imitavam o estilo do NP, a hipótese mais provável para a ocorrência dessa confusão é a de que a manchete tenha sido estampada na capa de um desses pequenos jornais, que não sobreviveu ao tempo ou à memória jornalística. E quem tem fama deita na cama: a "violada", ainda que involuntariamente, passou a compor o currículo do *Notícias Populares*.

Mas seria injusto dizer que o NP não deu atenção ao caso. Dia 24 de outubro, o editor dedicou sua "Jean Mellé informa" a explicar **PORQUE SERGIO RICARDO QUEBROU SEU VIOLÃO AO OUVIR APUPOS INJUSTOS**. A tese do romeno era a de que as vaias não foram uma manifestação espontânea do público; assim como outras personalidades, Mellé atribuiu a bagunça a "torcidas organizadas" e a alguns "agressores" da liberdade. Pouco depois, porém, a boa vontade do chefe – que já não morria de amores por Sérgio Ricardo – foi para o espaço. Tudo porque o cantor afirmara que passaria a cantar apenas para "camponeses e operários". Em sua coluna do dia 25, vendo no comentário um elogio a Moscou, Mellé não perdoou: "Se o compositor estava nervoso, não deveria usar a ameaça fácil hoje em dia para todos os descontentes do mundo ocidental".

No dia 26 de outubro, todavia, tudo isso já estava esquecido. O *Notícias Populares* trazia uma notícia indiscutivelmente mais importante para a humanidade. Cientistas davam o alerta de uma das consequências da industrialização desenfreada, e o NP, sem perder tempo, avisava os homens: **APROVEITE LOGO PORQUE AS LOURAS VÃO ACABAR**!

8 ADEUS AOS MESTRES

Embalado pelo ritmo do iê-iê-iê, o jornal era sucesso absoluto. Apesar da desconfiança inicial, Mellé não teve grandes problemas no relacionamento com Frias e Caldeira, que jamais interferiram nos projetos do romeno. A fórmula crime-esporte-sexo, aditivada com fofocas sobre os ídolos do povo, fazia que em 1968 o jornal vendesse 145 mil exemplares em banca, maior venda avulsa no Estado de São Paulo. O sucesso atraiu até a atenção de Silvio Santos, que, em seu programa de 21 de junho de 1968, na Rádio Nacional, derreteu-se em elogios ao jornal. "O melhor jornal de São Paulo é *Notícias Populares*, que tem a preciosa colaboração de Jean Mellé, um homem que vive exclusivamente para esse jornal. Está de parabéns Jean Mellé, parabéns a esse grande jornalista brasileiro, que parece ser brasileiro de origem estrangeira. Não o conheço pessoalmente, mas acompanho seu trabalho diariamente", revelou o apresentador. Em time que está ganhando não se mexe: toda a equipe esmerou-se em manter o NP no topo, firmando-o como um importante canal de comunicação com as camadas populares.

Mesmo sem querer, o jornal chegou até a brilhar na televisão. Tudo porque os roteiristas de um programa de teatro da TV Tupi simplesmente copiavam os casos inventados pelo secretário de redação Nicolau Chaui e publicados em sua coluna do NP, "Histórias da banda de lá". Fruto da fértil imaginação do jornalista, os contos retratavam desde histórias de detetive e de assaltos cinematográficos até casos misteriosos e inverossímeis. Sem que Chaui soubesse, casos claramente transportados do jornal foram aparecendo na telinha. Leitores e amigos, então, começaram a pará-lo na rua e dizer: "Puxa, Nicolau, vi sua história na televisão ontem, parabéns". Sem saber o que estava acontecendo, o secretário de redação, depois de uma enxurrada de cumprimentos, resolveu tirar a prova. Passou a assistir aos programas da Tupi, e as semelhanças ficaram evidentes. Entretanto, mesmo pressionado por sua mulher, Laura de Souza Chaui, Nicolau jamais foi a fundo para colocar os pingos nos is – para sorte dos roteiristas, que continuaram coletando farto material para o programa da Tupi. Os leitores do *Notícias Populares*, porém, não tinham dúvida sobre a paternidade dos casos.

Dona Laura, aliás, foi peça importante para a solidificação da tão almejada aproximação com os leitores desejada por Mellé. Durante anos, foi a titular da coluna "Correio do coração", uma espécie de seção de encontros do periódico. Na verdade, a ideia do romeno fora inspirada no famoso consultório sentimental criado por João Apolinário para o *Última Hora*. Assinada por "Tia Helena", a seção fazia um sucesso danado no concorrido caderno de variedades do UH. No *Notícias Populares*, o pseudônimo era "Fernanda", mas a aceitação era a mesma. Laura recebia uma montanha de cartas e foi responsável por realizar quase uma dezena de casamentos entre participantes. Invariavelmente, toda a redação era convidada – e comparecia em peso para filar as guloseimas típicas daquelas festanças: pão com molho de carne moída regado a tubaína. Estreitar mais os laços com o leitor, impossível.

Essa ligação imediata com o público acontecia ao mesmo tempo que outras publicações penavam com a censura. Os militares tinham pouco que se queixar do *Notícias Populares*: depois do golpe, as reportagens de política podiam ser contadas nos dedos, perdendo disparado para a cobertura do cotidiano em São Paulo. Enquanto o *Estadão* publicava Camões e a *Veja* estampava figuras do diabo no lugar dos trechos censurados, o NP mantinha sem

21/7/1969: O homem chegara à Lua no dia anterior; não era a notícia mais importante para o *Notícias Populares*

22/6/1970: O tri era nosso, mas, entre Pelé e as peladas, o NP ficou com a segunda opção

problema sua linha editorial. Apesar de as laudas escritas pelos jornalistas serem despejadas numa caixinha para leitura prévia, pouca coisa era proibida – afinal, mesmo para os poucos ponderados censores, era difícil enxergar tendências subversivas em reportagens sobre a vida de artistas ou de futebol.

Somente na publicação de matérias relacionadas com crimes é que o NP tomava alguns cuidados. Dos memorandos com recomendações de militares que o Departamento de Interior, Correspondentes e Sucursais (Dics, espécie de precursor da Agência Folha) era obrigado a transmitir para os jornais da casa, aqueles que regulavam a divulgação de assaltos a banco ou as atividades de organizações clandestinas tinham como alvo certo o NP. Assim, quando a equipe do *Notícias Populares* recebia as cartas de Miranda Jordão ou Mario Pati, chefes do Dics, todos já sabiam que Mellé teria de conter seu ímpeto – como se pode perceber pela transcrição de um desses memorandos, enviado por Pati às redações em 8 de janeiro de 1969.

DICS INFORMA

ATENÇÃO EDITORES

A presidência solicita a atenção dos editores, com referência à censura, consubstanciada nas informações anexas, prestadas pelo Gal. Silvio Correia, em conversa informal com o nosso repórter.

O Sr. Frias lembra que somente podem ser publicados os fatos e nunca comentários sobre bombas, roubo de armas e assaltos a bancos. Nada de sensacionalismo e alarde.

Menos de dois meses depois, em 10 de março, outra mensagem, agora assinada por Miranda Jordão, limitava o uso da denominação de um dos grupos que não saía das páginas do NP.

A Censura avisa aos editores que a expressão "Esquadrão da Morte" não pode figurar nas manchetes dos jornais, na primeira ou última páginas. No texto, pode-se usar aquela expressão. Enfim, resumindo: nos títulos, não. No texto, sim.

O *Notícias Populares*, entretanto tirou de letra essa proibição. No lugar de "Esquadrão da Morte", cunhou a expressão "Bando Maldito". Válida, oportuna, sonora e funcional, como escreveria Ramão Gomes Portão.

Mais complicada era a perseguição que ocorria pelo grau de militância dos jornalistas. Um exemplo: Rui Falcão, repórter de esporte que décadas depois seria eleito deputado estadual e federal pelo Partido dos Trabalhadores (PT), foi procurado pelo Dops na Barão de Limeira. Enquanto os policiais subiam até a redação, Falcão descia pela Barão de Campinas. O caso ilustra que a insuportável pressão política da época afetava as pessoas que faziam o jornal, mas não o resultado final. Como não criticava a ditadura nem atacava o governo, o *Notícias Populares* atravessou os anos de chumbo sem grandes traumas.

Por todos esses motivos, o ambiente no NP era o melhor possível, tanto na redação como no trato com a empresa. Quando precisava de algum favor da gráfica, o jornal enviava como cortesia algumas garrafas de cachaça aos funcionários daquele setor, acordo informal que persistiria por mais duas décadas. Jamais um jornalista fora demitido durante a época de Jean Mellé, apesar de o chefe ser um reconhecido pão-duro – especialmente quando o assunto era aumento de salário. É sabido que, em acessos de fúria, o romeno mandava os comandados embora. No entanto, poucas horas depois, reconsiderava a decisão, reclamando do "malcriado" funcionário. E se no dia seguinte o quase despedido fizesse uma boa matéria, o chefe não tinha problema em elogiá-lo, soltando um de seus inconfundíveis bordões: "Você *está* um astro".

A sólida estrutura que mantinha o *Notícias Populares* começou a sofrer os primeiros abalos no final da década. No segundo semestre de 1968, Jean Mellé foi internado no Hospital das Clínicas de São Paulo. Diagnóstico: câncer nos ossos. O afastamento em si não foi o grande problema – durante alguns meses, o romeno comandou o jornal do quarto do hospital. Um telefone instalado no local por determinação de Abreu Sodré, então governador de São Paulo e amigo pessoal do jornalista, permitia isso. Mesmo doente, Mellé continuava com a mesma disposição que mostrara desde que pisou pela primeira vez na arcaica redação da rua do Gasômetro, e o jornal não dava sinais de cansaço. Ao ser questionado se seu estado de saúde não poderia piorar caso continuasse comandando o NP, o chefe respondeu: "Amigo, um jornal se faz com homens, máquinas, cérebro e coração".

Os verdadeiros problemas começaram quando o romeno voltou à redação: um desentendimento com Ramão Gomes Portão, melhor amigo de Mellé dentro e fora do jornal, quebrou a harmonia vigente na equipe. O motivo da discórdia jamais foi descoberto pelos jornalistas. Alguns acreditam que tudo aconteceu porque, ainda no período de internação do romeno no hospital, Ramão teria contrariado uma ordem do chefe e mudado a manchete de primeira página. Outros suspeitam de críticas e comentários maldosos tecidos pelo editor de polícia na ausência de Mellé. Muitos juram que tudo não passou de um mal-entendido, que acabou afastando amigos até então inseparáveis. Seja como for, a situação entre os antigos companheiros tornou-se insustentável. E assim, na virada da década de 70, Ramão Gomes Portão deixou o *Notícias Populares*.

A resposta para o mistério que resultou no afastamento de um dos principais nomes do alto escalão do NP pode estar em um recorte de jornal, que, três décadas após o imbróglio, ainda repousava nos armários esverdeados dos arquivos do jornal. Trata-se de um excerto de uma das colunas "Jean Mellé informa", datado de 7 de fevereiro de 1970. Ao contrário do resto do material arquivado, o texto não foi classificado: apenas recortado do jornal e deixado em uma das milhares de pastas do acervo. Escreveu Mellé:

Há gente que esquece. Esquece quem foi. Esquece de onde veio, de onde chegou. Esquece que lhe foi dado u'a mão de ajuda no momento exato em que precisou. Esquece quem lhe ajudou. Esquece que teve todo apoio, confiança, sem que nada lhe foi exigido. Esquece a gente que sempre sentiu o ombro sólido da ajuda, da segurança. E chega a considerar, como passarinho que aprendeu a voar com a mãe, que doravante é dono do céu. Com a boca fala coisas boas, as que lhe fizeram bem, mas seus atos são maldosos. É uma mistura de maldade, complexos, frustrações. E o homem de bem recebe os golpes nemerecidos. Nemerecidos, mas esperados, porque somente no céu existem anjos. Um Grande Amigo nos contou a história: alguém lhe comunicou que um determinado amigo criticou-o veementemente. É isto: devemos esperar o mal daqueles que fizemos o bem.

A data do texto coincide exatamente com o período da saída de Ramão do jornal. Mas, apesar da mensagem parecer direta, em nenhum momento do texto surge o nome do ex-amigo e antigo editor de polícia. Talvez por isso seja esclarecedor o fato de o recorte, hoje amarelado, ter sido cuidadosamente colocado dentro de uma pasta na gaveta da letra P. Mais precisamente, naquela identificada como a de "Portão, Ramão Gomes".

Independentemente dos problemas pessoais com o chefe, a redação sentiu a ausência de Ramão, que levou consigo sua coluna "Flagrantes" e as inesquecíveis histórias da Boca do Lixo. A proximidade geográfica com a zona boêmia da cidade, além da extensa cobertura dada aos seus acontecimentos, fazia que o NP ostentasse, orgulhoso, o título de jornal oficial da Boca. Com a saída do editor de polícia, o periódico perdeu os épicos relatos da disputa pelo poder do quadrilátero do crime, protagonizados por Quinzinho – o lendário rei da Boca, amigo de fé e irmão camarada de alguns jornalistas do NP – e pelo ousado desafiante Hiroito.

Órfã de Ramão e com o romeno abalado pelo câncer, a redação começou a temer por seu futuro – especialmente após a repentina saída de Nicolau

Chaui, que aceitou um convite para trabalhar no rival *Diário Popular*. Nomes promissores como Percival de Souza, Tão Gomes Pinto e Sérgio Pompeu já estavam fora há um bom tempo. Para complicar ainda mais a situação, outro possível substituto de Mellé, Eugenio Gertel, abandonou o barco por um lugar na Imprensa Oficial do Estado. A redação estava acéfala, e sabia disso. Só restava torcer para que o pior não acontecesse.

Infelizmente, o pior veio em 5 de março de 1971, uma sexta-feira. Mellé já estava mal desde o fim de fevereiro; levado ao Hospital São Lucas, finalmente sucumbiu ao câncer às 10h30 da manhã. Para honrar a tradição judaica, o enterro, no Cemitério Israelita do Butantã, não foi realizado no sábado, e sim no domingo, 7 de março. Batedores da Polícia Militar desviaram o cortejo para que a equipe do *Notícias Populares* pudesse prestar a última homenagem ao seu idealizador. O carro que levava o corpo do romeno estacionou diante da sede do jornal, na Barão de Limeira, e os trabalhadores, amontoados no térreo, pararam por um minuto em respeito ao chefe. No cemitério, políticos, esportistas, artistas, cônsules e até umbandistas dividiam espaço com os jornalistas. Na edição seguinte, todos os colunistas do NP fizeram questão de deixar registrada sua admiração pelo fundador do jornal em seus textos. A Federação Paulista de Futebol determinou que fosse respeitado um minuto de silêncio em todos os jogos disputados no Estado.

Mais tarde, Jean Mellé seria eternizado como nome de uma rua em Santo Amaro, na zona Sul da capital paulista. A exemplo da maioria dos paulistanos, os moradores não faziam ideia de quem fosse o homenageado que passou a batizar as placas azuis do logradouro. Muitos acreditavam ser um ator da época áurea do cinema francês.

9 UM TIRO NA CREDIBILIDADE

O sepultamento de Jean Mellé deu início a uma das piores fases da história do *Notícias Populares*. Além de perder seu hábil timoneiro, o jornal penou sob o comando do substituto. Como Nicolau Chaui e Ramão Gomes Portão, sucessores naturais do antigo chefe, já haviam deixado o jornal, o cargo de editor foi confiado a Armando Gomide. A escolha era lógica: durante as últimas internações no hospital, o romeno determinara que Gomide comandasse a redação até sua volta. Assim, após a morte de Mellé, nada mais natural que o cargo fosse passado em definitivo àquele a quem o próprio romeno o confiara. A decisão foi sacramentada por Octávio Frias de Oliveira. De acordo com os jornalistas da época, entretanto, entregar o poder a Gomide provou-se uma decisão desastrosa. Ele era o homem errado (jamais havia comandado uma redação) na hora e no lugar errados (a equipe estava desorganizada e insegura com o futuro da publicação).

Policial de carreira sem nenhuma formação em jornalismo – além de escrivão aposentado, chegou a ser assessor de relações públicas da Secretaria da

Segurança Pública do Estado –, Armando Gomide sabia tanto da rotina de um editor-chefe quanto um leitor comum que comprava o jornal na banca. Além da falta de experiência, pesava contra ele sua ligação com o Serviço Nacional de Informação, o SNI. Alguns funcionários do NP na época diziam que ele havia trabalhado até como araponga. Sua atuação política no jornal incluiu, por exemplo, o fim das matérias sobre sindicalismo – uma forma de impedir a comunicação entre as organizações de operários. Os militares agradeceram.

Apesar de contar com a colaboração de toda a redação, o novo editor-chefe adotou medidas impopulares poucos meses depois de assumir o cargo. Sem maiores explicações, Gomide cortou parte do salário de vários jornalistas, incluindo o de Anissa Gebara, mulher de Ramão Gomes Portão. Anissa começou como radioescuta e virou cupido, assumindo a coluna campeã de cartas do jornal, "Correio do coração", quando Laura Chaui deixou o NP. A moça deu prosseguimento ao trabalho de sua antecessora, sendo também responsável por vários casamentos.

Armando Gomide (segurando o jornal, à dir.), jornalista e policial

Em seguida, Gomide afastou da redação Laudo Paroni, jovem que havia entrado no NP aos 22 anos, logo no primeiro ano do jornal. Paroni foi transferido da chefia de redação para o plantão no Departamento de Investigações Criminais, o Deic – ou seja, deixou um cargo executivo por uma vaga de setorista. Como secretário de redação, o novo chefe escolheu Odilon Coutinho, que três décadas depois teria no currículo a criação da dupla cômica Rodolfo e E.T. na televisão. Logo de cara, estava estabelecido um clima pesado na redação do NP. Mesmo sendo gentil no trato com os jornalistas, o novo chefe passou a ser uma espécie de inimigo potencial. Isso logo se refletiria nas páginas e nas vendas do jornal.

Como era de esperar, os efeitos da mudança não foram sentidos apenas pela redação. A qualidade da publicação despencou: o *Notícias Populares* começava a ganhar um tom essencialmente cômico, debochado em demasia, que nada tinha que ver com o modelo de jornalismo moldado pela academia de Jean Mellé. No período de Gomide, grande parte das manchetes do NP remetia a notícias sem a menor importância dentro do próprio jornal, ocupando matérias curtas ou até notinhas escondidas nas últimas páginas. Entre março de 1971 e março de 1972, o jornal acumulou um cartel invejável de manchetes infames. Numa delas, anunciou, em letras garrafais: HOMENS VIRARAM ABELHAS. A reportagem contava a inexpressiva história de dois falsificadores de mel em Ourinhos, interior de São Paulo. CAVEIRA ERA BOLA DE FUTEBOL foi a manchete que chamava para um pequena matéria sobre um crânio encontrado em um campo de várzea. VIRA-LATA PAGA ÁGUA QUE BEBEU referia-se à história de uma senhora de Sorocaba que recebeu duas contas de água – uma delas da casa dos fundos, onde morava o cachorro.

E não parou por aí. Foram publicadas manchetes surreais, como ESQUELETO MORREU DE TANTO RIR, ESPÍRITO DE PORCO BAIXA EM MACUMBA, PULOU DA COVA PARA AZUCRINAR, LINGUIÇA MIAVA NO AÇOUGUE, CEGONHA JOGOU O BEBÊ FORA, DONO DO GATO VIRA TAMBORIM e MULHER CASA COM O ROBÔ. Em matéria de medicina, o NP era imbatível – no mau sentido, claro. Alguns exemplos de manchete: NEGROS FICARÃO BRANCOS, PRIMEIRO TRANSPLANTE DE CÉREBRO EM SP e DESCOBERTA A CURA DO CÂNCER, essa última anunciada como "furo internacional". Havia também delírios esotéricos, COMO FUI AO ALÉM DENTRO

1963 » 1972

3/3/1972: A manchete kafkiana remetia à menos importante das notícias do dia

14/3/1972: Como se não bastasse ter morrido afogada, uma senhora inglesa ainda levou essa do NP

DO DISCO-VOADOR, MARCIANO DESCEU EM SÃO PAULO, 3 MOÇAS FALARAM COM JESUS e GRAVADAS VOZES DE OUTRO MUNDO. Sobrava espaço ainda para títulos de puro mau gosto, COMO VELHINHA MORREU NA ONDA. Tal manchete, de 14 de março de 1972, contava a história de uma turista inglesa que morreu afogada em Copacabana. O abre da matéria, ao menos, era original.

> Muito britanicamente, o médico oftalmologista David Sipson, inglês que fazia turismo no Rio, contou no 12.º DP que sua mulher se afogara e, no dia seguinte, pegou o avião de volta para Londres.

Pela infâmia, porém, alguns casos merecem ainda mais destaque. Em 3 de fevereiro de 1972, por exemplo, o *Notícias Populares* rasgava em sua manchete: DEU BICHO NA BRANCA DE NEVE. A transcendental matéria dizia que uma dona de casa em Belo Horizonte estava vomitando "lagartos e outros répteis nojentos". Tudo porque a mulher, quando tinha 12 anos, comera um bolo enfeitiçado presenteado por uma bruxa. O jornal até dava os ingredientes da iguaria: "mistura de substâncias tétricas, como pó de asa de morcego, sangue de rato, baratas dissecadas naquele caldeirão de ferro". Em 8 de março, viria a manchete que apenas os livrinhos de catecismo de Carlos Zéfiro ousavam dar: PASSOU A SALIVA NA NOIVINHA. Era o caso de um rapaz de 23 anos que, segundo o *Notícias Populares*, "violou a namoradinha com o truque do casório".

A coisa estava tão feia que o jornal repetia a mesma estrutura de manchetes em diferentes ocasiões, como ARRANCOU O CORAÇÃO DO VIZINHO, dias depois de ARRANCOU OS OLHOS DO RIVAL, ou ALMOÇOU MULHER ASSADA, após ASSARAM HOMEM NA GASOLINA. Gomide tinha suas favoritas: as histórias de mortos-vivos. CADÁVER REVIVE EM SÃO PAULO, DEFUNTO ANDOU NO VELÓRIO, RESSUSCITA MULHER EM SÃO PAULO e HOMEM DE SÃO PAULO RESSUSCITOU APÓS 38 ANOS: todas foram manchetes do *Notícias Populares*. Em apenas um ano, o jornal conseguiu a proeza de estampar na capa, além de MÃE GEROU MONSTRO DE 4 OLHOS, pérolas maternais que pareciam pré-fabricadas: BELA MOÇA DEU À LUZ UM MACACO, MULHER DÁ À LUZ UMA TARTARUGA e MULHER DEU À LUZ UM SAPO – essa última repetida duas vezes!

O caso do menino símio, publicado em 5 de julho de 1971, serve como exemplo do tom pouco crível que o NP adquirira sob as rédeas de Armando Gomide. Não é preciso nem levar em conta os erros de português.

> SÃO DOMINGOS – Uma criatura estemporânea, nascida em um hospital público desta cidade, vem causando estupefação nos meios médicos desta cidade, pela sua raridade constitutiva.
>
> A bela e jovem mãe, que já teve outros três filhos, todos normais, pertence à raça negra e deu à luz, no hospital "Darpo Contreras" nesta cidade, a uma criança do sexo masculino, depois de dez meses de gestação, a qual apesar de nascer morta tem

5/7/1971: Destaque para o menino símio, um "homonóide troglodita do tipo oreopitecus"

28/8/1971: Menos de dois meses depois, o leitor é brindado com o parto de uma dengosa tartaruga

5/4/1971: Um vampiro com sede de sangue – e algo mais – ataca no *Notícias Populares*

12/9/1971: Novas peripécias dos seguidores de Drácula, agora atormentando a gurizada

a cabeça de macaco, dedos longos e finos com o dos símios e corpo de homem.

MONSTRO

A ciência antropológica chama a esse fenômeno, por sinal raríssimo, de Plestocênio (raça que constituiu o aparecimento do homem na terra), uma vez que o monstro tem as formas dos seres que habitavam a terra a um milhão de anos.

Trata-se, inegavelmente, disse o Dr. Jacobo Alvarez Albiau, diretor do Hospital Maternal Darpo Contreras, de um ser tanecefalosimio (cabeça de macaco e corpo de homem).

Finalizando o Dr. Alvarez acrescentou que o monstro poderia ser classificado como um homonóide troglodita (primeiros habitantes da terra) do tipo oreopitecus.

Nada a declarar diante de tanta criatividade.

O público não demorou a perceber que a publicação já não tinha mais conteúdo. O leitor jamais embarcou na onda de Gomide, e fez a boa média de vendas dos tempos de Mellé, que flutuava entre 80 mil até mais de 100 mil exemplares diários, despencar para cerca de 25 mil jornais. O editor chegou a ser classificado de "aventureiro" por alguns colegas de trabalho da época. O *Notícias Populares* perdera a credibilidade, conquistada a duras penas durante quase dez anos.

Finalmente, em maio de 1972, Frias notou a origem do problema e destituiu o editor-chefe de seu jornal popular. (Armando Gomide não ocuparia nenhum outro cargo de chefia na grande imprensa até sua morte, em 7 de janeiro de 1975, na capital paulista, aos 53 anos de idade.) A empresa precisava com urgência de alguém para reerguer o cambaleante *Notícias Populares* – e não demorou a encontrar. O messias tinha nome de muçulmano, mas não era Muhammad. Era Ali. Ebrahim Ali Ramadan.

1972

PARTE 2

1990

10 ALI NÃO DEIXA O NP IR À LONA

Visto de dentro das janelas daquele apartamento na Vila Buarque, centro de São Paulo, o mundo parecia despencar. Um dilúvio. Carros deixavam o asfalto e começavam a boiar no imundo oceano pluvial, que engolfava até o decadente parquinho da rua de trás. Sacos de lixo se abriam, expondo sobre a água vestígios da madrugada anterior. As mesas do boteco de esquina serviam de abrigo para garçons, carteiros, bilheteiros e até prostitutas, pegas de saia curta pelo temporal em sua via-sacra em direção à rua Aurora. Pelo vidro, o morador do oitavo andar apenas observava o céu escurecer, esfregando as mãos. Olhando para baixo, reconheceu alguns daqueles personagens ilhados no bar. Não deu importância. "O dia está lindo", pensou.

Melhor, impossível. O momento era ideal para reler, à luz de velas, os ensaios de Jean-Jacques Rousseau. Para se aventurar pelas poesias de Carlos Drummond de Andrade. Ou ainda mergulhar no universo fantástico que os filmes de Federico Fellini faziam abrir, como por magia, diante de cada um. Tudo isso, claro, acompanhado por um suculento sanduíche de churrasco grego da Estação da Luz – e somente da Estação da Luz. O motivo da restrição nem ele sabia ao certo; afinal, não consta que o modo de preparo da nobre iguaria variasse muito entre os mestres-cucas da Pauliceia. Talvez a fuligem invisível dos trens metropolitanos, captável apenas pelos mais refinados paladares, fosse o diferencial da receita.

De qualquer forma, era quase um ritual. A gordura ultrapassava a frágil embalagem do lanche e escorria, com desenvoltura, pelo *Contrato social* de Rousseau. Um prazer que somente o poeta Ebrahim Ramadan, o novo editor do *Notícias Populares*, sabia como saborear.

Filho de um imigrante libanês, Ramadan nasceu em Cedral, pequena cidade do interior paulista, em 1936. Estreou no jornalismo aos 16 anos, em *A Notícia*, um diário da cidade vizinha de São José do Rio Preto. Desembarcara na capital em 1959, buscando um emprego melhor e tentando ajudar a manter os estudos do irmão, Zacaria, que cursava Medicina. Com 23 anos, Ebrahim ingressou na *Folha de S.Paulo*, onde trabalhou até 1966. Durante o começo dos anos 60, passou a trabalhar também na sucursal paulista do *Jornal do Brasil*, na avenida São Luís. Foram dez anos de JB, período em que o jornalista foi promovido e chegou a chefe de redação da sucursal.

No início da década de 1970, na famosa reforma gráfica e editorial encabeçada por Alberto Dines, Ebrahim perdeu o prestígio e o emprego no jornal carioca. Passou então a chefe de reportagem da *Folha da Tarde*. Como acumulava os cargos de jornalista e professor universitário, ele deixou a FT e continuou dando aulas na Faculdade Cásper Líbero e na Fundação Armando Álvares Penteado, a Faap. A saudade da redação, porém, bateu mais forte. Uma oferta de emprego do *Jornal da Tarde* era o convite para a volta ao convívio com repórteres, fotógrafos e diagramadores. Quando estava prestes a aceitar a proposta do JT, em maio de 1972, recebeu um chamado de Octávio Frias de Oliveira. O empresário lhe ofereceu o cargo de editor-chefe do *Notícias Populares*.

A princípio, Ebrahim Ramadan relutou. Aos 36 anos, cursava Ciências Sociais na Universidade de São Paulo (USP), tendo como opção um promissor caminho no meio acadêmico. Compartilhava o preconceito que a maioria dos jornalistas sempre teve contra o NP, publicação tida como sensacionalista. O salário, em suas próprias palavras, era "razoável". Motivado principalmente por alguns amigos, que consideravam o trabalho no NP uma experiência sensacional, o jornalista resolveu topar a parada.

Quando pisou pela primeira vez em sua nova casa, em 31 de maio de 1972, Ebrahim Ramadan encontrou um *Notícias Populares* em pandarecos. A vendagem diminuía a cada dia, e o público parecia não querer reatar o matrimônio firmado com Mellé. Não havia muita coisa para fazer, pensava o novo editor, a não ser injetar uma *overdose* de crime e sexo nas páginas do jornal. Isso serviria para recuperar o tempo perdido, fazendo a vendagem voltar a um patamar razoável e tranquilizando a redação. Eram cada vez mais fortes os boatos de que o jornal ia fechar – fantasma que, daí para a frente, assombraria todos os editores do NP.

Ebrahim Ramadan, jornalista, professor e poeta

Para auxiliá-lo na empreitada, Ebrahim reconduziu Laudo Paroni à cúpula do jornal e trouxe para a equipe o carioca Helcio Estrella, antigo companheiro de JB. Pouco depois, Helcio escreveria um artigo afirmando que era muito mais difícil escrever para o NP do que para o *Jornal do Brasil*, onde dividia o espaço com uma constelação de grandes nomes da imprensa brasileira. Era um desafio que a maioria dos profissionais que chegava ao *Notícias Populares* tinha de enfrentar.

Pouco depois, o editor-chefe reforçou a publicação com a contratação de José Luiz Proença, amigo pessoal e repórter de sua equipe na *Folha da Tarde*. Ex-monge beneditino, Proença tinha uma trajetória similar à de Ebrahim, pois viera do interior paulista e também estudara Ciências Sociais na USP. Sua atuação no NP começou nas editorias de local e geral, que Ebrahim queria tornar mais fortes. Posteriormente, José Luiz Proença seria alçado a secretário de redação, o segundo cargo na hierarquia do jornal. Também destacou-se entre as novas caras trazidas por Ebrahim uma jovem chamada Sonia Abrão, responsável pelas colunas de TV. Sonia ficou famosa por dispensar as notinhas elogiosas. A colunista do NP descia a lenha nos artistas, expunha seus podres e, assim, furava a concorrência.

Para chamar a atenção do leitor que passasse pela banca, Ebrahim não usava apenas a manchete de primeira página, mas também a quarta capa, o verso do último caderno, com tipos igualmente gigantes nos títulos e temas escabrosos. Esse foi o grande período policial do jornal. Em maio de 1973, mês em que Ebrahim Ramadan completava um ano no cargo, descobre-se um número que fala por si só: das 31 edições, nada menos que 24 traziam manchetes com temas policiais. Parte da sequência: **ESBAGAÇOU BEBEZINHO NA PAREDE** na capa e **VIOLENTARAM A ANORMAL NO BARRACO** na quarta capa; **ASSASSINADO COM A BÍBLIA NA MÃO** e **MORREU GEMENDO NA PONTA DA PEIXEIRA**; **ASSASSINOU 2 CRIANCINHAS COM 14 TIROS** e **MATOU MULHER A SOCOS**; além de **PREGOU MIOLOS DE LADRÃO NA PAREDE**, **DIABO NEGRO VIOLENTOU 5 MENININHAS** e **ASSASSINADO NU A PAU E A TIRO**.

As exceções ficavam com a cobertura de acidentes, como **DESASTRE COM ÔNIBUS MATOU 30 NORTISTAS**, **CAMINHÃO EXPLODE E MATA 3** e **ENCONTRADO O AVIÃO: ESTÃO TODOS MORTOS**. Mesmo assim, as quartas capas continuavam trazendo suas enormes manchetes policiais, em um espaço já cativo de "presuntos". Com isso, os jornaleiros

22/5/1973: Overdose de crimes para ressuscitar o *Notícias Populares*

23/5/1973: No mês de maio desse ano, mais de 75% das manchetes tratavam de temas policiais

do Centro penduravam em suas bancas a capa e o verso do jornal, atraindo ainda mais leitores. É importante ressaltar que o NP, na maioria das vezes, procurava não banalizar o impacto dos casos policiais que cobria, evitando ao máximo expor suas vítimas de forma desnecessária – os crimes eram sempre tratados de forma séria e a violência era sempre condenada. Apesar disso, não escapou de uma desagradável fama: mesmo que tentasse mudar de imagem, o *Notícias Populares* seria eternamente conhecido como o jornal "espreme que sai sangue". Não se sabe quando o desconfortável apelido surgiu, mas foi o investimento cada vez maior nos assuntos policiais na década de 1970 que consolidou essa reputação. O aumento no número de cadáveres estampados na capa, notado pouco tempo depois, apenas reforçou a consagração do bordão.

Além dos crimes, o jornal também voltava à carga com mais e mais mulheres vestindo menos e menos roupas. "Se o NP não é um jornal de vanguarda, é um jornal de retaguarda", era o comentário que circulava na redação, comemorando a polpuda quantidade de glúteos estampados em suas páginas.

Assim, as vendas do *Notícias Populares* foram voltando à normalidade. Em três meses, o jornal já retomara os números da época de Jean Mellé. Até os antigos métodos do romeno haviam retornado à rotina, como a ajuda dos contínuos (na época já chamados de *office-boys*) na criação das manchetes. Nos anos seguintes, o lugar do gigante Mug seria ocupado pelos magrelas Manoel, Toninho e Tonelada, que opinavam e ajudavam a escolher as manchetes mais claras e atraentes aos olhos do povo.

A tática de Ebrahim Ramadan havia funcionado, e mais do que isso: o novo editor conseguira fazer o jornal ter a sua cara. Sua simplicidade havia conquistado a redação, que já o considerava um "mestre". Além de salvar o NP, era admirado por sua inteligência e famoso por sua amizade com os funcionários. Misturava a atuação de editor às funções informais de assistente social e conselheiro. A figura de Ebrahim, de japona, tênis Rainha e fumando cachimbo parecia mais a do porteiro do prédio. E era exatamente daquilo que o jornal precisava naquele momento: alguém que compreendesse o leitor, que procurasse entender seus problemas e que conhecesse seus desejos.

Colega de bar dos subordinados, o gentil Ramadan fazia funcionar na redação uma fauna bastante diversa, que ia de intelectuais a semianalfabetos. Escreveu livros de poesia sobre a relação entre homens e mulheres, como *Vida comprometida* e *O beijo dos neurônios*, e usou sua paixão pela literatura para retomar outra tradição de Jean Mellé – uma coluna própria, batizada de "Nossa vida de cada dia". Algumas vezes, usava o pseudônimo Luiz Lima, nome do protagonista de *Vidas Secas*, do escritor alagoano Graciliano Ramos. Também seria o mentor intelectual e autor da seção "As gordinhas do Juca Bigode", crônicas que ficaram em cartaz durante um ano nas páginas do NP. Colegas mais próximos diziam que Ebrahim Ramadan era um gênio, mas se deixava esculhambar. O fato é que, sob seu comando, o perigo foi espantado para longe. Num período de três anos, o *Notícias Populares* voltara a ser um sucesso de vendas, e só fazia crescer.

Figuras folclóricas como a mula sem cabeça, as almas penadas, os monstros e os demônios eram personagens importantes do universo do *Notícias Populares*, ao lado de alienígenas e outras aberrações. Na redação, ninguém discutia se era certo ou errado publicar notícias sobre essas esquisitices, sempre baseadas em boatos e lendas – a maioria dos leitores do jornal realmente acreditava nas aparições. Eram elementos eternamente presentes nas comunidades pobres, principalmente com a mistura de culturas diferentes em metrópoles como São Paulo. Não era de estranhar, assim, que fossem encontradas no NP manchetes sobre esses personagens – mas os casos normalmente eram esquecidos no dia seguinte.

De tempos em tempos, surgiam exceções a essa regra. Casos como o do "homem-mãe" (um rapaz que estaria grávido) e do "Bolão" (outro exageradamente gordo) voltaram às páginas do jornal mais de uma vez, com boas vendagens.

Em 1966, ainda na era Mellé, o jornal fez renascer a lenda da Loira Fantasma, explorada anos antes pelo jornalista Orlando Criscuolo em uma série de matérias para o *Diário da Noite*. Em um plantão de domingo, a equipe deparou com uma pauta quase vazia. Sem suicídios, estupros e outros crimes dramáticos na cidade, estava difícil bolar uma manchete. Foi quando apareceu na redação a foto de uma funcionária do prédio, que trabalhava no tráfego interno na Barão de Limeira. A imagem estava sem foco, com um borrão. Alguém comparou a moça a um fantasma. O repórter Mário Luiz Serra gostou da ideia e emendou de primeira a manchete LOIRA FANTASMA APARECE EM BANHEIRO DE ESCOLA. Tanto a história quanto o cenário do banheiro foram escolhidos por Serra apenas em função do tamanho dos títulos e do texto. No dia seguinte, a edição esgotou nas bancas e vários leitores telefonaram para o jornal dizendo que já haviam sido assombrados pela tal Loira Fantasma.

Da mesma forma, no inverno de 1973, uma história sem nenhuma confirmação era publicada pelo *Notícias Populares* e levantava reações inesperadas do público. O caso nasceu em 13 de junho, com a manchete VAMPIRO DE OSASCO MATA E BEBE SANGUE DE ONZE CACHORROS. De acordo com o jornal, um operário havia alertado a polícia sobre a morte de seu cão, encontrado sem uma gota de sangue. Outros moradores da região metropolitana teriam dito o mesmo. Depois de três dias, o bicho voltaria a atacar, matando mais quatro cachorros. Pronto: as crianças não brincavam mais na rua, os operários voltavam para casa mais cedo, ninguém andava sozinho à noite. Com a população acreditando na história, a lenda do Vampiro de Osasco seria explorada por pelo menos mais meia dúzia de edições. O NP publicava os relatos assustados dos moradores e especulava sobre a aparência do monstro. Ele não assumia a forma de um Conde Drácula moderno, mas sim um animal peludo, com caninos afiados e orelhas grandes – uma espécie de avô do chupa-cabras.

Se criar o bicho foi fácil, matá-lo foi uma tarefa complicadíssima. Os moradores do Jardim Helena Maria, bairro humilde onde teriam ocorrido os ataques, confiavam cegamente na história publicada pelo jornal. Quem não acreditava tentava esconder o receio de sair à noite pelas ruas frias e vazias de Osasco. A primeira tentativa de dizimar o bicho foi planejada em 20 de junho de 1973, uma semana depois da primeira aparição do vampiro. Um delegado da cidade convenceu o diretor do Zoológico de São Paulo a emprestar à polícia a única jaguatirica existente no parque, que foi colocada em um camburão. De sirenes ligadas, a viatura percorreu as principais ruas de Osasco, com o delegado anunciando que o tal vampiro era, na verdade, uma jaguatirica solta pela cidade. Em seguida, veio uma armação: um filme que mostrava o felino ser retirado do veículo e morto pelos tiros dos policiais em praça pública. A cena foi exibida em cinemas, clubes e escolas. Para desespero da polícia, ninguém acreditou. O tumulto na cidade persistia – e aumentou depois de uma tentativa de estupro creditada, sim, ao Vampiro de Osasco.

A solução foi recorrer a outro personagem do além, igualmente famoso entre a população humilde. Zé do Caixão, célebre criação do cineasta José Mojica Marins, aparecia com certa frequência nas páginas do *Notícias Populares*. Mojica acreditava que o NP era o melhor veículo para promover suas nada convencionais empreitadas cinematográficas. Procurado pelo repórter Nelson Delbino, topou o desafio de "acabar" com o Vampiro de Osasco e conter o pânico que se espalhava pela cidade. Zé do Caixão tinha experiência em casos como esse: anos antes, nas próprias páginas do *Notícias Populares*, já conseguira acalmar os ânimos dos moradores de Amparo, interior de São Paulo, aterrorizados com a existência de uma casa supostamente mal-assombrada.

Oficialmente incumbidos da missão pelo jornal, Mojica e seu grupo seguiram rumo a Osasco em 22 de junho de 1973. Invadiram o cemitério e fizeram dezenas de fotos para serem usadas na "investigação". Dois dias depois, a manchete do NP era **ZÉ DO CAIXÃO DESAFIA O VAMPIRO DE OSASCO**. Uma procissão liderada pelo personagem de Mojica teria expulsado o vampiro da cidade. "O Vampiro de Osasco não existe! O único Drácula brasileiro sou eu, e eu não sou doido de beber sangue; bebo vinho, e do bom!", dizia Zé do

Caixão. A conclusão do sobrenatural detetive, revelada em reportagem do dia seguinte, era a de que engraçadinhos estavam usando dentaduras de vampiro – daquelas vistas em matinês carnavalescas – para apavorar a cidade. Mojica jura ter localizado o autor da primeira brincadeira, e, dedo em riste, ameaçado rogar uma de suas famosas pragas caso as gracinhas continuassem.

Verdade ou não, o fato é que, com o método improvisado, a história acabou mesmo morrendo. Ficou apenas a prova da enorme influência do *Notícias Populares* sobre o público de São Paulo – além, claro, de mais um sinal da confiança do leitor no jornal. A redação, porém, não tirou grandes lições do episódio. Foi então que, em 1975, aconteceu o parto mais famoso do jornalismo brasileiro.

NASCEU O DIABO EM SÃO PAULO

No final de 1974, ficou mais difícil atravessar a noite sem nenhum pesadelo. Quase todo mundo já conhecia sua lenda, mas quando *O exorcista* desembarcou no Brasil, tornou-se uma obrigação visitá-lo nos cinemas. A polêmica levantada pelo filme de William Friedkin nos Estados Unidos multiplicou a expectativa dos brasileiros, que também queriam vivenciar o pânico gerado pela possessão demoníaca de Linda Blair. Baseada no *best-seller* de William Peter Blatty, a fita havia custado cerca de US$ 10 milhões, um exagero para os orçamentos de Hollywood na época. Além de impressionar com a qualidade dos efeitos especiais, a produção ganhou fama com o surgimento de rumores sobre fenômenos estranhos durante as filmagens. Alguns garantiam que a equipe técnica também havia sido possuída, forçando a paralisação dos trabalhos. Na verdade, o atraso no lançamento do filme era fruto apenas do perfeccionismo do diretor Friedkin.

Sua passagem pelas telas brasileiras foi um estrondoso sucesso: em 1975, *O exorcista* já acumulava uma bilheteria milionária no país. A produção não atraía apenas o público usual dos cinemas, levando de volta às salas escuras muita gente que quase nunca pagava para ver um filme. Em São Paulo, boa parte desse público bissexto era composto por moradores recém-chegados. O assustador fluxo migratório da época trazia gente de povoados que mal haviam estabelecido contato com a civilização. Quase todos vinham de zonas rurais, onde acabavam sendo contaminados por um vívido universo de crendices e superstições. Para completar, a classe humilde que recebia os migrantes – a maior parcela de leitores do *Notícias Populares* – também mantinha suas crenças, solidificadas pela enraizada tradição católica do país. A complicada mistura entre essas heranças firmava de vez o temor por mitos demoníacos como o do filme.

A fé em lendas como essa e a popularidade do cinema de horror em geral já haviam rendido bons lucros para o NP. Como visto nos casos da Loira Fantasma e do Vampiro de Osasco, o sobrenatural era uma temática de grande sucesso do jornal. Os filmes de terror representavam, com o cinema pornô e as fitas de luta estreladas por Bruce Lee, o contato mais íntimo dos leitores com a sétima arte. Mesmo assim, não se podia imaginar que a combustão entre esses elementos faria explodir o caso mais famoso da história do NP, um incontrolável fenômeno que acabaria misturado à própria identidade do jornal.

O parto do caso aconteceu no plantão de 10 de maio de 1975, um sábado. Como na criação da Loira Fantasma, era um fim de semana de redação e pauta quase vazias. Ramadan aproveitava uma de suas raras folgas. Nenhuma reportagem agendada para o dia renderia uma manchete consistente. O procedimento recomendado na redação em dias como esse já era conhecido: rastrear com atenção todos os jornais para tentar garimpar alguma história inusitada e "aquecê-la" para o dia seguinte. Um dos redatores acabou descobrindo uma saída para a manchete nas sisudas páginas da *Folha*.

No dia anterior, o jornal havia pautado o repórter Marco Antônio Montadon para checar o nascimento de um bebê com estranhas deformidades em um hospital do ABC paulista. Quando chegou ao local, Montadon conseguiu apurar pouca coisa: sabia-se apenas que o hospital havia abrigado o nascimento de uma criança com prolongamento do cóccix – problema resolvido com uma simples cirurgia na própria maternidade – e duas pequenas saliências na testa.

Montadon julgou a pauta muito fraca e resolveu fazer uma espécie de crônica de horror para preencher o espaço da matéria.

O material foi levado à reunião de fechamento do NP, onde Proença e Lázaro Campos Borges, editor de polícia, decidiram transformar o assunto em manchete, mais pela falta de coisa melhor do que pelo valor do caso. Lázaro, que havia começado num pequeno jornal do próprio ABC, deu a sugestão da manchete. Fã do cigarro de palha e da branquinha pura, dono de um bigode ao melhor estilo mexicano, propagandeava que 80% das manchetes do jornal na época vinham de sua editoria. Foi repórter, redator, secretário gráfico e, finalmente, editor – portanto, conhecia profundamente o leitor do *Notícias Populares*. O repórter Waldemar de Paula ficou encarregado de redigir a versão do NP. Ele ainda telefonou para alguns hospitais da região, mas não conseguiu nada além de irritadas confirmações de que não havia nenhuma anomalia nas maternidades. Só restou apelar para a imaginação e caprichar na cara de pau.

Assim, no dia seguinte, domingo, 11 de maio, nasceu o diabo em São Paulo.

11/05/1975: A lorota que deu origem à série

> Durante um parto incrivelmente fantástico e cheio de mistérios, correria e pânico por parte de enfermeiros e médicos, uma senhora deu a luz num hospital de São Bernardo do Campo a uma estranha criatura, com aparência sobrenaturais, que tem

todas as características do Diabo, em carne e osso. O bebêzinho, que já nasceu falando e ameaçou sua mãe de morte, tem o corpo totalmente cheio de pelos, dois chifres pontiagudos na cabeça e um rabo de aproximadamente cinco centimetros, além do olhar feroz, que causa medo e arrepios.

A matéria abria uma das páginas da geral e estava colocada ao lado de uma coluna chamada "Pitoresco, horrível, inacreditável". Como de praxe naquele período do jornal, o título da matéria e da capa era o mesmo: **NASCEU O DIABO EM SÃO PAULO**. Nos parágrafos seguintes, o texto explicava melhor a história e tratava de levantar a possibilidade de que o episódio pudesse ser verdadeiro. Para isso, nada melhor que declarações aborrecidas de médicos que negavam tudo – as autoridades, claro, estariam empenhadas em esconder o fato da população. Aliás, real ou não, o bebê-diabo já estava deixando estragos antes mesmo de o jornal chegar às bancas. Basta olhar para os erros grotescos de português da reportagem para adivinhar que sua primeira vítima foi o revisor do *Notícias Populares*.

> Parece que tudo começou na Semana Santa, quando o marido da mulher, que é muito religioso, convidou-a para ir à igreja, ver a procissão. A mulher grávida bateu com as mãos na barriga e respondeu indignada:
>
> – Não vou, enquanto este diabo aqui não nascer.
>
> E foi o que realmente aconteceu. A mulher acabou tendo como filho um monstrinho horripilante, peludo, que ao falar, mais parece que está mugindo.
>
> Inicialmente, há quinze dias atrás, quando os boatos começaram a surgir, poucos acreditavam na história absurda do nascimento do capeta em São Paulo, mas pouco a pouco, os comentários aumentaram e agora, principalmente em São Bernardo do Campo e cidades do ABC, ninguém mais duvida da existência do monstrinho diabólico.
>
> Entretanto, segundo as autoridades médicas, não foi registrado nas últimas semanas nenhum nascimento de alguma criança com problemas congênitos ou anomalias pavorosas. Mesmo assim, até telefonemas de Brasília e outras cidades, estão chegando em São Bernardo, de pessoas que perguntam como o Diabo é, o que que ele come e como é sua aparência, tudo logicamente, desmentido pelos funcionários.

O Hospital São Bernardo, onde se acredita que o Diabo esteja escondido, encontra-se em fase de construção, sendo que a maioria de seus clientes, é do INPS.

O médico Fausto Figueira Mello Júnior, que ao lado de 12 colegas o dirige, afirmou que dos 15 partos diários, todos são praticamente normais:

– Aqui não nasceu nenhum diabinho.

Por outro lado, o diretor administrativo, Roberto Saad, é de opinião que tudo isto não passa de uma piada de mal gosto contra o hospital.

Parece porém que, o crescimento do boato e a credulidade de algumas pessoas chegaram a preocupar o secretário da Promoção Social, Enzo Ferrari. Ele, após percorrer todos os hospitais daquela cidade, distribuiu uma nota oficial, desmentindo o boato, dizendo que em São Bernardo do Campo não existe nenhum bebê-monstro.

Entretanto, a própria preocupação do secretário aumentou em algumas pessoas a crença de que o Diabo existe e está disposto a fazer cumprir as profecias satânicas, aumentando o mal na Terra.

– E os primeiros a serem atingidos serão os moradores de São Bernardo do Campo, disse uma senhora, fazendo o Padre-Nosso, defronte o Hospital São Bernardo, onde se encontrava com os olhos demonstrando muito medo.

Assim, aquela que de início era uma estranha e absurda história, agora tomou corpo e chega a preocupar as autoridades daquele município. Os telefonemas continuam, nas esquinas e nos bares o assunto é só sobre o capetinha e muitos insistem que os responsáveis pelo hospital onde ele nasceu, deveriam colocá-lo em exposição, para que todos vissem o bebê que fala, tem chifres e um bonito rabo de cinco centímetros.

No domingo em que o jornal chegou às bancas, o caso bebê-diabo estava esquecido na redação. Por volta das 13 horas, quando a equipe procurava algum crime para a manchete de segunda-feira, Proença recebeu um telefonema do departamento de circulação. Não havia mais exemplares do NP nas bancas da cidade, e os jornaleiros imploravam para que a história continuasse. Apesar de desaprovar o caminho que o caso tomava, o comando do jornal aceitou manter a farsa. Um repórter foi ao hospital e conversou com alguns funcionários. Para seu espanto, eles confirmavam a história.

1972 » 1990

BEBÊ-DIABO DESAPARECE é a manchete do segundo dia, quando se divulgava o mistério do paradeiro do capeta. Além dos depoimentos, a matéria dava mais detalhes do parto. Em uma cena digna dos filmes de horror que tomavam as telas na época, o bebê-diabo teria urrado, logo ao deixar o ventre da mãe: "Dá pra fechar a janela? Ou fecham ou eu mato a todos". O texto termina com a descrição do "clima de terror" que tomava a cidade:

> Crianças não são mais vistas brincando nas ruas da periferia da cidade. Moças se recolhem mais cedo para suas residências. Mulheres trancam a porta em dia claro.

Novamente dava-se a história como morta no dia seguinte, mas desta vez os jornaleiros começaram a pedir mais exemplares – e mais bebê-diabo na capa – um pouco mais cedo, por volta das 10 horas. No mesmo dia, chegaram os números finais da edição de domingo, quando o jornal havia tido um encalhe inédito: nas duas mil bancas da Grande São Paulo, sobraram apenas oito exemplares. Depois de passear pelas mãos de incontáveis curiosos, os jornais que sobreviveram acabaram ficando completamente rasgados. Era o que faltava para Ebrahim Ramadan decidir assassinar o caso logo na segunda-feira, evitando maiores dores de cabeça. Como responsável pelo jornal, sentia-se terrivelmente incomodado com aquele procedimento. Mas, como a ética que regia o NP era a do dono, o bebê-diabo foi salvo em uma intervenção direta da empresa, que ordenou: a farsa deveria continuar. A tiragem deixou a casa dos 70 mil exemplares diários e atingiu 150 mil.

Para assustar mais ainda a redação, a resposta do público crescia a cada minuto. Logo no terceiro dia percebia-se que o caso havia sido adotado pelos leitores. Eles telefonavam, escreviam e até visitavam a redação pedindo detalhes, revelando fatos novos, contando experiências semelhantes. A partir desse dia, o povo escrevia a história.

Nos 27 dias em que permaneceu na capa do *Notícias Populares* – 16 deles como manchete principal! –, o bebê-diabo não parou um só instante. Expulso da cidade em procissões armadas por fanáticos religiosos, acabou saltando pelos telhados das casas de São Bernardo. Viajou para o interior paulista para encontrar seu "pai", um fazendeiro que não tirava o chapéu de caubói por nada neste mundo. Segundo o NP, o misterioso costume podia significar que o adereço escondia um par de chifres, que confirmavam a paternidade do monstrinho. Em outra travessura, invadiu um terreiro de umbanda em plena sessão. Logo depois, o levado recém-nascido era presenteado com mais um apelido: brasinha. O herdeiro de Lúcifer não era integrante da Jovem Guarda, mas, como os cabeludos na época de Mellé, era sinônimo de tiragens esgotadas.

Durante essa sequência na primeira página, a maior na história do jornal, o NP estampou os depoimentos de médicos, feiticeiros, exorcistas, padres e astrólogos, além de dezenas de testemunhas das aparições do capetinha. Na mais célebre delas, novo "cine *trash*": o bebê-diabo teria acenado para um táxi e, respondendo qual seria o destino da corrida, disparado: "Toca para o inferno". Em 17 de maio, o jornal trazia um guia para aqueles que pretendiam procurar o minitinhoso. Entre as orientações, "evite conversar com o bebê-fenômeno para não ouvir respostas obscenas". Em outra matéria, o jornal apresentava o motorista Antonio Benedetti, que jurou de pés juntos ter levado o bebê-diabo para um hospital de Rubião Júnior, em Botucatu.

Quando o caso começou a perder fôlego e o jornal não sabia mais para onde levar a histó-

16/5/1975: Destaque para duas figuras que desafiavam as leis da ciência: os infernais bebê-diabo e Pelé

21/5/1975: Décima primeira manchete consecutiva do bebê-diabo, e ainda não estava nem na metade

ria, a redação cuidou de providenciar um final à altura de sua cria: SEQUESTRADO BEBÊ-DIABO. Assim anunciava o NP em 1.º de junho de 1975: "Fanáticos religiosos" teriam raptado o "brasinha" e prometiam matar a peste "de forma horrível", amarrando-o a uma árvore e queimando seu corpo. Sem saber direito como prolongar a história, o próprio jornal deu versões desencontradas do drama da criatura. Dois dias depois, em 3 de julho, surgiria uma fantástica reviravolta no caso: BEBÊ-DIABO FOGE PARA O NORDESTE.

A redação ainda tentou extrair a fórceps mais três suítes do caso. Em uma delas, consolidava uma parceria que seria duradoura: dois anos depois de caçar o Vampiro de Osasco, Zé do Caixão foi chamado para capturar o diabinho. José Mojica Marins foi à redação e apresentou sua ideia: enviaria dois de seus assistentes, Satã e Marcello Motta, à Bahia. De lá, eles confirmariam que o bebê-diabo havia subido até Salvador.

A chefia do jornal, porém, apressou-se em afirmar que não tinha dinheiro para custear a estada da dupla no Nordeste. Mojica não se abateu: especialista em fazer milagres com verbas restritas, costurou uma encenação no Terminal Rodoviário Tietê, com direito a cobertura de uma equipe de reportagem do NP. A ideia era simples e foi executada sem maiores problemas: uma multidão assistiu ao embarque dos dois assistentes em um ônibus com destino a Salvador, fazendo festa para os homens que iam localizar o bebê-diabo. O que ninguém viu foi a dupla descer do veículo ainda na marginal Tietê, a poucos quilômetros do ponto de saída. Tudo correra de acordo com a previsão dos organizadores. Entretanto, o NP, para surpresa do cineasta, não publicou nada sobre a cena – apenas noticiou que Satã e Marcelo Motta já estavam na Bahia para caçar o capetinha.

Sem sair de seu escritório, Mojica fez inúmeros contatos telefônicos para compadres nordestinos, até que chegou a um nome definitivo para o refúgio virtual do bebê-diabo: Qui-Papa, interior baiano. No jornal, lia-se que Satã e Marcelo Motta haviam colhido depoimentos de testemunhas de aparições do pequeno demônio nessa localidade. O pior é que os "enviados especiais à Bahia", além de não sentirem nem o cheirinho de acarajé, seguiam perambulando por São Paulo, sem ao menos tomar o cuidado de evitar sair de casa. De qualquer forma, o relato já rendia muito pouco. Seu fim estava decretado pelos leitores.

A SAGA DO BEBÊ-DIABO NAS MANCHETES

11/5	NASCEU O DIABO EM SÃO PAULO
12/5	BEBÊ-DIABO DESAPARECE
13/5	FEITICEIRO IRÁ AO ABC EXPULSAR O BEBÊ-DIABO
14/5	BEBÊ-DIABO DO ABC PESA 5 QUILOS
15/5	BEBÊ-DIABO INFERNIZA O PADRE DO ABC
16/5	NÓS VIMOS O BEBÊ-DIABO
17/5	POVO VAI VER O BEBÊ-DIABO
18/5	PROCISSÃO EXPULSARÁ BEBÊ-DIABO
19/5	VIU BEBÊ-DIABO E FICOU LOUCA
20/5	SANTO PREVIU O BEBÊ-DIABO
21/5	BEBÊ-DIABO NOS TELHADOS DAS CASAS DO ABC
22/5	MÉDICO AFIRMA: O BEBÊ-DIABO NASCEU NO ABC
23/5	DIABO EXPLODE MUNDO EM 1981
24/5	BEBÊ-DIABO PAROU TÁXI NA AVENIDA
25/5	FAZENDEIRO É O PAI DO BEBÊ-DIABO
26/5	BEBÊ-DIABO VIAJA PARA VER O PAI
27/5	BEBÊ-DIABO APARECE NO LUGAR DO ECLIPSE
28/5	MAIS 7 VIRAM O BEBÊ-DIABO
29/5	BISPO MORRE DE MEDO DO BEBÊ-DIABO
30/5	BEBÊ-DIABO ARRASA COM RITUAL DE UMBANDISTA
31/5	FANÁTICOS AMEAÇAM BEBÊ-DIABO NO ABC
1/6	SEQUESTRADO BEBÊ-DIABO
2/6	BEBÊ-DIABO À MORTE
3/6	BEBÊ-DIABO FOGE PARA O NORDESTE
4/6	PADRE DE MARÍLIA: "EU ACREDITO NO BEBÊ-DIABO DO ABC"
5/6	ZÉ DO CAIXÃO VAI CAÇAR BEBÊ-DIABO NO NORDESTE
8/6	POVO VÊ NOVO BEBÊ-DIABO DO ABC

Mesmo que involuntariamente e de forma improvisada, o *Notícias Populares* acabava de forjar o novo capítulo de uma história que corre o planeta há séculos. Lendas sobre os filhos do demônio – os íncubos, nascidos com horríveis anomalias físicas e "espírito maquiavélico", como descreve o NP na primeira matéria da série – começaram a surgir na Europa do século XII e se espalharam pelo mundo, sobrevivendo por meio da tradição oral das socie-

1972 » 1990

dades pré-Gutenberg. Com o surgimento da imprensa, diferentes versões do mito tomaram parte das primeiras publicações artesanais surgidas no velho continente e depois correram pelas páginas de jornais sensacionalistas de todo o mundo.

A união entre a redação e os leitores na construção da narrativa também ficou marcada na história, agora por seu ineditismo na grande imprensa brasileira: as pessoas discutiam apaixonadamente as aparições e os desmentidos, e sentiam-se verdadeiras protagonistas do episódio. Até os leitores dos grandes jornais acompanharam de perto o caso, apesar de nenhum outro órgão da imprensa ter publicado uma linha sequer sobre o assunto. Muitos deles esperavam ansiosos a edição do dia seguinte apenas para descobrir como o *Notícias Populares* conseguiria sustentar a farsa. E, mesmo depois de seu fim, a história continuaria sendo escrita. O mito ainda assustaria crianças que nem haviam nascido na época, e seria lembrado eternamente entre os leitores mais velhos.

Para os paulistas, a epopeia às avessas do bebê-diabo foi um romance de folhetim interativo, uma volta à literatura de cordel que os migrantes tanto consumiam em sua cidade de origem. E a prova do poder dessa lenda – e da força do NP, pelo bem ou pelo mal – também veio do Nordeste: alguns dias depois do fim do caso, com a equipe aliviada com o retorno à rotina normal de trabalho, a redação recebeu um exemplar de um jornal pernambucano. Sua manchete decretava a chegada do bebê-diabo a Recife.

12 COMEÇAR DE NOVO...

Ainda na ressaca do exorcismo do bebê-diabo, o *Notícias Populares* tentou ressuscitar uma alma penada sumida havia quase uma década. Em 11 de junho de 1975, apenas três dias depois do desaparecimento do diabinho, a Loira Fantasma retornava à manchete do jornal. O título: EU FUI ESTRANGULADO PELA LOIRA FANTASMA. O NP reportava que o espírito da loiraça vinha assombrando os motoristas na região de Curitiba, no Paraná. Um taxista contou ao jornal que presenciou uma aparição da moça e tentou fugir. De repente, sentiu as mãos geladas da loira em seu pescoço e caiu em desespero. Apesar do inegável apelo, a cena descrita pelo jornal tinha muito pouco de surpreendente: teria sido inspirada em uma propaganda de barbeador descartável. No comercial, uma modelo loira e alvíssima atravessava um banheiro cheio de vapor – daí a aparência fantasmagórica – e acariciava o pescoço do garoto-propaganda do produto, que se barbeava diante do espelho.

A partir dessa origem duvidosa, o caso foi mantido por mais três dias na capa, e seria manchete em apenas um deles. A assombração – "loira, linda, capote preto e colar de pérolas", como descreveu o NP – teria aparecido outras vezes em Curitiba. Talvez pela distância de São Paulo, talvez pela fragilidade da trama, a história não colou – tanto que a epopeia foi esquecida depois de uma chamada que normalmente renderia continuação no dia seguinte: **CHOFER DE CAMINHÃO É AMALDIÇOADO AO VIAJAR COM A LOIRA FANTASMA.**

Entretanto, o leitor seria bombardeado na mesma semana com uma história ainda mais fantasiosa. Menos de sete dias depois de desmamar o bebê-diabo, o NP voltou à maternidade para parir outra aberração: **BEBÊ NASCEU METADE HOMEM METADE PEIXE**, manchete do jornal no dia 13 de junho. Como o periódico havia espremido a história do bebê-diabo até a última gota, era evidente que o caso do bebê-peixe, em um intervalo de tempo tão pequeno, não entusiasmaria ninguém. Para piorar, a cena se passava em Barcarena, na longínqua floresta amazônica, onde um menino havia nascido com "pele escamosa e cauda de peixe nos membros inferiores". Não deu outra: com encalhe assustador, o *Notícias Populares* do bebê-peixe se afogou nas bancas. Insistente, a redação faria uma tentativa de ressuscitar o caso no dia seguinte, com uma incrível revelação: **BOTO É PAI DO BEBÊ-PEIXE.** A explicação de um médico local: a mãe tivera relações sexuais com um "cetáceo fluvial".

De novo, surra nas bancas. Apenas o NP não percebia o fracasso: em 15 de junho, ainda mantinha o caso na primeira página e procurava trazer o estranho ser para perto do público. Em outras épocas, a manchete faria disparar as vendas: **BEBÊ-PEIXE VEM PARA SP.** Saturado, o leitor não pegou carona nessa onda. Assim, no dia seguinte, o jornal já não reservava nenhuma linha ao menino pisciforme, que estava por desembarcar na capital paulista. Talvez o herdeiro de Netuno tenha sido engolido por um dos buracos da rodovia Transamazônica – ou simplesmente embarcado no ônibus errado.

Tais episódios serviram de anticlímax num mês cheio de emoções com o bebê-diabo. Mais que isso, funcionaram como um alerta. As vendas foram ruins, os leitores não se interessaram e a reputação do jornal caiu um pouco mais. Para qualquer um, o sinal era claro. O *Notícias Populares*, teimoso, ainda parecia querer pagar para ver.

Assim, nos meses subsequentes ao desfecho de ambos os casos, notícias fabricadas e cascatas, especialmente na categoria sobrenatural, continuavam a pipocar nas páginas do NP. A grande diferença é que raramente ganhavam o destaque de outrora – o receio de um novo vexame funcionava como freio de mão à incrível imaginação dos jornalistas, constantemente incentivados pelo departamento comercial, saudoso das tiragens iniciais do bebê-diabo. Mas o bom-senso durou pouco. Menos de cinco meses depois do sumiço do tinhoso em miniatura, o *Notícias Populares* apresentava um novo e misterioso fenômeno na capital paulista. Guta, o bebê atômico, pedia passagem.

A manchete de 11 de novembro de 1975, **BEBÊ ATÔMICO NASCEU EM SP**, tinha um quê de *déjà-vu* para os leitores do NP. Na página 7, lia-se uma matéria relatando que, no ano anterior, a Santa Casa recebera uma recém-nascida anêmica, que não comia e não tinha glóbulos vermelhos. A médica que a atendera, dra. Vânia, não entendia como a menina, chamada Guta, conseguia sobreviver e ainda ter uma força "apavorante". Em uma manhã chuvosa, a pediatra descobriu os poderes do bebê: um raio entrou no consultório e jogou a criança a metros de distância. Muita gente achou que o impacto havia matado a garota, mas o NP garantia que dra. Vânia encontrara Guta firme e forte, no meio da rua, controlando raios e relâmpagos com os dedinhos das mãos. A partir daí, a médica passara a esconder a criança, em um jogo de gato e rato que o jornal anunciava desvendar naquele momento. Um ano tinha se passado do dia do acidente, e, nesse ínterim, muita coisa havia mudado. "Guta cresceu, transformou-se num ser diferente, capaz de coisas somente vistas nos filmes de ficção científica", dizia o texto. O pior é que, perto do que estava por vir, essa era a parte menos absurda da história.

A garotinha, de acordo com o relato, poderia fazer-se invisível ou transformar seu corpo em substância líquida ou gasosa. Morava no esgoto e gostava de passear pelos bairros distantes do Centro – especialmente Itaquera e São Miguel – e na cidade de Osasco. Motivo: as ondas de rádio e TV das regiões mais movimentadas lhe faziam cócegas. O *Notícias Populares* ainda tinha uma explicação para a origem dos superpoderes do bebê. A capacidade de dominar raios teria vindo do pai, um pedreiro que tivera contato com uma estranha pistola de raios alimentada por urânio enriquecido – "a mesma fonte de energia usada nos submarinos nucleares". Até pela proximidade cronológica das reportagens, era impossível deixar de associar a história do nenê mutante com a do herdeiro do capeta que aparecera em São Bernardo do Campo. Ingenuamente, a redação e a empresa pareciam querer repetir a fórmula que resultou no sucesso comercial do bebê-diabo. E, a duras penas, perceberiam que não seria tão simples assim.

De qualquer forma, no dia seguinte, 12 de novembro, outra vez o NP estampava sua nova mascote na manchete: **BEBÊ ATÔMICO ESTÁ À SOLTA EM SP**. Dessa vez a novidade era que a dra. Vânia havia recebido mais uma visita de Guta, que saíra junto com o vapor do chuveiro e, sorridente, se materializara diante da apavorada médica. Descobrira-se que o sangue da menina tinha grande quantidade de césio 137 e estrôncio 90. E o jornal desafiava a ciência ao inventar um tratamento para a guria:

> Com uma aparelhagem especial, que não diz onde foi conseguida, a médica já tentou até submeter o ser atômico à doses maciças de citrato de sódio, sem qualquer resultado. Esse preparado, testado há alguns anos pelo centro de Pesquisa de Isótopos da Universidade de Lumme, no Japão, consegue diminuir a intensidade dos "rads" (unidade de medição de radioatividade) depois de algumas aplicações, em até 70 por cento. Mas em Guta não produziu efeito algum.

No dia 13, a garotinha nuclear visitava um casal de velhinhos no ABC, dona Rosa e seu Raimundo, que se encantou com ela. Como prova, a dupla lhe deu vários copos de leite gelado – a bebida preferida da pequena. Na volta à Capital, parada estratégica em uma oficina mecânica na avenida Cruzeiro do Sul, para literalmente recarregar as energias. O lanchinho da tarde foi a bateria de um Galaxie azul, "muito novo", o que deixou o proprietário, Abílio, roxo de raiva. "Esse maldito bebê me roubou toda a energia do carro", desabafou.

Guta seguia consumindo elétrons, principalmente em tomadas, mas sua história já perdia a força. No dia 14 de novembro de 1975, já não era mais manchete, embora continuasse na primeira página. A chamada anunciava: **BEBÊ ATÔMICO ATACA E FOGE NA VILA PRUDENTE**. Após brigar com a dra. Vânia, a menina passou por uma súbita alteração de personalidade. Entrou em um bar e acabou com o estoque de leite do lugar – não sem antes soltar uma solidária ordem ao atendente: "Quando eu bebo, todo mundo bebe também. Aqui não vai ficar ninguém sem tomar pelo menos uma garrafa de pinga". A situação parecia o sonho de muitos jornalistas da redação do NP, mas não colava para os leitores. Tanto é que a cena desse porre lácteo de mau gosto, pessimamente recebida pelo público, acabaria provocando o corte no suprimento de energia para o bebê atômico no *Notícias Populares*.

No dia seguinte, em uma pequena matéria, o jornal anunciava que Guta havia apanhado e levado um tiro de chumbinho do proprietário da lancha Tiririca, às margens da represa de Guarapiranga. Depois disso, nada mais. O bebê atômico sumiu sem que o jornal ao menos se preocupasse em dar um fim à história. O único legado de Guta foi a vergonha de outro fracasso – dessa vez, moral e comercial.

O caso da garota que dominava raios e relâmpagos foi o nadir da trajetória da fértil fábrica de histórias do NP. Altamente inverossímil, sem a menor base informativa – os envolvidos não possuíam sequer sobrenome –, o relato teria dificuldade até para enganar a Velhinha de Taubaté. Mas as pilhas e pilhas de exemplares encalhados fizeram, finalmente, a redação entender o recado das bancas. O *Notícias Populares* tratava, então, de iniciar um longo processo de reestruturação.

Constrangido com tanta polêmica, Ebrahim Ramadan decidiu conter o nascimento de aberrações jornalísticas, impulsionando a criação de novos critérios para a escolha das manchetes. Agora, os relatos de assombrações deveriam ficar restritos à coluna espírita escrita por Moacyr Jorge, e a equipe de repórteres teria de sufocar sua insuperável criatividade para evitar vexames. Apesar do formidável lucro que o bebê-diabo havia despejado nos cofres da empresa, o saldo final dos casos fantasiosos era negativo: os esforços para apagar a má fama da era Armando Gomide haviam sido esquecidos, e o jornal voltava a ser rotulado de irresponsável. Como a explosão nas vendas aborreceu os rivais, o preconceito contra o NP criou raízes ainda mais profundas. A triste conclusão era de que a fama do jornal nunca havia sido tão ruim.

Além de banir novas invenções, Ebrahim Ramadan procurou repensar os métodos usados na produção do *Notícias Populares*. A redação deveria buscar uma forma de aproximar-se cada vez mais do leitor, fazendo um jornal sob medida para esse público quase anônimo. O editor-chefe dedicou-se a estudar de forma obsessiva as reações desse exigente consumidor, forjando um modelo de jornal popular útil e atraente. O complicado processo duraria anos e nunca resultaria em uma receita infalível, mas seus resultados eventualmente apareceriam, levando o NP a uma de suas fases mais férteis.

Enquanto tentava solucionar o enigma, Ebrahim resolveu não arriscar, voltando a apostar firme na área em que a equipe se sentia mais confortável: as coberturas policiais. O editor-chefe chegou a consultar a direção da empresa sobre a postura que o jornal deveria ter diante do processo de abertura do governo militar. Teve como resposta a recomendação de deixar a política para a *Folha*. Deveria investir apenas na tradicional fórmula de crimes e tragédias. O jornal voltou a relatar absolutamente tudo que poderia ser colhido nas delegacias da Grande São Paulo, e essa ronda acabava em manchete quase todos os dias. Mesmo não motivando vendas espetaculares, os crimes atraíam uma boa cota de leitores e, em geral, contabilizavam resultados razoáveis. Apesar disso, a necessidade de manter um relacionamento estreito com delegados e escrivães legou alguns incômodos vícios ao jornal.

Não era raro ver nas páginas do *Notícias Populares* reportagens que comemoravam descaradamente a morte de criminosos nas mãos da polícia. Também era comum encontrar textos que pareciam verdadeiras homenagens à corporação – alguns invertiam a ordem de importância dos fatos e já começavam exultando os feitos dos policiais. O relato do jornal passava a obedecer à seguinte cartilha: "Fulano, da equipe especial de determinado distrito policial de São Paulo, sob o comando do delegado beltrano, perseguiu um bandido procurado por homicídio, que acabou morrendo na fuga". O nome do acusado e as circunstâncias da morte às vezes estavam no fim da matéria. Outro fruto da cumplicidade do jornal com os delegados era uma horripilante seção de fotos dos suspeitos capturados pelos policiais. Batizada de "Galeria dos condenados", a coluna exibia sem constrangimento as fotos usadas nas fichas criminais dos detidos. Não é difícil explicar o sucesso da seção: as imagens eram genuinamente assustadoras, e os elementos escolhidos para posar nelas colocavam medo até nos leitores mais perversos.

Durante dez anos contados a partir da morte do bebê-diabo, a cobertura de polícia sustentou o cotidiano do jornal, preenchendo os intervalos deixados entre a cobertura de grandes tragédias, algumas boas histórias de sexo, casos insólitos, ocasionais manchetes sobre futebol e até mesmo casos sobrenaturais, que davam um jeito de escapar da proibição de Ramadan e apareciam esporadicamente nas primeiras páginas. A Loira Fantasma, por exemplo, ainda voltou em agosto e setembro de 1976, dando as caras em um colégio na Parada Inglesa, zona Norte paulistana, e na Universidade Estadual de Londrina, no Paraná. O periódico até trazia uma entrevista com uma mulher suspeita de ser a Loira Fantasma. Mirtes Carvalho, em 18 de agosto, desmentia tudo: **EU NUNCA FUI A LOIRA FANTASMA.**

Fato mais relevante aconteceria em 1977, ano em que o esporte foi responsável por algumas das edições mais rentáveis da década. Após 23 anos em um sofrido jejum de títulos, o Corinthians (o jornal grafava "Coríntians") chegava à final do Campeonato Paulista com enormes chances de sair da fila. Na época, a maioria absoluta dos torcedores corintianos ainda estava concentrada na periferia e nas favelas, e o time havia sido adotado por nove entre dez migrantes que desembarcavam nos terminais de ônibus da capital. Sem demora, o NP vestiu a camisa do alvinegro e sofreu junto com cada um de seus fiéis torcedores. A expectativa pelo título contagiava todo o jornal.

Em 7 de outubro, uma semana antes da vitória, a manchete era **NÃO SERÁ FERIADO NA SEGUNDA-FEIRA.** Um dia antes, a prefeitura havia negado os pedidos de corintianos mais otimistas, que já exigiam um dia inteiro para combater a ressaca da comemoração. A chamada de maior destaque na página era de polícia, mas mantinha o clima: **PAROU PARA VER JOGO DO CORÍNTIANS E LIQUIDOU COMPANHEIRO.** No auge dessa agonia, os torcedores já disputavam a autoria da promessa mais absurda e apaixonada. O NP elegeu o vencedor em sua manchete de 12 de outubro: **VOU COMER 23 SAPOS SE O CORÍNTIANS GANHAR.** Era um fanático que garantia devorar os batráquios cozidos com alho e limão. Dois dias depois, em 14 de outubro de 1977, finalmente veio a redenção: **CORÍNTIANS: UM GRITO DE AMOR NO BRASIL.**

12/10/1977: O desespero para sair da fila era tão grande que o jornal se esbaldava com as promessas dos corintianos

14/10/1977: Com o gol de Basílio, o NP vendeu tanto que deveria ter colaborado para a caixinha de Ruy Rey

As letras usadas na manchete que anunciava a vitória pareciam as maiores já impressas nas páginas do NP – os tipos mediam dez centímetros de altura! Depois de noticiar na capa do dia seguinte o rescaldo da festa pelo título (500 presos e oito mortos), o NP voltava à sua rotina. A atriz Sylvia Kristel, protagonista da série de filmes eróticos *Emmanuelle*, desembarcava em São Paulo em 16 de outubro. Manchete obrigatória.

O trem do *Notícias Populares* parecia correr sem problemas no primeiro semestre de 1978. Pelo menos era o que a redação pensava até chegar o final de junho, quando, de repente, sem ninguém saber de onde, veio a bomba: Ebrahim Ramadan havia pedido demissão. A princípio, ninguém acreditou. Afinal, o azul do logotipo do NP parecia correr no sangue do editor; uma separação parecia impossível. Além disso, os seis anos de experiência à frente da locomotiva popular deram a Ramadan um respeito incrível de seus comandados, algo dificilmente visto em uma relação profissional. Não havia motivo aparente para a saída do chefe. Mas, ao ouvir a confirmação de fontes confiáveis, a redação entrou em alerta.

Sem conseguir obter uma explicação convincente de Ebrahim para a decisão, os funcionários trataram de organizar um abaixo-assinado endereçado ao diretor-presidente da empresa, Wanderley de Araújo Moura. Dizia o texto, preparado em 30 de junho: "A redação do *Notícias Populares*, surpresa, tomou conhecimento da demissão do seu editor-chefe, Ebrahim Ali Ramadan, e, não podendo aceitar o fato de não tê-lo mais em nosso convívio como amigo, companheiro e chefe, os abaixo-assinados solicitam que não aceite seu pedido de demissão verbal". Foram exatamente 53 assinaturas, entre jornalistas, fotógrafos, diagramadores, secretárias, contínuos e arquivistas.

O emocionado apelo deu certo: Ramadan reconsiderou no mesmo dia. Em 1.º de julho de 1978, o título da coluna "Nossa vida de cada dia", assinada pelo editor há anos, decretava **A VOLTA GLORIOSA**.

> É a maior glória deste mundo estar de novo perto de vocês, que sempre me foram fiéis e leais. Há quanto tempo eu os abandonei, como o pai que repudia os filhos?
>
> Confesso que em relação a vocês todos, responsáveis pelo meu ego, superego e id, fui um mau-caráter e ingrato. Não importa agora dizer-lhes por que e por quem os substituí, porque e para quem me dei, me multipliquei e me dividi.
>
> Importa sim, estou magnificamente ao lado de todos, outra vez. É assim, uma sensação de glória e apoteose ouvi-lo sempre, caro Wagner. Ouvir e sentir a sua fúria e tempestade do seu Navio Fantasma, a vibrante paixão das Walquírias em Cavalgadas; a sensação de felicidade plena, de solidão e tristeza de Tristão e Isolda e a apoteose retumbante da Canção dos Mestres Cantores.
>
> Ouvir a paz dos Cantos Gregorianos à suprema luz das minhas velas; sentir de novo o velho tapete a acariciar seu corpo em necrose galopante; e, finalmente, participar ativamente da elaboração de Emílio de Jean Jacques Rousseau, cada vez mais distante desse mundo, no real inadmissível do homem de hoje.
>
> Perdão amigos, estou de volta para conversar, ouvir, ler e sentir vocês. Espero em mim não abandoná-los, nunca mais.

A impressão era de que Ramadan passara por uma generosa crise existencial, daquelas que só acometem poetas e trovadores que vivem com um pé na realidade e outro no Montparnasse. Para a redação, porém, mais importante que as explicações para a saída do chapa era poder vê-lo de novo em ação, pronto para o que desse e viesse. É bem verdade que os leitores do NP pouco entenderam da explicação que destilava ego, superego, id, Wagner, canto gregoriano e Rousseau em um mesmo tonel. Seria menos lírico, mas muito, muito mais compreensível se Ramadan tivesse reproduzido nas páginas de seu jornal o bilhete que endereçou a "Todos do NP" naquele 30 de junho de 1978. Rabiscado em um folheto de comunicação interna, continha apenas quatro palavras: "Eu amo vocês, porra!"

Enquanto o *Notícias Populares* comemorava o retorno do velho chefe, a empresa Folha da Manhã convergia toda a sua dedicação para a reformada *Folha de S.Paulo*, já líder incontestável de vendas no estado. A abertura política da segunda metade dos anos 1970 permitiu um investimento maior no jornalismo opinativo e no colunismo. Durante esse processo, Octávio Frias de Oliveira abriu a carteira e não fez economia nas contratações: Samuel Wainer, Paulo Francis, Mino Carta, Alberto Dines e Tarso de Castro foram apenas alguns dos nomes que o jornal trouxe para suas fileiras.

Ao mesmo tempo que a *Folha* acolhia esse time de craques, o NP continuava reforçando suas fileiras com figurinhas carimbadas do jornalismo romântico. Comandada por um literato e um religioso sem batina (Ebrahim Ramadan e José Luiz Proença), a redação abrigava especialistas nos temas mais esquisitos. Maior exemplo de diversidade cultural não havia. Foi criado até mesmo um concurso para eleger o sujeito mais peculiar da redação. Com o passar dos anos, a eleição ganhou até votação secreta e estatuto oficial. O pleito ganhou fama no meio jornalístico e o regulamento chegou a ser cedido às redações de outros veículos, que também queriam eleger suas personalidades mais bizarras.

O título entregue ao vencedor variava – Goiaba do Ano, Xarope do Ano – mas havia sempre um favorito: Alderaban Araújo, uma espécie de quebra-galho do *Notícias Populares*. Funcionário que fazia a linha pau para toda obra, o velho Alderaban era responsável pela seção "Plantão do povo". Armava sua barraquinha em diferentes lugares da cidade e improvisava uma campanha institucional do jornal, além de receber reclamações, elogios e sugestões – era uma espécie de *ombudsman* involuntário. Além disso, prestava um tipo de assistência social ao público do jornal. Se alguém estava com problemas de saúde e pedia ajuda ao NP, por exemplo, a redação tentava arrumar uma internação para o leitor. Depois de vencer diversas edições do Xarope do Ano, Alderaban morreu em circunstância tão estranha quanto seus costumes. Teve um ataque cardíaco fulminante no ônibus, a caminho do enterro de outro companheiro, o ex-editor Lázaro Borges.

Mesmo sem alterar a feição folclórica da equipe, Frias decidiu mudar o tom do *Notícias Populares* depois da greve dos jornalistas de 1979. O movimento terminou sem aumento salarial e com 300 demissões, mas não provocou baixas no NP. Porém, foi o momento escolhido para finalmente se desfazer do *Última Hora*, que já não tinha prestígio nas bancas e na própria

"**Plantão do povo**": o cidadão fala e o *Notícias Populares* escuta

empresa. Incentivado pelo sucesso das mudanças editoriais na *Folha*, o dono da empresa queria trocar o bom humor por uma postura mais "adulta" no *Notícias Populares*. Entre os colunistas escalados para reforçar essa imagem estavam o cardeal dom Paulo Evaristo Arns, o senador Franco Montoro, o ex--ministro Almir Pazzianotto e sindicalistas como Joaquim dos Santos Andrade, o Joaquinzão, e Luiz Inácio Lula da Silva.

Pouco depois, decidiu-se expulsar as mulheres seminuas da capa, as já famosas "Máquinas do NP". Ao contrário da época de Jean Mellé, as fotos não eram mais simplesmente reproduções de material das agências, mas sim produções próprias – geralmente imagens de prostitutas ou atrizes iniciantes que posavam no próprio prédio da Barão de Limeira. Inicialmente, os instantâneos eram feitos na sala do arquivo, a poucos andares de distância das mesas dos mais prestigiados jornalistas de São Paulo – e muitas vezes as sessões incluíam certa interação entre as modelos e alguns funcionários do NP, ali mesmo na sala do acervo. Com o passar do tempo, os fotógrafos passaram a usar o estúdio do terceiro andar. Em dias ensolarados, uma opção era o heliporto do prédio para variar o cenário. Não há registro de que o velho Frias ou algum executivo engravatado tenha reclamado das sessões.

A decisão de tirar as fotos de mulheres da capa foi um desastre: os leitores sentiram-se genuinamente ofendidos e exigiram a volta das "máquinas", que virariam "gatas do NP" na década de 1990. Alguns bombardeavam a redação com irritados telefonemas: "Não tem mais homem aí, é? Vocês viraram bichas?" As fotos de garotas desguarnecidas na capa já eram uma instituição: se o inglês *The Sun* tinha a tradicional "mulher da página 3", o nacionalíssimo NP era famoso pela "mulher da primeira".

Em geral, as transformações ditadas pela empresa haviam fracassado. Depois de um ano de exaustivas reuniões para ensaiar novos rumos para o NP, Frias chamou Ebrahim mais uma vez em seu escritório. Reconheceu que sua influência havia atrapalhado, admitindo a dificuldade de criar uma nova composição de sucesso. "Não sei mais o que fazer. Se continuar assim, até o final do ano vamos ter de fechar", disse Frias. "Vamos suspender as reuniões. Toque do seu jeito para ver o que vai dar."

13 MAIS DE MIL PALHAÇOS NO SALÃO

Com mais autonomia que nunca, Ebrahim Ramadan logo promoveu os acertos que recolocariam o jornal nos trilhos. As mulheres foram enfim trazidas de volta à primeira página e o NP descartou de vez qualquer tentativa de tornar-se mais austero. Os colunistas foram mantidos e ganharam novos colegas, agora escolhidos com critérios diferentes. Em um verdadeiro golpe de mestre, Ebrahim passou a ceder espaço a todas as minorias que estivessem esquecidas pela grande imprensa. Somando todos os seus adeptos, deduziu ele, o *Notícias Populares* teria um sólido público cativo. As novas colunas foram estreando aos poucos, e o jornal acumulou uma quantidade impressionante de seções a partir do início dos anos 1980.

Além de manter *best-sellers* como os espíritas Chico Xavier (o maior médium do Brasil sempre dizia que o NP era seu jornal favorito) e Moacyr Jorge, o jornal abriu seu leque religioso. Passou a incorporar colunas como "Budismo", "Seicho-no-iê" e "Nos terreiros de umbanda", além de continuar reservando seções para católicos e evangélicos. O horóscopo era feito pelo próprio Moacyr Jorge, sob o pseudônimo Shiron Kayen. Na área sindical, representantes de todas as categorias escreviam com regularidade no jornal – de metalúrgicos a padeiros, qualquer trabalhador poderia saber quais eram as bandeiras de seus líderes comprando o NP. Para os esotéricos, colunas sobre ocultismo, interpretação de sonhos e até extraterrestres. Essa última seção, intitulada "Discos voadores", era assinada pelo "conceituado" ufólogo Philippe Piet Van Putten – obviamente, um pseudônimo bolado em meio a gargalhadas gerais na redação. Os migrantes recebiam as novidades do Nordeste brasileiro em "Notícias para os conterrâneos" e as autoridades eram homenageadas com "Notícias da PM".

Em variedades, o NP recrutou nomes de peso. A coluna "Chacrinha no NP" apresentava informações imprescindíveis sobre o mundo da televisão. Uma delas: "Contando as duas novelas que já fizeram juntos, Cláudio Cavalcante e Nathália do Vale já se beijaram 720 vezes". Silvio Santos, o homem mais poderoso da telinha no Brasil, emprestou seu nome a uma coluna ("É coisa nossa") que oferecia notícias sobre figuras carismáticas como Nahim, Gretchen e o Trio Los Angeles. Sonia Abrão também ganhou um espaço para fofocar pouco depois ("TVnenos"). Na área musical, o jornal mantinha uma coluna sobre samba e duas sobre sertanejo. Uma delas era assinada pela consagrada dupla Tonico e Tinoco e a outra pelos não tão famosos Zé Gordura e Sucupira, batizada de "Som do sertão".

E mais: em um surto de vanguardismo, o periódico surpreendeu os leitores com a criação de "Espaço gay", uma inédita seção dedicada aos homossexuais e travestis. A estreia foi em 19 de novembro de 1983, com o título "Chega de discriminação gay". Era um texto sobre o livro *O bandeirante destemido*, um guia da Pauliceia para os homossexuais. A avaliação do NP sobre a obra: "Para as santas sem destino, é um bom começo". A coluna era assinada por Julian Gray, pseudônimo em referência ao protagonista de *O retrato de Dorian Gray*, clássico maior de Oscar Wilde, escritor irlandês que trocou mulher e dois filhos por experiências homossexuais. Logo no terceiro dia de coluna, seu título já anunciava: **HOMOSSEXUAIS DOMINAM O MUNDO**. O texto explicava melhor a história:

Segundo o historiador e sexólogo H. L. Rorschard, os homossexuais em breve dominarão o mundo. A afirmação se baseia na acentuada proliferação dos gays registrada de alguns anos para cá. Diante disso, não será estranho a gente se deparar com uma bichona no Kremlin e uma sapatão na Casa Branca.

Devaneios à parte, "Espaço gay" servia como ferramenta para combater o isolamento sem provocar maiores constrangimentos para seus leitores. Os menos assumidos poderiam comprar o jornal por causa da seção fingindo um incontrolável desejo pelas beldades da primeira página. Além de confortar os leitores que ainda não haviam saído do armário e manifestar solidariedade aos maltratados transformistas paulistanos, a coluna acendia nesses grupos a esperança de que o preconceito pudesse diminuir. Relatos maravilhados sobre a libertação sexual das lésbicas na Escandinávia e da harmonia entre os *gays* da baía de São Francisco davam conta dessa função. Assim, o NP reconhecia a existência de um público até então relegado a um gueto cultural e antecipava uma tendência que seria adotada por jornais como a *Folha* apenas uma década depois.

Claro que os jornalistas do *Notícias Populares* não dariam o braço a torcer. Só para marcar seu terreno, em fevereiro de 1984 – quatro meses depois da estreia do espaço *gay* – inauguram a "Coluna do machão", assinada por Natão de Magalhães. Nem Jece Valadão escreveria com mais propriedade para a classe:

> Seguinte, irmão. Se tua mulher entrar naquela de falar grosso, vê se ela não está calçando 42. Se estiver, compre um par de tamancos 35 pra ela e mande-a dar umas 15 voltas no quarteirão. Podes crer que ela volta falando mais fino que o Nei Matogrosso.

O mais curioso nessa disputa sexual era o fato de as duas colunas dividirem um mesmo alto de página no *Notícias Populares*. Esporadicamente, a pacífica proximidade entre *gays* e machões era quebrada pela coluna "Tudo sobre sexo", assinada por Kate Meir, outro espaço pioneiro para a sexualidade no jornalismo brasileiro. Quando isso acontecia, porém, completava-se uma trinca bem avançadinha para a época.

1972 » 1990

Ebrahim também apostou suas fichas para fazer retornar às páginas do NP, mais forte do que nunca, o jornalismo boêmio. A jogada se pagaria quando o repórter Júlio Saraiva, exímio representante dessa academia, pisasse pela primeira vez na redação da Barão de Limeira. Baixinho invocado, o jornalista era daqueles raros profissionais que conseguia discorrer com a mesma maestria sobre assuntos tão diversos quanto o processo de canonização do Vaticano ou a temperatura ideal para degustar de um ovo cozido. Poeta como Ramadan, católico fervoroso, profundo conhecedor da Boca do Lixo paulistana, Saraiva tinha um fascínio particular por botecos, imagens de santos e pelos haicais, pequenos poemas japoneses constituídos apenas por três versos. Mais do que levar haicais para as páginas do maior jornal popular de São Paulo – coisa que faria em algumas oportunidades –, o repórter imprimiu um tom literário, por vezes dramático, em suas matérias, especialmente as policiais. O leitor ficaria mal-acostumado.

Dentro do *Notícias Populares*, Saraiva encontrou sua cara-metade boêmia: o fotógrafo Tarcísio Motta, como ele um especialista em destilados. Pautas complicadas, que pediam imagens arriscadas ou difíceis de conseguir, eram a especialidade do fotógrafo. Além disso, o corajoso Motta funcionava como "guarda-costas" do repórter, apesar do físico nada avantajado. Certa vez, tentando obter esclarecimentos de um crime na capital, Saraiva tirou do sério o delegado de plantão, que ameaçou expulsá-lo da sala – nem que tivesse de usar de violência para isso. Mesmo com o alerta, o jornalista insistiu em continuar o interrogatório. Desafiado, o delegado deu um grito e levantou-se da cadeira, punhos preparados para esmagar o inconveniente tampinha. Motta, que aguardava a entrevista do lado de fora, correu para a sala do policial e colocou-se entre o acuado repórter e o irado delegado. Mostrou a máquina e sentenciou: "Bate. Bate que eu registro". O delegado recuou, e Saraiva saiu ileso. Com a matéria.

A dupla protagonizaria ainda outros momentos inusitados na história do jornal. Um deles aconteceu em julho de 1982. Pautados para cobrir um caso de duplo assassinato em Carapicuíba, Motta e Saraiva surpreenderam-se com o que viram. A história era chocante: um casal de jovens, que acabara de celebrar sua união, fora encontrado morto pelos parentes. Marcos, o noivo, levara dois tiros, um no peito e outro no pescoço; Raquel, a noiva, havia sido atingida por uma bala na cabeça. Em uma coxa da jovem, uma enigmática inscrição: "Deus tenha piedade de nós". Com a permissão da mãe de Raquel, dona Haidée, Saraiva entrou no quarto da moça e vasculhou os papéis do casal. Não descobriu nada além de apaixonadas cartas adolescentes, com juras eternas de amor. O álbum da cerimônia de casamento ainda mostrava dois jovens sorridentes, com um futuro que parecia promissor. Os policiais não tinham pistas dos assassinos e levantavam a hipótese de que um dos noivos houvesse matado o outro e depois se suicidado.

Enquanto para o repórter a história ganhava ares de tragédia grega – manchete na certa –, para o fotógrafo as coisas não estavam animadoras. A mãe de Raquel, em estado de choque, não derramava uma lágrima. Motta começou a ficar preocupado. Poucos dias antes, tomara um pito de Ramadan justamente por levar à redação, em um caso de assassinato, fotos em que os parentes da vítima não apareciam chorando. "O que é isso aqui, uma festa de aniversário ou um velório? Como é que eu vou soltar uma matéria de assassinato com uma foto do pessoal alegre?", reclamara o editor. Com a bronca na cabeça, Motta esperava ansiosamente o pranto de dona Haidée – que, para seu desespero, insistia em não acontecer.

O fotógrafo, então, resolveu partir para o ataque. Com o álbum de casamento nas mãos, aproximou-se da mulher. Começou a folhear o livro, elogiando a beleza e a alegria estampada no rosto da jovem. Dona Haidée concordava, mas não se comovia. Foi quando Motta soltou a bomba.

– Quantos anos tinha sua filha, dona Haidée?

– Dezesseis.

– Coincidência, tenho uma da mesma idade. Mas a minha vai voltar para casa hoje.

Funcionou: a mulher finalmente desabava em prantos. Prato cheio para o profissional, que se esbaldou com todos os ângulos do drama de Carapicuíba. Saraiva jura que Motta fez a pergunta para a mãe de Raquel, mas o fotógrafo garante que sua insensibilidade não chegou a tanto. O fato é que, em 17 de julho de 1982, o *Notícias Populares* trazia as imagens de dona Haidée chorando copiosamente. Ao lado, o texto de Júlio Saraiva triplicava a tragédia, dando ao crime de periferia um verniz shakespeariano:

Existiu algo mais forte. Intransponível. E ninguém saberá, nem poderá definir. Raquel e Marcos morreram de amor. Isto só já basta.

E assim terminava mais uma matéria policial de Júlio Saraiva.

Além da comprovada eficácia das colunas na tarefa de conquistar leitores esquecidos por outros jornais, o *Notícias Populares* passou a reforçar o orçamento com uma estratégia sazonal. Durante toda a década de 1980, o carnaval seria responsável por manter o NP saudável nas bancas.

A cobertura dos bailes da cidade já acontecia desde o primeiro carnaval da era Jean Mellé, nos anos 60. Apesar de anunciar na primeira página uma cobertura ousada ("sem censura", prometia a capa), a cena mais despudorada de 1964 mostrava uma foliona com o umbigo de fora ("O salão de baile estava repleto de brotinhos, alguns dos quais ostentando audaciosos Saint-Tropez", dizia o texto). Como era difícil identificar os participantes da festa, bolava-se algo engraçado apenas para não fugir do padrão gráfico, que exigia legenda nas fotos. Assim, um casal formado por uma mulher bonita e um rapaz nem tanto era identificado como "A bela e o feio". Outra foto mostrava uma curvilínea mulata se divertindo ao lado do parceiro, enquanto um senhor de terno observava a folia, desanimado. Legenda: "A inveja". Foi assim durante 17 anos, período em que as vendagens de carnaval eram muito boas. Haveria cada vez mais fotos e muito mais nudez nas edições de carnaval seguintes. Em 1978, já apareciam os primeiros seios nus na capa. Porém, em 1980, o jornal comemoraria a chegada de sua maioridade com poses ainda mais explícitas – e um belo presente vindo das bancas.

Como em todos os cantos do país, as notícias em São Paulo durante a folia eram apenas relacionadas com festas, desfiles e crimes. A pauta fraca não dava conta de preencher as páginas de uma das edições de carnaval daquele ano. A tradicional ronda nos bailes, que sempre rendia fotos curiosas, seria a solução. Esparramadas por um caderno inteiro, centenas de imagens preenchiam o espaço sem provocar grandes reclamações – afinal, os leitores não se queixavam da falta de notícias de economia ou esporte em pleno reinado de Momo.

Na hora de escolher as chapas, os critérios não eram nada rígidos. Qualquer uma que estivesse com foco valia, inclusive cenas engraçadas ou da mais pura sacanagem. Restava apenas a tarefa hercúlea de arrumar legendas para tantas fotos. Liderada pela jornalista Sonia Abrão, parte da equipe de plantão deu boas risadas inventando frases de puro *nonsense* para acompanhar as imagens e honrar as tradições do NP. Uma moça mais desajeitada virava a "feionilda", um folião rechonchudo era o "bolão", e assim por diante. Sobravam também trocadilhos ("San Chupança"; "Dona Celu Lite" "Analfa e Beta"; "Les e Bica") e apelidos ("Olívia Nilton João"). Procedimentos de praxe nos bailes ganhavam termos novos: "mamãe, eu quero mamar", "alisando o pandeiro", "de lanterna na mão", "limpando língua com bombril".

Além disso, os termos seguiam os assuntos da moda. Em 1983, após a estreia do filme *ET– O extraterrestre*, o NP mostraria o "Carnaval ET: Extra-taradas". Em 1985, novas referências cinematográficas na manchete: "Só deu garganta profunda no império dos sentidos". E o assunto chegava até a política: em pleno regime militar foram usadas legendas como "Ele é contra a abertura" (para um rapaz que tapava o sexo da parceira) e "Anistia ampla, geral e irrestrita" (para um grupo de rapazes que estava "alisando pandeiros" alheios).

O sucesso foi enorme. Além de vender muito, a edição era vista rodando de mão em

3/3/1981: Edições orgiásticas no Carnaval, marca registrada do NP da década de 1980

mão em todos os cantos da cidade. Era descoberto assim um novo filão para o jornal, que seria adotado com sucesso por mais duas décadas. A explicação era simples: com fotos insinuantes e inusitadas junto de legendas hilárias, folhear o caderno de carnaval era divertido tanto para o leitor tradicional do periódico quanto para o público da *Folha* e do *Estadão*. A procura dos exemplares de carnaval pelos leitores mais ricos, que nunca comprariam o *Notícias Populares* em circunstâncias normais, fazia disparar a tiragem. Nos cinco anos seguintes, a venda do jornal na Quarta-Feira de Cinzas – o melhor dia do ano para o NP – ficou na casa dos 200 mil exemplares, o dobro da média registrada normalmente.

A partir de 1982, a operação de carnaval já era padrão. Fotógrafos como Tarcísio Motta e José Maria da Silva, que estavam no jornal desde a década de 1970, abandonavam a cobertura policial e gastavam as madrugadas clicando os bailes. Por volta das 23 horas, saíam da redação rumo às festas familiares de clubes como Corinthians e Palmeiras. Depois, seguiam em direção ao baile do Arakan, que já era considerado o mais ousado da cidade desde a primeira cobertura da folia, em 1964. Iam embora, já à luz do dia, com uma edição quase pronta do *Notícias Populares* de carnaval. Material não faltava no Arakan. O estranhíssimo ambiente do baile misturava policiais, travestis e a mais variada fauna humana de São Paulo a uma enorme tropa de prostitutas dispostas a tudo para aparecer. Uma delas ficou famosa entre os fotógrafos. Todo ano trocava um tijolo de goiabada pela chance de aparecer no jornal. E aparecia.

Com cada vez mais nudez, as fotos de carnaval do *Notícias Populares* passaram a incomodar a Igreja e a Justiça, e foram até motivo de um processo em 1985. O jornal foi alvo de uma ação que o acusava de estampar pornografia em suas páginas na edição de Quarta-Feira de Cinzas. Ironicamente, a redação pensava estar assumindo uma postura até moralista naquelas coberturas – frases como "fim do mundo", "carnaval escandaliza o mundo" e até mesmo "festa de Satanás" estavam sempre nos títulos, sinalizando que o periódico não compactuava com as baixarias da festa, apesar de mostrar tudo. Apesar do gosto pela mistura sexo e sangue, o leitor típico do jornal era considerado extremamente conservador. Apesar do processo e das críticas, nada mudou: em 1986, as fotos ousadas continuaram e 230 mil jornais foram vendidos na edição de Cinzas.

Na verdade, a maior dor de cabeça na redação depois do carnaval era outra. No dia seguinte, os jornalistas cansavam de receber reclamações e ameaças. Eram pessoas que flagraram seus cônjuges nas fotos publicadas pelo NP, curtindo a baixaria com outros parceiros. Separações e divórcios foram inevitáveis.

14 REI DAS MADAMES, RAINHA DAS SANTAS

Com uma eficiente armadura de colunas montada e uma injeção esporádica nos cofres na época de carnaval, o *Notícias Populares* buscaria novas alternativas para reforçar sua performance nas bancas. O principal desafio da redação nessa época era encontrar uma forma de reagir mais rapidamente à repercussão da edição que estava nas bancas. Ebrahim Ramadan sentia falta de um termômetro mais preciso para indicar a aceitação da manchete do dia e nortear as pautas para a edição do dia seguinte.

A empresa já oferecia um relatório das vendas dos jornais que distribuía, mas esses números eram inúteis para o NP – o balanço já chegava embolorado, pois era recebido apenas na noite do dia seguinte à circulação de cada edição. Como sempre, o procedimento havia sido elaborado de acordo com as necessidades da *Folha*, que usava as estatísticas apenas como um alerta sobre possíveis quedas em sua enorme vendagem. Para o NP, esses números poderiam ter uma importância muito maior, pois o comportamento de seus leitores sempre surpreendia a redação. Descobrir se a manchete do dia fracassara ou consagrara-se nas bancas poderia reduzir esses imprevistos e determinar como a edição seguinte deveria ser conduzida. Contudo, Ebrahim só conhecia essas reações praticamente três dias depois.

Por diversas vezes essa dificuldade provocou verdadeiros vexames. O NP insistia durante dias em assuntos que haviam sido um fiasco desde o início. Ao mesmo tempo, desperdiçava chances de faturar coberturas que o leitor havia adorado – quando se notava o seu potencial, já era tarde demais. Na *Folha*, era fácil identificar fenômenos desse tipo, já que a própria redação servia como parâmetro da opinião de seu público. Mas as misteriosas reações dos consumidores do NP, verdadeiros estranhos para boa parte da redação, frequentemente confundiam o comando do jornal. Com o crédito que havia recebido de Frias, Ramadan pleiteou o acesso antecipado aos números das bancas para tentar melhorar a continuidade das coberturas que ganhavam manchete.

Em março de 1983, ficou acertado que o departamento de circulação entregaria ao NP uma parcial de seu balanço do dia logo no início da tarde. Assim, haveria tempo para alterar a edição do próximo dia se os números sugerissem uma resposta inesperada das bancas. Para viabilizar isso, o jornal contratou quatro repórteres apenas para solucionar esses sobressaltos e dar sequência a assuntos que haviam sido esquecidos pela pauta. Em 8 de abril, a prévia das vendas chegava pela primeira vez à reunião de fechamento que determinava a manchete do jornal. Durante a semana, a definição acontecia por volta das 14 horas, mesmo momento em que as estatísticas eram enviadas pela circulação. Nos sábados e domingos, o jornal não recebia essa parcial.

Vigiando com cuidado as alterações na circulação durante quase um mês, a direção do NP experimentou guiar-se por esses números, decidindo as manchetes apenas em função das estatísticas de vendas. Com isso, poderia concluir se o relatório era ou não uma bússola eficaz – e não havia nada melhor que um caso de grande apelo popular para testá-la. Em 5 de abril de 1983, a polícia carioca prendia o apresentador Wilton Franco, de *O povo na TV* (uma das maiores atrações do então recém-nascido Sistema Brasileiro de Televisão, o SBT), e seu companheiro Roberto Lengruber, um famoso paranormal que dizia realizar curas místicas em pleno programa. A prisão foi provocada por acusações de charlatanismo contra o místico. Considerado sensacionalista, *O povo na TV* serviu de molde para outros programas do gênero – como os sucessores *Aqui agora*, *Cidade alerta* e *Programa do Ratinho* – e era assistido por grande parte dos leitores do *Notícias Populares*.

Em 6 de abril, com a manchete **LENGRUBER E WILTON FRANCO VÃO EM CANA**, o NP recebe o registro de um encalhe quase desprezível. A ordem seria manter o assunto na primeira página para conhecer a reação do público. Apesar de a história ter perdido fôlego, as vendas continuaram disparando. Lengruber ganhou 16 manchetes e mereceu destaque em um total de 27 edições. Durante uma delas, as atenções sobre o caso foram divididas com uma matéria sobre a "peste *gay*" que assolava os Estados Unidos. Era a primeira vez que a aids ganhava espaço na primeira página do periódico. Não muito longe da chamada, uma desinibida loirinha mostrava porções generosas do corpo. A legenda comemorava sua "irresistível beleza" e "espontaneidade para posar nua" e revelava o nome da modelo: Xuxa.

No balanço do mês de maio, a média de circulação havia aumentado cerca de 10%. Isso incentivou o uso repetido dos números da circulação na escolha das manchetes, quase sempre com bons resultados. Mesmo assim, esse início era apenas uma amostra das surpresas que a novidade proporcionaria quase um ano depois.

Após um começo de ano calmo na redação, 1984 começou a esquentar de verdade no fim de maio, depois da abertura de uma feira que mostrava as novidades do setor têxtil, a Fenit. Para quebrar a chatice que imperava no evento, um dos expositores infiltrou um travesti entre suas modelos. Espantosamente, ninguém conseguia desmascarar o talentoso impostor; esta acabaria sendo a menos enfadonha das novidades trazidas pela repórter que cobriu o evento pela Agência Folha, que também abastecia o jornal. No dia 31, o NP revela Roberta Close ao país e advertia: **MULHER MAIS BONITA DO BRASIL É HOMEM.**

As bancas aprovaram o assunto com uma boa vendagem e o periódico decidiu preparar mais uma matéria com "ela" para o fim de semana. A equipe do NP foi até o hotel onde Roberta estava hospedada. O repórter Júlio Saraiva conseguiu uma entrevista exclusiva, e o fotógrafo Tarcísio Motta convenceu o travesti a posar para ele em todos os cantos do hotel, com direito a repetidas trocas de roupa. Eliana Assumpção, da Agência Folha, também clicou a modelo. Roberta colocou uma minúscula saia. Numa descuidada cruzada de pernas, a lente de Eliana registrava o flagra que acabaria com as dúvidas dos mais desconfiados. No dia 3 de junho, o *Notícias Populares* revelava na primeira página o "segredo" da nova musa em uma foto que causou polêmica em todo o país. A manchete a apresentava como **ROBERTA CLOSE: UM PECADO DE 2 SEXOS.**

O sucesso absoluto de vendas determinou a sobrevivência do caso, que persistiu durante uma semana na capa. Em um de seus episódios, Erasmo Carlos desmentia um *affair* com o travesti, propiciando uma venda quase 20% maior do que a média – apenas em São Paulo, o número saltou da casa dos 65 mil para 82.709 exemplares. A história reforçava ainda mais a confiança do jornal nos relatórios de vendas em banca, sua nova "bússola": apesar de não apresentar nenhuma grande novidade na maioria dos dias, a cobertura continuava sustentando boas tiragens. Sem o alerta das bancas, Roberta Close acabaria esquecida logo depois da primeira manchete e o famoso flagra jamais teria acontecido.

O procedimento provocou ainda a inesperada ascensão de um novo herói brasileiro nas páginas do *Notícias Populares*, uma espécie de Macunaíma reeditado, estampado diariamente nas bancas da Boca do Lixo. Sua notoriedade seria bem mais fugaz que a de Roberta Close, mas a história da fama passageira desse outro personagem é ainda mais fascinante.

Na madrugada de 28 de agosto de 1984, o telefone tocou alto em um sobrado do Tremembé, zona Norte paulistana. O fotógrafo Tarcísio Motta foi acordado pelos policiais do 6.º Distrito Policial, no Cambuci: "É melhor você vir para cá. Tem coisa boa". Apesar do susto, Motta não se surpreendeu. Acostumado a receber ligações de policiais relatando fatos interessantes para o jornal, trocou calmamente o pijama pela jaqueta e partiu para o local. Notícias em primeira mão eram fruto do bom relacionamento que o jornalista sempre mantivera com a polícia. Durante muito tempo, PMs deixaram em suas mãos um rádio de uso exclusivo da corporação, para que ele pudesse acompanhar as ocorrências da cidade. Motta tinha até um codinome, usado quando os tiras queriam se comunicar com ele: PM Bode. Naquele dia, entretanto, ele não imaginava que estaria por presenciar o surgimento de um novo mito popular paulistano.

Chegando à delegacia, o fotógrafo percebeu que o caso poderia render muito mais que uma simples nota na coluna policial. Uma estranha aventura sexual envolvendo um mendigo e uma psicóloga havia ocorrido poucas horas antes, em frente da fila do sopão dos indigentes, no Cambuci. Quando a dupla já estava nos finalmentes, rodeada por curiosos, uma viatura abordou o Fiat da mulher. Alterada, ela ameaçou os soldados e ganhou uma carona grátis no camburão até o distrito – acompanhada, claro, por seu parceiro-relâmpago. Na hora em que Motta apareceu, o boletim de ocorrência já havia sido preenchido e o marido da psicóloga já tinha chegado à delegacia, mas os dois envolvidos ainda permaneciam trancados em uma sala. O delegado esperava somente a chegada do fotógrafo para liberar a mulher, cuja fiança fora diligentemente paga pelo marido. Lá, o profissional se esbaldou com o material da inusitada história, clicando um sorridente e incrédulo indigente e uma transtornada psicóloga. O mendigo também escapou em seguida: solidários, alguns policiais da delegacia fizeram uma vaquinha e compraram sua liberdade.

No dia seguinte, Motta levou o relato a Ebrahim Ramadan. "Tenho uma história interessante", disse, para em seguida começar a descrever o ocorrido ao editor. O chefe se empolgou.

– Como é que era esse cara?

– Era negro, magro, com o biótipo de jogador de futebol...

– Da altura do Pelé?

– Não, era um pouco mais alto.

– Tinha a cara do Pelé?

– Não muito, mais ou menos...

– Tinha alguma coisa parecida com o Pelé?

– Era negro também.

– Então vai ser o Pelezão.

Ramadan havia acabado de transformar o mendigo Paulo Gonçalves, doravante denominado apenas Pelezão, no mais novo ídolo das madames. **PSICÓLOGA PEGA NA MARRA E VIOLENTA O INDIGENTE.** Essa foi a manchete que tomou as bancas no dia 29 e deflagrou sua consagração. O jornal contou a história assim:

> Mesmo sendo devoto de Nossa Senhora Aparecida, Pelezão, ou Paulo Gonçalves, não poderia imaginar que naquela madrugada friorenta de 27 para 28 de agosto um milagre iria acontecer. Tiritando de frio, com o estômago totalmente vazio, desempregado, sem documentos e alguns minguados trocados no bolso, ele se dirigiu ao Cetren – Central de Triagem e Encaminhamento, no bairro do Cambuci – em busca de um cantinho quente para dormir e algo quente para arrumar seu estômago.
>
> A sopa não veio. Em seu lugar apareceu a psicóloga D.M.Z., uma moça muito bonita, bem fina e de família portuguesa, segundo ele. Saída de uma sessão espírita ali perto, a psicóloga estacionou o seu Fiat branco de placa UF-3990 no meio-fio da Rua Oto de Alencar e depois de passar duas vezes pela fila, chegou bem pertinho de Paulo e convidou-o para ir até seu carro.
>
> "Me deu alguns beijos, me roçou a orelha, me chamou de amorzinho e completou dizendo: você é meu Pelezão." A transação demorou cerca de 45 minutos, tempo suficiente, segundo Paulo, para um "chega mais tranquilo". Afinal, conta ele, "já fazia uns 20 dias que eu estava só na reserva. Aí surgiu uma oportunidade e resolvi botar meu time em campo rapidinho".

A vendagem saltou de uma média de 75 mil exemplares para 80 mil. Percebendo que

31/5/1984: O NP elege a mais bela mulher do país; o cetro é de Roberta Close

29/8/1984: De mendigo a ídolo das madames, Pelezão teve mais que 15 minutos de fama no NP

o público havia se maravilhado com a história, o NP levantou a bola do novo herói nas edições seguintes. A jogada deu certo: o ex-mendigo passou a ser reconhecido nas ruas e sua fama não parava de crescer, como comprovava a manchete do dia 31, que anunciava: **MULHERES PARAM PELEZÃO PARA PEDIR AUTÓGRAFO**.

Agora, a vendagem já atingia 85 mil exemplares. Mantido pelo jornal no hotel Ben Hur, no Centro, Pelezão não precisava fazer esforço para presentear o *Notícias Populares* com novas manchetes. Em 3 de setembro de 1984, o operário baiano Agamenon Carvalho apresentava aos leitores a "melô do Pelezão". Na foto que ilustrava a matéria, Paulo parecia pouco animado em ouvir o músico amador cantar seu tema. O jornal dizia que Pelezão "curtiu adoidado" a homenagem, mas explicava que ele era adepto de "ritmos mais lentos".

Pelezão, o príncipe etíope do *Notícias Populares*

O segurança Alfredo Aurélio Pereira também quis aparecer e compôs uma marchinha de carnaval para o ídolo. Um terceiro artista rendeu suas homenagens a Pelezão: José Antônio Cremasco, apresentado pelo NP como "autor de várias músicas infantis e sátiras políticas do mais alto nível", também usou a recente celebridade como inspiração para uma nova obra:

Hei meu Brasil, Brasil de campeão
Primeiro foi com Close, agora é com Pelezão
Hei meu Brasil, Brasil de tradição.
Terra onde dá de tudo mas dá mais é apelação

A exposição nas páginas do NP valeu até um emprego para o ex-indigente. Paulo foi contratado como uma espécie de porteiro de luxo da cantina C'Que Sabe, no Bexiga, centro de São Paulo, onde iria recepcionar os clientes, manobrar carros e atrair novos fregueses. O NP proclamava: Pelezão era o novo "rei da noite". E o monarca seguia recebendo convites inesperados. A revista *Clube dos Homens* queria retratar Pelezão nu para tentar descobrir seu verdadeiro segredo – afinal, Paulo fazia o gênero "pele e osso" e sua fisionomia estava longe de lembrar algum príncipe etíope.

Logo a produção do *Perdidos na noite*, de Fausto Silva, convidava o novo símbolo sexual para participar do programa. Depois de causar comoção em sua chegada ao Teatro Záccaro, Pelezão foi entrevistado pelos impagáveis Tatá e Escova e até cantou no palco. A música escolhida era de Nelson Gonçalves, ídolo do ex-indigente. Para desespero de suas fãs, Paulo até arrumou uma noiva. Maria Aparecida Pontes não era nenhuma *miss*, mas Pelezão garantia que sua pretendente era uma "copeira conceituadíssima numa agência de viagens internacionais".

Ao fim de 11 manchetes e 14 chamadas de capa, o NP se despedia de Paulo em 24 de setembro de 1984. Após um mês de mordomias, o inevitável aconteceu: Pelezão começaria em seu novo emprego no dia seguinte. O simpático vagabundo havia deixado apenas boas lembranças para a redação – e um imenso sentimento de gratidão para o departamento comercial – quando voltou a ser notícia meses depois. Em 12 de janeiro de 1985, o NP lamentava: PELE-

1972 » 1990

ZÃO VOLTA A SER MENDIGO. A saudade da sarjeta batera mais forte, e Paulo Gonçalves deixava as regalias para voltar aos braços dos amigos. Todos acreditavam que o futuro do homem já estivesse selado. O destino, todavia, ainda tinha 15 minutos reservados para o indigente.

O mês de julho de 1985 começava quando veio a grande notícia. Pelezão, o homem que um dia tivera as madames da cidade a seus pés, foi detido na Santa Casa de Misericórdia por furtar um radinho de pilha de uma enfermeira que dormia no berçário. Isso tudo no dia em que completava 53 anos. Júlio Saraiva foi conferir a história e não resistiu. "Acabou-se o que era doce", sentenciou o poeta. A manchete de 11 de julho também não amaciava com o indigente: **PELEZÃO PRESO ROUBANDO DENTRO DA SANTA CASA**. A reportagem constatava que o ex-símbolo sexual carregava em sua trouxa apenas um par de sapatos, uma calça, duas camisas e um paletó surrado. O jornal parecia querer ajudar o velho ídolo, mas encontrava um obstáculo: trancafiado em uma cela no 3.º DP, Pelezão não poderia render mais manchetes. O NP, então, tratou de inventar algumas.

Assim, o improvável virava realidade nas páginas do *Notícias Populares*. A manchete de 12 de julho, **PSICÓLOGA FOI MATAR SAUDADE DE PELEZÃO**, já dizia tudo. Em reportagem assinada por João Capistrano, o jornal relatava que uma mulher havia aparecido no xilindró para ver Pelezão; quando o investigador pediu a ela que se identificasse, a visitante se irritou e fugiu. O NP concluía que a misteriosa dama era a psicóloga que, um ano antes, tirara o indigente da fila do sopão e o alimentara com luxúria. Os leitores não sabiam, mas a própria assinatura da reportagem denunciava a farsa. João Capistrano era o pseudônimo de um dos jornalistas da casa, usado apenas em textos, digamos, inverídicos. Como poucos conheciam essa chancela da lorota, o caso seguiu em frente. Em 14 de julho de 1985, foi só caprichar na caligrafia. O jornal fabricava um bilhete manuscrito, que apareceria com enorme destaque na primeira página.

Meu pretão querido
Nessas noites de inverno eu me recordo de você.
E sinto falta de seu corpo ardente, quase fervendo.

Ai, meu pretão, eu não vou te esquecer nunca.

Vai fazer um ano.

Você sabe muito bem quem sou.

Não vejo a hora de você sair, meu Pelezão.

Tamanha prova de carinho não poderia ter dado outro resultado, como atestava a colossal manchete daquele dia: **DECLARAÇÃO DE AMOR FAZ PELEZÃO CHORAR NO XADREZ**. João Capistrano, claro, era quem trazia os detalhes exclusivos. Entregue por um motorista de táxi – o carro era um Gol azul-marinho –, a declaração de amor chegou acompanhada de salgadinhos. Na foto, um emocionado Pelezão parecia não acreditar no que estava acontecendo. A legenda era cruel: "As algemas atrapalham um pouco na hora de abrir os presentes". No dia seguinte, entretanto, o jornal já não escalava Capistrano para cobrir a hospedagem de Paulo Gonçalves na cadeia. Terminava o penúltimo capítulo da novela.

As derradeiras aparições do indigente no jornal que lhe dera casa, comida e roupa lavada aconteceram em outubro de 1986. No dia 6, com tristeza, o *Notícias Populares* revelava: **PELEZÃO É ENCANADO AO ROUBAR CASA NO IPIRANGA**. O mendigo invadira a casa de um professor e afanara um aparelho telefônico e algumas peças de roupa. "Deve ser praga da psicóloga", afirmou Pelezão. A última notícia do antigo herói viria no dia seguinte. **PELEZÃO ESTÁ RECOLHIDO NO PRESÍDIO DO HIPÓDROMO**. A reportagem revelava que Pelezão estava com uma doença venérea. Ninguém sabe como a epopeia terminou. Mas todas as especulações incluem dramas e tragédias.

Em meados da década de 1980, as parciais das vendas fariam surgir os primeiros indícios de mais uma mutação no comportamento dos leitores do *Notícias Populares*. Os sinais não eram explícitos, mas Ebrahim eventualmente conseguiria juntar as peças desse quebra-cabeça. Quando seu significado foi compreendido, ficou claro que o jornal deveria renovar-se mais uma vez. Uma das primeiras indicações dessa nova postura surgiu em 13 de setembro de 1984, um dos intervalos entre as manchetes do caso Pelezão. Na falta de coisa melhor, o jornal teve de se contentar com uma história que a própria redação considerou apenas razoável: **CASADA HÁ SEIS ANOS COM O PRÓPRIO FILHO**. No dia seguinte, a prévia indicava uma venda bem acima da média, com um encalhe desprezível. Como manchetes semelhantes já haviam sido publicadas sem tanto sucesso, Ebrahim e Proença debruçaram-se sobre a primeira página para descobrir o que havia empurrado as vendas. Acabaram notando uma chamada de economia colocada no topo da página: **GOVERNO DECIDE: POUPANÇA FICA COMO ESTÁ.**

Pouco mais de um mês depois, o fenômeno se repetiria. Em 15 de outubro de 1984, o jornal completava 21 anos de vida com mais uma manchete em que se apostava muito pouco: **MATOU, CORTOU OS DEDOS E ARRANCOU OS OLHOS DA MULHER**. O presente de aniversário vinha das bancas: a edição superou todas as expectativas de vendas. Examinando a capa, destacou-se a presença de uma chamada que novamente atacava o bolso do leitor: **APOSENTADO: VEJA SEU AUMENTO NA PÁGINA 3.**

A partir desse momento, o NP confirmava a existência de uma trilha ainda inexplorada em sua trajetória. Mesmo conhecendo desde o início a necessidade de auxiliar o leitor a proteger os suados rendimentos do mês, o jornal havia fracassado em tentativas anteriores de priorizar esse tipo de função. Agora, o desespero provocado pela instabilidade econômica – uma dificuldade que parecia ter tornado-se crônica – provocava uma reação diferente do público. Para surpresa de muitos, o *Notícias Populares* desprezaria de vez os fantasmas e extraterrestres para tratar de ameaças bem mais reais em tempos de transição política e econômica: a inflação, o desemprego e a miséria.

5 APLICANDO NA POUPANÇA DOS VELHINHOS

Depois de marchar por duas décadas sob a doutrina dos militares, o Brasil despedia-se de 1984 sonhando com as promessas de prosperidade da Nova República. O ano já havia sido marcado pela emocionada mobilização a favor das eleições diretas, mas o frustrante desfecho do processo concentrou as esperanças do povo na escolha do novo presidente pelo colégio eleitoral. O fenômeno das diretas-já não havia sido desprezado pelo NP, mas sua cobertura não recebeu um tratamento editorializado, ao contrário do que foi decidido por outros jornais – a *Folha*, por exemplo, reclamou da derrota da emenda Dante de Oliveira com um enorme protesto em sua manchete (A NAÇÃO FRUSTRADA).

O ano de 1985 começou com a consagração de Tancredo Neves no colégio eleitoral, encerrando oficialmente o comando dos militares. Antes da posse, o drama: uma impiedosa infecção intestinal derrubava o presidente eleito em março. A agonia de Tancredo no Hospital de Base de Brasília monopolizava as atenções da imprensa, que incentivou uma enorme comoção popular. Temendo ficar à margem desse processo, o *Notícias Populares* decidiu ampliar sua dedicação ao caso e promover o retorno da política à primeira página – vetando, entretanto, uma cobertura burocrática. Como já era regra em casos em que todos os concorrentes dividiam as mesmas informações, a redação deveria buscar algum detalhe que pudesse diferenciar suas manchetes. No dia 16 de março, logo depois da primeira cirurgia sofrida pelo presidente eleito, o NP já seguia essa receita, prevendo a oportunidade que teria seu vice: **SARNEY ESQUENTA O LUGAR DE TANCREDO.**

Mesmo com resultados considerados ruins, o *Notícias Populares* manteve o assunto na capa, agora com o apoio da empresa. Os donos haviam decidido aumentar as tiragens e passaram a aceitar uma margem de encalhe maior, que ficasse na média de 15% dos exemplares. Nem assim foi possível evitar novos tropeços. Em 5 de abril, com **SÓ UM MILAGRE SALVA A VIDA DE TANCREDO**, o NP engolia um encalhe vexatório: 26,3% da tiragem ficou às traças nas bancas. A explicação mais aceita para justificar esse desprestígio foi a saturação do leitor com o assunto, bombardeado sem trégua pelo rádio e pela televisão.

O capítulo final da novela também foi desastroso para o jornal: o único fato consistente que ainda poderia render algum lucro aconteceu na pior hora possível. Tancredo morreu na noite do dia 21, pouco depois do fechamento da publicação, marcado para as 19 horas. Como os brasileiros acordaram já sabendo da morte e outros veículos haviam conseguido dar a notícia, era óbvio que a edição do dia seguinte não serviria para nada. Mas o azar do NP no caso foi tão grande que a manchete enviada às bancas parecia uma brincadeira de inacreditável mau gosto: **MÉDICO AMERICANO QUER TANCREDO MAIS GELADO.** Depois do susto inicial, o leitor percebia que o jornal narrava ingenuamente a tentativa do especialista estrangeiro de controlar a hipotermia de seu paciente.

Se na política o periódico fracassava, a cobertura policial não frustrava as expectativas da redação. Enquanto com Tancredo o encalhe rondava os 15%, edições com manchetes como **HOMEM AVESTRUZ MORRE ENGOLINDO BALA DE 38** acabavam praticamente esgotadas – esta, que contava a história do assassinato do homem que ficou famoso por engolir de tudo em programas de televisão, deixou apenas 1% de encalhe. O cenário mudaria por completo depois que o poeta maranhense José Sarney, já entronado no Palácio do Planalto, começasse a agir.

Em fevereiro de 1986, o terror econômico que atemorizava o país serviria para justificar o lançamento de uma investida ambiciosa contra a inflação: o Plano Cruzado. O *Notícias Populares* tentou explicar aos leitores, da forma mais simples possível, as implicações das confusas medidas anunciadas pelo governo. Circulando com dez mil exemplares a mais do que o normal, a edição que anunciava o plano chegou às bancas em uma sexta-feira e rendeu bem. O dia seguinte era um sábado, que tradicionalmente significava vendas ruins. Com o cruzado ainda na manchete, o resultado foi bem maior que o esperado: 87.979 exemplares vendidos apenas na Grande São Paulo. Para segunda-feira, a redação preparava um novo recurso para aumentar as vendas: a publicação da tabela de preços da Sunab no melhor estilo "recorte e guarde". A tiragem foi ambiciosa: 120 mil exemplares. No fim do dia, 108 mil haviam sido vendidos.

Os números foram registrados pelo secretário de redação, José Luiz Proença, que recebia os relatórios de vendas elaborados pelo Instituto Verificador de Circulação, o IVC, espécie de Ibope das bancas. Durante toda a semana, a circulação manteve-se acima das 100 mil unidades, chegando a 143 mil na quinta-feira. Com o passar dos dias, o encalhe acabou passando dos 20% e a tiragem regressou à casa dos 80 mil exemplares. Mesmo assim, o cruzado ficou na manchete por exatos 20 dias.

Após a confusão inicial, o assunto continuou na primeira página, agora restrito a chamadas ou linhões. Imediatamente a redação voltava a ser surpreendida por sucessos inesperados. Edições sem nenhum apelo especial continuavam sendo alavancadas por alguma notícia de economia "escondida" na capa. Mas, se em 1984 ainda havia dúvidas sobre o que puxava as vendas, em 1986 esse mecanismo já era bem conhecido. As provas eram incontestáveis: em 28 de março, por exemplo, a manchete NALDINHO METRALHADO NO RIO COM 15 TIROS vendia 105 mil exemplares. No alto da página, uma grande chamada alertava para um TABELÃO FALSO DA SUNAB.

Em seguida, sem novidades nas listas de preços, o jornal teve de se contentar com a sequência do crime para a manchete. Com ESCADINHA MANDOU EXECUTAR NALDINHO, o NP amargava uma verdadeira surra nas bancas: apenas 60 mil exemplares foram vendidos, quase 40% a menos que a outra edição. A reivin-

22/4/1985: Tancredo já estava morto quando as bancas receberam esta edição do *Notícias Populares*

22/11/1986: Para auxiliar no entendimento do economês, o NP recorria a termos bem conhecidos dos leitores

dicação era clara. O leitor precisava da ajuda do jornal para não perder o rumo durante a turbulência econômica. Estava decidido: o *Notícias Populares* aceitaria o papel de aliado nessa guerra.

O apelo do público pela ampliação da cobertura de economia tinha uma explicação simples. A complexidade das medidas do plano tornava seu entendimento difícil até para pessoas de maior escolaridade, e a imprensa não tomava o cuidado de traduzir as decisões do governo para o leitor comum. Nas mãos de jornalistas excessivamente especializados, as notícias não perdiam o verniz técnico e viravam verdadeiros tratados de macroeconomia. O NP foi na contramão: cada medida era explicada de acordo com seus efeitos imediatos no bolso do leitor, sempre descritas de forma simples e objetiva. Para o público do jornal, o acúmulo do déficit público não tinha a metade da importância de um aumento no preço da carne.

Outro mérito reconhecido pelos consumidores foi a tentativa de facilitar a compreensão das decisões impopulares do governo com o uso da linguagem policial já consagrada pelo jornal. Assim, o *Notícias Populares* anunciava "crimes econômicos" como PAPAI NOEL ASSASSINADO NO PACOTÃO DO GOVERNO ou ainda GOVERNO DEGOLA OS SALÁRIOS.

Esse cuidadoso trabalho de comprometimento com o leitor foi recompensado com a descoberta de assuntos com sucesso garantido nas bancas. O primeiro deles era a caderneta de poupança. Durante o Cruzado, o simples anúncio da taxa de rendimentos para o mês já elevava a venda para perto dos 100 mil exemplares. Além dos investidores da poupança, o periódico foi consagrado por um público esquecido: os aposentados. Para os concorrentes, eles aram apenas velhos ranzinzas que tinham o dia inteiro para examinar cada página à procura de algum escorregão no português ou erros nas palavras cruzadas. O NP adotou os velhinhos e passou a explicar de forma didática as repetidas mexidas na previdência. Em troca, ganhou o carinho de um público dedicado, que não deixava de comprar o jornal para saber das novidades nos carnês do INPS. A identificação foi tão grande que outros leitores ligavam para a redação e protestavam, enciumados: "Esse jornal só pensa nos aposentados!"

O *Notícias Populares* que chegava ao fim de 1986 era radicalmente diferente do jornal que havia começado o ano. Desde o início do Plano Cruzado, todas as edições tinham ao menos uma chamada de economia na capa. No total, 124 manchetes sobre o assunto foram publicadas no período. Durante o ano anterior, haviam sido apenas seis.

Ainda no final de 1986, outra novidade: depois de transformar por completo a pauta da publicação, o balanço parcial de vendas era abandonado. A empresa havia decidido reduzir progressivamente a margem de encalhe trabalhada pelo jornal. Assim, a tiragem diminuiu, garantindo que quase todos os exemplares fossem vendidos. Mesmo que alguma edição esgotasse nas bancas, não seria mais possível deduzir se a manchete havia sido responsável pelo sucesso. A direção da *Folha* nunca explicou qual era a intenção da medida – que, sem dúvida, prejudicou a equipe de Ebrahim Ramadan.

De volta à escolha instintiva das manchetes, o NP enfrentou um 1987 sofrido: a fartura trazida pelo Cruzado cessava e a vendagem voltava a cair. A crise era desesperadora e derrubava sem piedade as vendas do jornal. Em março, os aposentados sustentavam pela última vez no ano uma venda na casa dos 100 mil exemplares – a manchete anunciava o novo salário mínimo da categoria.

Já abalados pela má fase do jornal, os veteranos da redação desabariam de vez com um violento trauma. Em 12 de março de 1987, o ex-companheiro

Ramão Gomes Portão visitou amigos no Deic e na delegacia de Campos Elíseos, no Centro. Ao voltar para casa, pediu um café à empregada, dirigiu-se à biblioteca e suicidou-se com um tiro na cabeça.

Casado e pai de dois filhos pequenos, Ramão tinha 56 anos e ocupava um cargo de prestígio na Secretaria da Segurança Pública. Em 30 anos de jornalismo, ajudou a erguer o *Notícias Populares* e trabalhou no *Última Hora*, no *Estadão*, em *O Dia*, na *Folha da Tarde* e no *Jornal do Brasil*. Extremamente culto, consagrou-se também como cronista e foi agraciado com o Prêmio Jabuti por sua poesia. Ramão apresentou pesquisas sobre criminologia da comunicação em Amsterdã e Paris, além de ministrar cursos de graduação e pós-graduação em várias universidades brasileiras. Integrou o Conselho Internacional de Alcoolismo e Toxicomania da ONU e foi eleito seu delegado, em Genebra. Apesar do currículo, o ex-editor de polícia do NP nunca se tornou conhecido entre os jornalistas mais novos. Um mês depois da tragédia, que terminou sem explicação, Ramão receberia apenas duas humildes homenagens: emprestou seu nome à sala de imprensa do Deic e a uma clínica de recuperação para alcoólatras no largo Santa Cecília, a poucos quarteirões da Barão de Limeira.

Em abril de 1987, ficava claro que a crise não sumiria tão cedo: segundo as contas da redação, desde outubro de 1986 a média diária de jornais vendidos havia despencado de 93 mil exemplares para 64 mil em São Paulo. Os levantamentos de outra pesquisa, realizada pelo IVC, mostravam que a média total de venda no Estado todo era de quase 100 mil exemplares. Ao contrário do que se poderia supor, o problema não estava na insistência em priorizar a economia, que continuou ganhando cada vez mais espaço – as manchetes policiais, por exemplo, vendiam menos ainda. A decadência era justificada pela própria situação econômica do leitor, às voltas com a remarcação doentia de preços e com a dramática perda de valor dos salários.

A boa aceitação das chamadas de economia era um dado concreto, e isso ficou claro em um polêmico episódio em maio de 1988. O governo anunciou que ia permitir a retirada dos rendimentos da poupança somente a cada 60 dias. A possibilidade já havia sido divulgada por outros jornais, mas a manchete do NP no dia 19, **CADERNETA DE POUPANÇA CONGELADA POR 2 MESES**, acabou provocando uma corrida aos bancos. Além de causar uma retirada em massa do dinheiro investido na poupança, a matéria fez despencar a quantidade de depósitos na aplicação, provando de vez a influência do jornal nas decisões do leitor. Cinco dias depois, o governo desistiu da medida.

O ministro da Economia, Maílson da Nóbrega, culpou o *Notícias Populares* pelo fracasso da ideia e decidiu pedir a abertura de uma ação judicial contra Ebrahim Ramadan, que seria processado pelo Ministério Público. A acusação partia da justificativa de que a palavra "congelamento" havia sido empregada de maneira incorreta. Porém, a irritação causada pelos efeitos da denúncia e até pelo mal-educado subtítulo da manchete daquele dia ("Vem aí mais uma

Ramadan, depois de quase duas décadas de dedicação total ao NP

enganação do governo tudo pelo social") foi a mais provável causa da reclamação. A juíza Ranza Tartuce Gomes da Silva, da 11.ª Vara da Justiça Federal, desaprovou a ação e decretou a vitória de Ebrahim Ramadan no caso.

Apesar de episódios como esse, indicativos de que a decadência do jornal resultava em grande parte das catástrofes econômicas do país, os proprietários passaram a estudar uma forma de reerguer as vendas. Octávio Frias de Oliveira parecia aprovar o trabalho de Ebrahim – afinal, o editor já completava 16 anos no cargo e havia erradicado os casos inventados do NP. É possível questionar se as transformações no jornal eram necessárias ou não, mas a radical mudança que a própria empresa atravessava apressou o processo. Depois de dois anos, o *Notícias Populares* seria um jornal bastante diferente.

16 SAÍDA PELA DIREITA

O ano de 1988 marcou a consolidação do poder de Otavio Frias Filho, herdeiro do império Folha da Manhã. O jornalista havia assumido o comando da *Folha de S.Paulo* em 1984, e o sucesso de sua gestão – uma fase repleta de projetos editoriais, planos de metas, missões empresariais e outras medidas do gênero – encheu Octávio Frias de Oliveira de orgulho. Com o passar do tempo, Frias Filho ganhou a confiança irrestrita do pai e foi autorizado a mexer onde tivesse vontade. Se em 1988 a *Folha* já estava mergulhada em regras, diretrizes e "políticas de competição comercial, modernização tecnológica e valorização da competência profissional", como descrevia em um de seus repetidos projetos, o NP seguia somente a lei das bancas.

Apesar de afirmar que se sentia apenas "desconfortável" com essa falta de planejamento, Frias Filho tinha verdadeiro pavor de ver que o jornal não era guiado por nenhum manual, declaração de intenções ou similares. O pesadelo de deixar um de seus jornais livre de alguma linha de conduta preestabelecida fez que começasse a idealizar uma metódica série de mudanças para o *Notícias Populares*, visto por ele como uma publicação envelhecida e acomodada. O chefe explicaria sua posição em relação ao NP em entrevista à revista

Imprensa, em setembro de 1997: "A questão é como fazer um tipo de jornalismo mais aceitável para nossos padrões – mais classe média ou mais burguês, como preferir – sem destruir o jornal, a circulação expressiva que ele tem".

A primeira manifestação de Frias Filho nesse sentido foi encomendar ao Datafolha, a divisão de pesquisas de opinião da casa, um trabalho que mostrasse o perfil do leitor do jornal – justamente o recurso que havia sido rejeitado por Ebrahim durante quase duas décadas à frente do NP. A pesquisa apontou que o leitor típico do NP era homem (91%), tinha entre 30 e 49 anos (44%) e havia completado apenas o ensino fundamental, antigo primeiro grau (74%). Os números indicavam ainda que 55% dos leitores eram assalariados e 36% tinham renda mensal na faixa de quatro a dez salários mínimos. Como antigamente, estimava-se que cada exemplar fosse lido por quatro pessoas. Mais de 90% deles viam televisão regularmente. Baseado nessa estatística, Frias Filho deu início ao seu projeto de reformulação no mesmo ano, concluindo o processo apenas dois anos depois.

Ebrahim soube das intenções da empresa em uma das reuniões diárias que mantinha com Octávio Frias de Oliveira. O editor foi informado de que agora também o NP estaria sob a tutela do herdeiro e que passaria a reunir-se com Frias Filho a fim de formular um novo modelo para o jornal. A partir desse momento, o veterano jornalista preparava sua saída do *Notícias Populares*.

Durante as repetidas reuniões que resultaram no projeto, era Frias Filho quem determinava quais seriam as novas características do jornal. Deslumbrado com a saúde dos jornais populares europeus e americanos, ele comparecia às reuniões armado de exemplares do alemão *Bild* – aquele mesmo que o jornalista Günter Wallraff dissecara em seu livro *Fábrica de mentiras* – e dos ingleses *Daily Mirror* e *The Sun*, deixando explícitos os recursos que deveriam ser absorvidos pelo NP. Ebrahim opinava pouco e dizia que participava das reuniões "só para dizer que tinha participado".

A única contribuição concreta de Ramadan na reforma seria um par de cartazes. Frias Filho queria implantar um programa de estágios no jornal e pediu ao editor-chefe que bolasse os anúncios para recrutar os novatos nas faculdades. Os cartazes tinham fotos de ícones como Lênin e Orson Welles e questionavam: "Quem tem medo do jornalismo popular?" Em um pequeno texto na base do anúncio, lia-se, por exemplo: "Você sabia que antes de ser líder da União Soviética Lênin trabalhou em um jornal popular?" Segundo Ebrahim, seria a única sugestão sua acatada por Frias Filho em todo o projeto.

Consciente de seu desprestígio com o novo comandante – que, diga-se, sempre mostrou respeito à sua capacidade –, Ebrahim concluiu que nunca conseguiria implantar um projeto do qual discordava e começou a arrumar as

Otavio Frias Filho e os manuais de redação

15/11/1989: No dia das eleições, o *Notícias Populares* convoca a população para as urnas

17/11/1989: Candidatos de esquerda rendem uma sensacional manchete ao NP

malas. Escolheu uma justificativa eficaz, afirmando que padecia de estresse (ficara mais de dez anos sem tirar férias), e comunicou a decisão a Frias Filho. Inseguro quanto à reação do velho Frias, o novo chefe tentou convencer o editor a continuar no jornal. O pedido falhou, e Ramadan aceitou tocar o jornal apenas enquanto o projeto fosse finalizado.

Já sabendo que estava com os dias contados, o NP "econômico" chegou ao fim de 1989 quebrando seu próprio recorde: durante o ano, nada menos que 297 manchetes falavam de dinheiro. Quatro de cada cinco edições eram puxadas pela economia, praticamente barrando manchetes sobre outros assuntos. Em 11 de novembro, por exemplo, a manchete foi **INFLAÇÃO JÁ CHEGA AOS 40% E FURA O BOLSO DE TODO MUNDO**. Abaixo do título, uma pequena chamada anunciava a queda do muro de Berlim.

Na mesma época, o NP já se preparava para repetir o fracasso do caso Tancredo na cobertura das tão desejadas eleições diretas para presidente, envolvendo políticos como Leonel Brizola, Ulysses Guimarães, Aureliano Chaves, Lula e o franco-atirador Fernando Collor. O bombardeio da televisão novamente saturava o leitor. No dia da votação em primeiro turno, o NP anunciou, orgulhoso: **É A HORA E A VEZ DO POVO: BRASIL ELEGE PRESIDENTE**.

Como a realização de um segundo turno era dada como certa, o jornal dizia que a votação de 15 de novembro era "apenas um aperitivo". A edição histórica patinava nas bancas, vendendo menos de 60 mil exemplares em São Paulo. O jornal continuou com o assunto na manchete durante a tensão da apuração. Em 17 de novembro, a disputa dos candidatos de esquerda pela vaga no segundo turno com Fernando Collor rendia uma manchete absolutamente genial, mas novamente com resultado ruim nas bancas: **LULA E BRIZOLA: BRIGA DE FOICE PELO 2.º LUGAR.**

Durante a reta final da campanha, o NP desprezou a cobertura eleitoral. A disputa ferrenha entre Lula e Collor não tinha destaque na capa, mas os duelos entre Michel Serdan e Caboclo Selvagem, Cantinflas e Fantomas ou Moicano e Demônio Cubano no *Gigantes do ringue*, o inolvidável *telecatch* da TV Record, mereciam um espaço cativo na primeira página. No auge das acusações entre os candidatos, a eleição não rendia nem um linhão ou uma chamada secundária na capa. Ao mesmo tempo, o ibope astronômico da novela *Tieta* fazia o jornal cometer chamadas como **AMINTAS DESCOBRE QUE NINETE É UM TRAVESTI** ou **MULHER DE BRANCO VAI ATACAR MODESTO PIRES.**

Mesmo sem estar na capa, as eleições eram acompanhadas em pouco mais de meia página diária. Apesar de resumida, a cobertura informava o suficiente: planos, estratégias e discursos de cada candidato e os números das pesquisas. O NP desaprovou o jogo sujo de Collor e protestou contra as baixarias do horário político, mas nem assim cedeu espaço em sua manchete. Em 17 de dezembro, dia da decisão nas urnas, a única menção à disputa na capa era um linhão que informava: **ELEITORES VOTAM NA MESMA SEÇÃO DO 1.º TURNO.** No dia 19, a manchete era **CANO DO GOVERNO DEIXA NATAL DA MISÉRIA PARA OS APOSENTADOS.** Como na chegada do homem à Lua, no tricampeonato da Seleção Brasileira em 1970 e na própria queda do muro de Berlim, o *Notícias Populares* noticiava uma ocasião histórica num canto da capa. Naquele dia, uma foto e uma chamada pequena noticiavam: **COLLOR JÁ É O PRESIDENTE.**

Quando 1990 chegou, era hora de escolher um novo comandante para o NP. Frias Filho examinou o quadro de profissionais da *Folha* e pinçou Leão Serva, seu secretário de redação, como favorito para o cargo. Leão acabara de acompanhar o nascimento de sua primeira filha e foi persuadido por um argumento sedutor: o *Notícias Populares* fechava muito mais cedo, o que permitiria que ele passasse mais tempo em casa. Mesmo assim, o jornalista não seria convencido facilmente, já que valorizava muito a posição que havia conseguido na *Folha*. Com apenas 30 anos, ele mantinha um cargo de prestígio e excelente salário, e temia arrepender-se da decisão de sair. Por outro lado, Serva já havia manifestado diversas vezes seu interesse pelo NP, um jornal que estava em seus planos profissionais desde a faculdade, e não escondia seu fascínio pela possibilidade.

Frias Filho queria que Serva pelo menos se dedicasse a implantar o projeto, e acenou com a possibilidade de estabelecer um prazo para sua volta à *Folha*. A proposta determinava um mandato de um ano no NP e a promessa de que seu cargo original estaria esperando por ele ao fim desse período. Serva topou e convocou Laura Capriglione, sua assistente na secretaria de redação, para juntar-se a ele na empreitada. Com novas crias da *Folha* na redação, o comando do jornal sofreu uma transformação curiosa: os pisantes Vulcabrás dariam lugar a calçados de cromo alemão e as camisas de poliéster seriam substituídas por legítimas peças de seda italiana. Para abater parte da inexperiência dos calouros foram escalados dois veteranos tutores: José Luiz Proença e Laudo Paroni. Assim, o planejamento da edição teria uma dupla representando a renovação do jornal (Serva e Laura) e outra, a tradição do NP (Proença e Paroni).

Com quase tudo pronto para sua estreia, Serva tentou aconselhar-se com Ramadan, mas esbarrou na resistência do titular de seu futuro cargo. Frias Filho garantia que o veterano queria sair porque estava cansado, mas Serva logo percebeu que o experiente editor-chefe se sentiu induzido a deixar a posição. Indícios para deduzir isso não faltavam. O modelo de jornal que a equipe de Ebrahim cuidadosamente desenvolveu durante mais de uma década era repentinamente rotulado de "velho" e os métodos adotados pela redação, de ineficazes. A modernização era necessária, mas a ânsia por reviver no *Notícias Populares* as revoluções que haviam consagrado a *Folha* fez Frias Filho descartar sem piedade os vínculos com esse antigo formato. Mesmo que não tivesse a intenção de desrespeitar o passado do jornal, seu desejo de operar mudanças em todos os aspectos soou como um claro desprestígio à equipe que vinha conduzindo a publicação. Para o mentor desse grupo, a atitude quase ofensiva do dono parecia condenar ao esquecimento sua atuação à frente do jornal.

Mais de 18 dos 54 anos vividos por Ramadan haviam sido doados ao *Notícias Populares*. Nesse período, ele abdicou de sua vida pessoal, dedicando todos os seus esforços ao trabalho – para o veterano não havia folga no sábado, domingo, feriado ou carnaval, e sua verdadeira casa era a redação. Na hora de fechar as contas, a empresa descobriu que lhe devia 21 meses de férias.

Antes da despedida, houve tempo para uma última dança: os bailes de carnaval pegavam fogo e Ebrahim conduzia mais uma vez o NP pelos salões. No fim da festa, a redação perdia de vista sua maior inspiração. Entre todos os jornalistas que atuaram sob sua regência, não restava nenhuma má lembrança – termos como "gênio" e "mestre" estavam incluídos até nos elogios mais tímidos. Em 10 de março de 1990, uma Quarta-Feira de Cinzas, o NP levava às bancas mais um número especial de carnaval. A edição 9.435 seria a última com o veterano editor. O título do caderno de fotos decretava o fim da folia e acenava o adeus ao chefe: **ENQUANTO DUROU FOI TUDO MUITO BOM.**

1990

PARTE 3

2001

17 TIOS CONTRA SOBRINHOS NA BOCA DO LIXO

No *day after* da melancólica despedida de Ebrahim Ramadan, os remanescentes do NP foram inesperadamente levados de volta à infância: em uma constrangedora dança das cadeiras, disputaram seus lugares na redação para participar da primeira reunião convocada pelo novo comando. Para o espanto de Leão Serva, o número de jornalistas era maior que o de mesas e máquinas de escrever, e ouviam-se até discussões sobre quem ficava e quem não ficava em determinado posto. Mais estranho ainda foi flagrar pessoas que trabalhavam diariamente naquela minúscula redação sendo apresentados a alguns de seus supostos colegas.

Na verdade, aqueles "espectros" não eram nenhum mistério. A sensibilidade do calejado Ebrahim havia sido responsável por elaborados acordos com alguns daqueles jornalistas – quase sempre colunistas –, que mantinham o emprego no *Notícias Populares* mas eram vistos com pouca frequência na redação. Os salários pagos pelo jornal na época, considerados muito baixos, não bancavam seu sustento, forçando alguns a acumular vários empregos. A saída para mantê-los foi conservar seus textos nas páginas da publicação sem obrigá-los a bater cartão. A combinação era simples e evitava caras emburradas e impacientes dentro da redação.

Apesar de nada promíscua – as funções eram cumpridas exemplarmente –, essa relação seria suprimida por completo no periódico. O novo projeto previa um golpe de foice nas incontáveis colunas assinadas, que formavam uma espécie de esqueleto do antigo NP. Para Otavio Frias Filho, o excesso de colunas minguava o espaço para as reportagens, deixando o jornal menos ágil. Usando esse pretexto, Serva deu início a uma espécie de desmanche da redação. Em apenas dois meses, a publicação sofreu uma violenta série de mudanças que, acumuladas, eram maiores que todas as transformações contabilizadas nas décadas anteriores – basta dizer que, em quase 18 anos de comando, Ramadan não demitiu sequer um de seus pupilos, assim como Jean Mellé. Durante o curto período em que chefiou o jornal, Leão Serva reduziu de 65 para 45 o número de jornalistas que faziam o *Notícias Populares.*

Ainda que tenha assumido a forma de uma afiada degola na equipe, as mudanças não foram instantâneas. O novo comando pretendia ter a dedicação exclusiva de seus subordinados, o que impedia a manutenção dos fiéis escudeiros de Ramadan. Aqueles que não foram demitidos logo de cara, garantem as testemunhas do processo, foram submetidos a um indigno processo de fritura na redação. Para não serem humilhados, não tinham outra saída senão pegar o boné e pedir as contas. Foi o que aconteceu com pelo menos três experientes profissionais da publicação: Henrique Mateucci, Edson Flosi e Júlio Saraiva.

O primeiro era um dos maiores especialistas em boxe do jornalismo brasileiro, autor de livros sobre os primórdios da nobre arte no país e de uma biografia de Éder Jofre. Mateucci viu-se pautado pela nova chefia para matérias esdrúxulas. Em uma delas, recebeu a incumbência de convencer um transexual a fazer uma apólice para as nádegas, apenas para que se pudesse publicar a manchete **BICHA PÕE ROSQUINHA NO SEGURO**. Não aceitou.

1990 » 2001

O advogado Edson Flosi tinha 30 anos de imprensa, com passagens pela *Folha de S.Paulo*, *Folha da Tarde*, pelo *Diário da Noite* e por *O Globo*. Especialista na investigação de complicados casos policiais, foi avisado de que não emplacaria mais suas reportagens especiais – a partir dali, suas matérias poderiam ter no máximo três laudas. Flosi preferiu se aposentar.

Já Júlio Saraiva – repórter que, como Ramadan, podia ser considerado a personificação do NP boêmio – foi escalado para entrevistar prostitutas na Catedral da Sé. Motivo: a nova direção queria soltar a graciosa manchete **PROSTITUIÇÃO NO CU DO PADRE**. Em consequência, o trio fez parte do grupo que se despediu da Barão de Limeira. A ligação do jornal com a Boca do Lixo estava cada vez mais frágil.

Entre o novo e o velho *Notícias Populares*, o jornalista Leão Serva

No balanço final da reformulação conduzida por Leão Serva, 40 dos 65 antigos funcionários – quase dois terços de toda a redação – deixaram a publicação. Para os que ficaram o consolo veio logo depois: o dinheiro que seria economizado com o enxugamento da redação pôde ser reaplicado de forma imediata, engordando os rendimentos dos remanescentes. O piso salarial mínimo de cinco horas, que pagava grande parte dos jornalistas, foi extinto, abrindo espaço para que todos na redação ganhassem o equivalente à jornada de sete horas – quase o dobro dos antigos salários.

A missão de Leão Serva à frente do NP havia sido definida com clareza pela direção da empresa, e esse cardápio tinha tarefas indigestas. A primeira era implantar o famigerado projeto gráfico idealizado por Frias Filho e preparado por Eliane Stephan. A cirurgia plástica do *Notícias Populares* tinha modelos escolhidos a dedo: o *Bild* alemão e o *Sun* inglês, populares que mantinham suas vendas na casa dos milhões. A primeira incisão foi logo no "rosto" do jornal: o antigo logotipo estava desgastado, e o célebre mapa do Brasil que ilustra a marca, quase disforme. Com leves alterações nos tipos, mapinha corrigido e um azul mais escuro, o novo logotipo foi bem aceito e sobreviveu a outros projetos gráficos nos anos seguintes.

O jornal ganhou mais cores, que agora estavam em quase todas as páginas e em um número maior de fotos, adotou novas famílias de tipos e passou a incorporar fios para dividir títulos e matérias. Durante os dias que separaram a estreia de Serva no cargo e a inauguração do novo visual, em 15 de março de 1990, já era possível ver esses recursos sendo experimentados nas páginas do NP.

Depois de costurar a roupa nova, Serva deveria vitaminar a criação com uma série de mudanças editoriais. Todas elas seguiam uma diretriz fundamental traçada por Frias Filho em nome da empresa. Era um decreto que atestava definitivamente a intenção de revigorar a imagem da publicação: a partir de 1990 o *Notícias Populares* seria um jornal sensacional, mas nunca sensacionalista. Sexo, crime e esquisitices em geral continuavam tendo lugar cativo na primeira página, mas a publicação de matérias inventadas ou de caráter duvidoso fora expressamente proibida – na verdade, uma medida desnecessária, pois Ramadan, sem manual ou circulares internas, já tinha sepultado as aberrações havia tempo. O raciocínio era óbvio: a única forma de quebrar o preconceito contra o NP era adotar os mesmos procedimentos que guiavam os jornais mais tradicionais (checagem das informações, profissionalização da redação) e fazer do cumprimento dessas normas uma verdadeira obsessão.

Além de manter a admiração do público habitual do *Notícias Populares*, a medida deveria promover também a valorização do jornal entre leitores considerados prestigiosos, como universitários, professores e políticos de esquerda, que poderiam encarar o veículo como um meio para entender a linguagem do povo. Esse plano foi apelidado por Serva de "projeto Marilena Chaui", uma forma de simbolizar o tipo de leitor que o NP não poderia mais horrorizar.

Militante do PT, professora universitária e secretária de Cultura da então prefeita Luiza Erundina, Marilena era a encarnação desse público de prestígio. O objetivo não era fazer que essas pessoas tomassem o NP como sua leitura favorita, mas transformá-lo em um periódico que pudesse, por exemplo, estar na mesa do gabinete de Marilena sem envergonhar a respeitável professora. Serva telefonou para seu novo referencial e descobriu uma improvável coincidência: Marilena era filha do antigo secretário de redação do NP, Nicolau Chaui. Confirmando as especulações do novo editor, ela confessou que não lia o jornal, pois o considerava "sujo".

Essa norma permitiria ainda o cumprimento de mais uma das missões do novo periódico: com a redução do preconceito, o jornal poderia finalmente atrair anunciantes de peso. Em fevereiro de 1990, o diretor-geral da empresa, Luís Frias, defendia, em entrevista publicada pela *Folha*, que esse era o "principal objetivo estratégico da reformulação editorial". Segundo ele, o NP seria "o veículo adequado para anúncios de varejo, de eletrodomésticos, bebidas e produtos populares" – ao contrário do que ocorrera na década de 1960, a publicidade já era a maior fonte de dinheiro das publicações mais rentáveis. Confirmando isso, as Casas Bahia, por exemplo, passariam a anunciar diariamente em duas páginas pouco depois da reforma.

Como as premissas básicas da reforma eram a precisão e o profissionalismo, as colunas assinadas por colaboradores foram violentamente reformuladas. Além de cortar quase metade delas – o número de colunas passou de 39 para 20 –, Serva acreditava que esses espaços não deveriam ser ocupados por amadores ou por jornalistas da própria redação sob pseudônimo, algo que, para ele, tirava a credibilidade dos textos. Muitas vezes, arranjar substitutos não era tarefa das mais simples. A procura pela nova titular da seção de horóscopo, por exemplo, foi um fracasso: nenhuma das astrólogas consultadas aceitou a proposta. Além do baixo salário – os novos colunistas receberiam apenas um terço do piso pago aos jornalistas –, o preconceito contra o jornal voltou a ser um obstáculo.

A candidata preferida de Serva era Marilu Simonsen, prima do ex-ministro Mário Henrique Simonsen, casada com um nobre italiano e dona do imponente título de viscondessa de Vilarossa. Se no *Última Hora*, pioneiro dos populares brasileiros, Samuel Wainer podia outorgar colunas a nomes cheios de pompa como Jacintho de Thormes, por que uma viscondessa não poderia escrever para o *Notícias Populares*? Empolgado, o editor fez o convite. "NP? Não, eu não vou escrever no NP!", bradou a nobre. Desconfiada, lembrou-se de perguntar: "Por que você não chama a sua irmã?" Seguiram-se outros convites frustrados, e foi essa a alternativa que restou: Vicky Carvalho, irmã de Serva e astróloga profissional, já tinha até trabalhado em revistas femininas, mas não havia sido incluída na lista para desencorajar acusações de nepotismo. A solução caseira acabou dando certo e Vicky assumiu o cargo.

Apesar de ter surgido como uma inovação, em outubro de 1982, a coluna "Tudo sobre sexo" do NP já não tinha mais credibilidade. Assinada por uma jornalista sob o pseudônimo de Kate Meir, a seção chegou a advertir num título: **CUIDADO COM A PORNOGRAFIA EXAGERADA**. A nova dona daquele espaço deveria ser uma sexóloga, e a iniciante Rosely Sayão foi a indicada, assumindo em março de 1990. O sucesso foi tão grande que, dentro de pouco tempo, o espaço tornou-se um dos principais trunfos do jornal. A história se repetiu com a coluna de saúde. O médico e jornalista Ivan Miziara a assumiu e também se deu bem na difícil tarefa de falar com fluência a linguagem do leitor.

Como prêmio, Miziara ganhou a chance de criar uma coluna sobre *heavy metal*, uma inovação que marcou o surgimento de um novo tipo de cobertura no caderno de variedades. Antes disso, o *Notícias Populares* só falava sobre a antiga música sertaneja, tratando apenas dos caipiras de raiz, aqueles que fazem Zezé di Camargo e Luciano e companhia limitada parecerem verdadeiras farsas comerciais. A coluna assinada pela inacreditável dupla Zé Gordura e Sucupira era o principal exemplo disso. Além de ceder ao sertanejo *light* e abrir espaço para o metal, o NP passaria a falar sobre duas grandes paixões de uma boa parcela de seus leitores: o samba e o *rap*. O jornal também convocou Aguinaldo Silva, autor de novelas da Rede Globo, para ampliar outra frente de ataque: as fofocas e os mexericos televisivos.

Repetindo a tradição da saudosa "Jean Mellé informa", Leão também criou uma coluna de notas sobre política, batizada de "As quentes". Munido das privilegiadas fontes pessoais que havia acumulado na *Folha*, conseguiu até furar os grandes um punhado de vezes.

Órfão das memoráveis crônicas marginais de nomes como Ramão Gomes Portão, Júlio Saraiva, o próprio Ebrahim Ramadan e, claro, Nelson Rodrigues, o NP também precisava de sexo e sangue em forma de ficção. Um famoso colaborador da *Folha* prontificou-se a cumprir a missão, criando uma complexa *persona* literária que logo foi batizada por Leão Serva com a sensacional alcunha de Voltaire de Souza. Definido como "um imbecil" por seu próprio criador, Voltaire destilaria uma preciosa mistura entre as sandices do universo rodriguiano e as sinédoques de Dalton Trevisan, sempre coroada com uma desconcertante moral no fim da história. Tudo isso com léxico reduzido e em textos de rápida leitura, como o que se segue, publicado em 1998.

AVENTURA EM PARIS

Maik era um rapaz simpático.

Atlético. Sedutor. E muito rico.

– Meu pai é usineiro.

Maik estava em Paris. Torcendo pelo Brasil na Copa.

Hospedado num dos melhores hotéis da cidade.

O Hotel Chochotte.

Foi quando ele recebeu o telefonema.

– Maik, meu filho. Volte. Perdemos tudo.

Ruína. Dívidas. Falência.

Maik tomou um gole de champanhe.

– Na miséria eu não fico.

No salão do hotel, acontecia uma festa grã-fina.

Maik arrancou o lençol da cama.

Enrolou-se no lençol com a faixa preta de seu quimono de judô.

E desceu pelo elevador.

– Agora sou um árabe. Califa do petróleo.

Entrou no salão fazendo cara feia.

– Mujahidd. Aleikum!

Recusou o uísque 20 anos.

– Esfihhh... salaam.

E sorriu para uma loiraça de casaco de pele.

– Essa francesa é rica. Cai no papo aqui do califa.

Grande foi sua surpresa ao ver que a loira era o travesti brasileiro Shirley.

Maik se apaixonou. Vive modestamente dos ganhos de Shirley.

Usinas e dólares são importantes.

Mas a mentira, quando se liga à mentira, pode criar o grande amor.

Para garantir o anonimato exigido pelo autor, a coluna acabou recebendo a foto de um cúmplice. O veterano repórter Manoel Victal botou óculos escuros e forjou a imagem que desviaria possíveis suspeitas em relação à paternidade da coluna. Mais tarde, a foto seria trocada – mas não o modelo. Em nova pose, Victal passou a expor suas alvas madeixas em um flagrante do cronista diante do computador, escrevendo mais uma de suas obras.

As absurdas criações de Voltaire viraram *cult* e consagraram personagens como o professor Pintassilgo, o padre Peluzo e o sincrético Futaba, um pai de santo nipo-brasileiro. O sucesso foi tão grande que o escrachado Voltaire ganharia, no final da década de 1990, um lugar no caderno Ilustrada da *Folha de S.Paulo*, um dos espaços mais valorizados do jornalismo cultural brasileiro. Ainda que seus textos acabassem saindo de lá algum tempo depois, em virtude de um corte de gastos da empresa, aquela promoção só alimentaria a já inflamada discussão a respeito da verdadeira identidade do literato.

Todas as pistas levam profissionais da imprensa, estudantes, fãs e detetives amadores a depositar suas fichas em Marcelo Coelho, integrante do Conselho Editorial da *Folha*. Publicamente, seja em seminários acadêmicos ou em saraus filosóficos, o respeitado jornalista prefere não confirmar nem desmentir a informação. Em conversas reservadas, entretanto, Coelho assume com orgulho a paternidade do escriba. O sorriso nos lábios ao relembrar as insanas aventuras dos personagens de Voltaire de Souza dispensa testes de DNA.

O último retoque da reforma seria dado na própria edição do jornal: não haveria mais espaço para matérias longas e para as toneladas de notinhas que o NP costumava publicar. Frias Filho estava convencido de que o leitor típico do jornal não tinha tempo para ler muito. Para ele, era preciso reduzir o volume de notícias publicadas pelo jornal, selecionando melhor os temas e editando os textos com maior clareza. Mas havia também um efeito colateral: o novo formato acabaria esvaziando o *Notícias Populares*, abrindo caminho para uma das doenças crônicas do jornal nos anos seguintes. Com seu tamanho – em geral dois magros cadernos de seis páginas cada um –, abrigava muito menos informação do que os concorrentes, fazendo que, na prática, o "jornal do trabalhador" fosse o mais caro do segmento. Por ora, a medida fazia sentido, pois o preço do NP continuou bem mais baixo que o dos outros. Em 10 de julho de 1990, auge de uma incômoda febre inflacionária, o jornal gabava-se na capa: **NP NÃO SOBE SEU PREÇO.**

> O *Estadão* e a *Folha* estão dando uma paulada de Cr$ 60 em seus leitores hoje.
> O NP não aumentou, apesar de tudo estar mais caro.

Na época, o periódico saía quase de graça: custava só 15 cruzeiros, um quarto do preço dos outros. Nos anos seguintes, essa diferença caiu e prejudicou as vendas do jornal. Para o leitor, valeria mais a pena comprar uma publicação mais completa, mesmo que sem a personalidade do *Notícias Populares*.

Reforma feita, restava o temor de que a nova criatura fosse renegada pelos antigos leitores nas bancas. Mancomunado com Frias Filho, Serva resolveu tentar fazer crescer sua circulação. Ele admitia que o melhor combustível para fazer o NP decolar seria um arriscado namoro com o sensacionalismo, contradizendo a diretriz inicial da empresa. Em seu primeiro trimestre no cargo, o novo editor-chefe elevou às alturas o quociente de crime e sexo na formulação do jornal, o que era considerado uma garantia para evitar um tropeço maior caso o projeto não agradasse. A primeira página passou a ser cada vez mais sangrenta. No fim do mandato de Ebrahim Ramadan, o jornal só estampava sua capa com fotos de cadáveres quatro ou cinco vezes por ano. Com Leão Serva, eram quatro ou cinco vezes por semana.

Depois de uma sequência de matérias cada vez mais chocantes, a vendagem disparou. Impulsionada pela cobertura da Copa do Mundo da Itália, que incluía até uma página especial pintada de verde e amarelo, a circulação não parava de crescer. A vendagem média em São Paulo saltou da casa dos 60 mil exemplares para cerca de 90 mil. A apelação friamente planejada de Serva foi contida em 1.º de junho de 1990, quando ele advertiu de forma oficial a redação e a empresa de que, a partir daquele dia, o *Notícias Populares* não colocaria mais cadáveres na primeira página. A medida não afetou o sucesso do projeto, comprovando mais uma vez que não eram os "presuntos" da capa que sustentavam o jornal.

A decisão não foi obstáculo para que, duas semanas depois, Serva cometesse uma verdadeira proeza. Ainda engatinhando no comando do jornal, ele emplacou a autoria da manchete mais *hardcore* da sangrenta trajetória do NP. Na manhã de 14 de junho, as bancas de jornal, constrangidas, revelavam a realização de um **CHURRASCO DE VAGINA NO RODÍZIO DO SEXO**. Verdadeiro conto de horror, a história dramática de uma bizarra sessão de orgia e tortura atormentou quem teve coragem suficiente para encarar a leitura.

> Sexo e tortura ao mesmo tempo. Coisa de louco, de desvairados, de tarados, enfim. Dois irmãos espetavam a garota com um afiado punhal. Revezavam-se no uso da arma branca. Pontas de cigarro acesas entram em ação. M.I.G. sofreu nas mãos dos maníacos. Numa sessão de tara coletiva, uma sobrinha e duas tias dos marginais presenciavam a moça de 17 anos ser estuprada e torturada.

A matéria se juntou a outras duas perturbadoras coberturas policiais do período: na primeira, o jornal acompanhou a tragédia de uma jovem paulista-

19/3/1990: Morte de Zacarias é destaque na estreia do novo projeto gráfico do NP

14/6/1990: A chamada mais pesada da história do *Notícias Populares* constrangia até as bancas de jornal

na, grávida e epiléptica, que enlouqueceu após ser estuprada por dez homens em dez dias consecutivos; na segunda, contou a repugnante história de viciados em cocaína que raptaram uma criança na Feira da Fraternidade, golpearam sua cabeça com um tijolo e praticaram sexo anal com o cadáver.

Durante esse período, outro caso insólito também ficou marcado na cabeça dos leitores: o drama do menino Rafael, que aos 9 anos media 58 centímetros e pesava 5 quilos. Apesar de ter escolhido um apelido nada elogioso para Rafael ("pequeno menino ET"), o NP se derreteu todo com a história, apresentada ao público em 10 de maio:

> A história de Rafael é muito bonita. Fala de gente valente. Gente decente. Ela é mais verdadeira que qualquer novela.

O tom emotivo das matérias, escritas por Wagner Costa, tentava fazer que o menino nunca fosse visto como uma aberração pelos leitores. Isso não impediu que, cerca de sete anos depois, a Rede Globo recrutasse Rafael para tentar vencer a insana batalha entre Fausto Silva e Gugu Liberato pela audiência dominical. Vestido como o inexpressivo cantor brega-pop Latino, Rafael foi exposto ao ridículo no palco do Teatro Fênix, no Rio. A apelação não passou impune: o vexame do "Latininho" ficou marcado como o maior fiasco da história recente da emissora, balançando até a cadeira de caciques da empresa. Na cola da polêmica, a imprensa considerada respeitável encontrou uma oportunidade de falar bonito e, sem tomar as mesmas precauções que o NP em 1990, ressuscitou a expressão pela qual seria eternamente lembrado o sofrimento de Rafael: "circo de aberrações".

Nessa nova fase o *Notícias Populares* também emplacou coberturas consideradas inovadoras no jornalismo popular brasileiro. Em 18 de maio, a publicação ousou ao levar para a manchete uma frase que estava na boca do povo: **AUMENTO DE MERDA NA POUPANÇA**, sobre a questão das cadernetas. No dia 19 de junho, o jornal se arriscou em um território que pouco tempo antes era inexplorado, escolhendo para a manchete um relatório divulgado pela Anistia Internacional. O estudo mostrava que quatro entre cada cinco vítimas da polícia no país eram negros. Mais elogiada ainda foi uma edição que circulou meses antes, abrindo caminho de forma definitiva para um novo tipo de cobertura. Um dia depois de anunciar na primeira página que o cantor Cazuza estava desenganado pelos médicos, o NP foi à caça de pacientes de aids menos célebres para mostrar que a doença não era um fenômeno distante do povo. Em 26 de março, o conceito da antiga "peste *gay*" era deixado de lado e o jornal alertava em sua primeira página, sem rodeios: **AIDS: ELA MATA MESMO!**

10/5/1990: NP traz a história de Rafael; a legenda adverte que o menino é só um pouco maior que o jornal

18/5/1990: Sem rodeios, o *Notícias Populares* reproduz a indignação do povo na questão das cadernetas

Além do depoimento dos pacientes, a edição priorizava o esclarecimento dos leitores, reunindo em uma pequena cartilha tudo que era preciso saber para evitar o contágio e motivando o fim do preconceito contra os infectados. A morte de Cazuza, em 7 de julho de 1990, alimentou ainda mais manchetes sobre a doença.

Exatamente nesse período, o NP foi surpreendido por uma nova mudança. Cinco meses depois de ter sofrido a maior reforma de sua história, o jornal novamente trocaria de comando. Dessa vez, a causa do problema vinha das distantes Alagoas: recém-empossado, Fernando Collor de Mello havia inaugurado uma cansativa guerra de nervos contra a *Folha de S.Paulo*. O ego de dimensões astronômicas do presidente não suportou os insistentes ataques do jornal à sua candidatura, que havia sido combatida durante toda a campanha. Três dias depois de assumir, Collor ordenou uma *blitz* da Polícia Federal no prédio da Barão de Limeira. A resposta veio em um irritado editorial de capa, que consolidou o clima de tensão entre o jornal e o governo.

O conflito entre as duas partes preocupava ainda mais a direção por conta de dois desfalques na cúpula do jornal. Durante os meses seguintes, a *Folha* ficaria sem Otavio Frias Filho, que se afastara da redação para escrever um livro, e Mário Vitor Santos, o companheiro de Serva na secretaria de redação, que estava de malas prontas para embarcar rumo aos Estados Unidos. Santos havia ganhado uma bolsa de estudos na terra do Tio Sam. No início de julho, pouco antes da viagem do secretário de redação, Leão Serva foi convocado para retomar suas funções e dar corpo ao jornal durante o período de resistência a Collor. A urgência da situação não deu margem a muita conversa: em meados de julho ele já estava de volta à *Folha de S.Paulo*.

Antes de partir, Serva teria de realizar mais uma tarefa, já prevista no acordo inicial com a empresa: fazer um sucessor para o cargo de editor-chefe. Com José Luiz Proença dedicando boa parcela do seu tempo ao meio acadêmico, a indicação de Laura Capriglione foi decidida de forma quase automática. E seria Laura, a primeira mulher a chefiar o *Notícias Populares*, que prepararia a nova (e apimentada) fórmula de sucesso do jornal.

8 PORNOGRAFIA COM MOLHO INGLÊS

Entre capivaras e tuiuiús, uma sensual morena deixa no chão os trapos que vestia e salta com vigor na água. Faz cara de brava quando vê um peão boiadeiro presenciar o banho, mas logo o convida a participar da folia. As tórridas cenas que o par protagoniza têm como testemunhas milhões de brasileiros, paralisados em frente da televisão em plena hora do jantar. Tais incursões aquáticas do elenco de *Pantanal* – um dos maiores fenômenos televisivos que o país já produziu – esquentaram 1990, cavando as trincheiras para a "guerra dos pelados" do horário nobre. Sempre alerta aos clamores do povo, o *Notícias Populares* prontificou-se a ajudar, injetando cada vez mais libido em seu conteúdo e inaugurando um verdadeiro festival de sexo em sua primeira página.

A nova aposta do jornal não foi instintiva, e seguia um raciocínio claro: um número enorme de leitores – mais de 90%, segundo pesquisa da empresa – adotava a televisão como única alternativa de entretenimento, tomando de vez o prestígio do rádio, antiga preferência popular. Para o público potencial do NP, as novelas eram coisa séria – as tramas originavam novas expressões e acendiam polêmicas. E, com *Pantanal*, a Rede Manchete conseguia um sucesso inédito: além de fazer ruir o domínio das irrepreensíveis novelas da Globo, obrigava a rival a trair o famoso padrão de qualidade de suas produções e apelar para a nudez. Ignorar oportunidades como essa poderiam significar o suicídio para um veículo como o NP.

Como Ebrahim Ramadan, Laura Capriglione era mais uma cria da Faculdade de Ciências Sociais da USP, e não demorou a notar a possibilidade de pautar o jornal pelos modismos e manias da televisão. Apenas seis meses depois de abandonar a comportada editoria de ciência da *Folha*, Laura assumia de vez o namoro com os tabloides ingleses e tornava o binômio sexo e fofocas uma prioridade no NP. O jornal não demorou a investir nessa nova diretriz, e logo em 1.º de agosto anunciou a contratação de Gugu Liberato para reforçar o time de fofoqueiros de plantão. Mesmo com o logotipo ainda trazendo o nome de Leão Serva como editor-chefe, o NP começou o mês já sob a orientação de Laura – como ela não era formada em jornalismo, não poderia assumir oficialmente o cargo. Pouco depois, Serva tornou-se "editor responsável" e Laura, "administradora".

Uma óbvia amostra do tipo de cobertura que seria valorizada na publicação veio uma semana depois da estreia de Gugu. Encarnando o espírito de um autêntico *paparazzo*, um fotógrafo flagrou a atriz global Isabela Garcia na fila de *Por trás é que elas gostam*, uma produção barata de sexo explícito em cartaz no centro de São Paulo. No dia seguinte, 7 de agosto de 1990, o jornal escancarou, na melhor escola britânica do *Sun* e do *Daily Mirror*: **"POR TRÁS" É QUE ISABELA GOSTA**. O investimento em um NP mais erótico foi tão grande que até as manchetes sobre economia ou polícia passaram a soar como títulos de filmes pornô. Em 10 de agosto, o jornal denunciou os crimes praticados pelos michês que se prostituíam no centro. A manchete alertava: **OS PUTOS MATAM GOZANDO.**

Em setembro, auge do NP "tarado", o jornal ganhou um novo secretário de redação. Formado em Química pela USP, Álvaro Pereira Júnior trabalhava com Laura na *Folha* e havia sido escolhido como bolsista de um programa de jornalismo científico nos Estados Unidos. Depois de quase um ano nos reluzentes corredores do Massachusetts Institute of Technology, o MIT, ele aportava na acanhada redação do *Notícias Populares* para repetir a parceria com Laura. Álvaro já havia colaborado com a publicação durante a agonia de Cazuza, quando o cantor procurou médicos americanos em uma tentativa final de prolongar sua vida. Cazuza escolheu um hospital da Nova Inglaterra para receber o tratamento, e Álvaro prontificou-se a acompanhar sua internação para o NP.

Em mais uma sortuda coincidência, o curso no MIT previa a participação de padrinhos dos bolsistas em determinado estágio do aprendizado. Seria a função de Laura, que embarcou para Boston sob essa justificativa e visitou Cazuza junto com Álvaro, garimpando uma série de reportagens exclusivas sobre o estado de saúde do artista. Durante a viagem, Laura ofereceu a Álvaro uma vaga em sua equipe. Apesar da falta de intimidade com o universo do jornal, ele admirava o *Notícias Populares* desde os tempos de faculdade (foi aluno de José Luiz Proença na USP) e topou voltar ao Brasil. Já contando com sua participação, o periódico continuou alimentando o voraz apetite sexual dos leitores. Em meio a uma incansável sequência de manchetes desbocadas, o NP de 27 de setembro estampou em plena capa a foto de uma jovem morta – e completamente nua – e manchetou: **A MORTE NÃO USA CALCINHA**. A garota da foto, uma modelo de 24 anos, havia morrido em decorrência de

2/8/1990: O choque sexual atraiu leitores e deixou o departamento comercial em estado de êxtase

27/9/1990: Até poesia barata teve vez na sequência de manchetes desbocadas do NP

uma *overdose* de cocaína. O jornal não se conteve e dedou que ela "transava adoidado" e "encheu meio mundo de aids na Freguesia do Ó".

Em 15 de outubro de 1990, o NP completou 27 anos com uma edição recheada. Só para não perder o hábito, o periódico esquentou a capa dando como manchete uma sensacional matéria sobre a história do sadomasoquismo. Nas páginas internas, uma coleção de fotos históricas e um texto de Laudo Paroni brindavam o sucesso do aniversariante:

> O jornal não esconde de ninguém a sua fórmula: publica aquilo que o leitor gosta. Mostra a realidade como ela é sem frescuras. Mudamos de rosto, trocamos de roupa, mas não deixamos de vestir a camisa do leitor. No duro mesmo, o NP conseguiu derrubar o muro que separava o trabalhador da imprensa escrita. E não vamos parar por aí. Queremos ser uma mistura de Gorbatchev e Xuxa.

Havia, de fato, muito a ser comemorado. O jornal chegava aos 27 anos com uma saúde invejável nas bancas – a tiragem média já havia ultrapassado os 100 mil exemplares diários – e a nova fórmula ainda não mostrava sinais de esgotamento. A redação vivia uma espécie de renascimento depois da sofrida transição operada por Leão Serva e finalmente voltava a ajustar-se. Enquanto maquinava planos ainda mais ambiciosos para o futuro, esse novo *Notícias Populares* caiu da cama e deu de cara com um monstro considerado extinto: a censura.

Como não poderia deixar de ser, a notável ascensão do periódico não havia passado despercebida. No final de 1990, o NP entraria de forma definitiva na mira de conservadores ávidos por conter esse sucesso, encarando o início de uma exaustiva batalha por sua independência. A ameaça surgiu aos poucos, insinuando-se nas queixas de políticos oportunistas e carolas em geral. Outro sintoma do problema foi um reforço no preconceito de outros veículos de comunicação contra o *Notícias Populares*. Na rabeira da crise de identidade que assustou seus proprietários na virada da década, o *Estadão* condenou a nova fase do jornal em aborrecidos editoriais. A *Folha* vibrava com a decadência do rival e abriu espaço para o NP retrucar aos ataques na seção "Tendências/

Debates" de 20 de dezembro. Laura e Álvaro assinavam o artigo, pomposamente intitulado "As virtudes do pecado":

> Um traço comum une os setores aparentemente díspares que agora pressionam o NP: a mediocridade. Políticos de quintal, guardiães da moralidade, múmias viventes do periodismo, rábulas e esquerda primitiva não conseguem raciocinar exceto tocados a meia dúzia de chavões puídos. Enquanto essa gente existir, o NP será atacado. E lido. Que continuem gritando.

14/1/1991: Uma aula de anatomia – ou melhor, geopolítica – na cobertura da Guerra do Golfo

E eles continuaram. Depois da Guerra do Golfo, que rendeu em janeiro de 1991 belas matérias especiais e manchetes originais, como **QUEM TEM KU-AIT TEM MEDO**, o *Notícias Populares* retomou a rotina de crimes e sexo, reacendendo a chiadeira. A essa altura, as Casas Bahia já não anunciavam mais em suas páginas. Nos quatro meses seguintes, a situação parecia estável: o NP testava seus limites experimentando novas "ofensas" nas bancas e mantinha a má fama entre os teimosos que sempre o atacavam. O jornal entrou no mês de maio lançando uma série especial da coluna "Tudo sobre sexo", que circularia diariamente em quatro páginas de formato tabloide. Juntos, os dez fascículos da coleção formariam um guia completo sobre sexualidade, leitura que normalmente jamais chegaria às mãos do público habitual do NP. Como recompensa, a venda média diária do jornal atingiu cerca de 150 mil exemplares. Mesmo assim, não houve tempo para saborear o sucesso: dessa vez, os ataques não viriam apenas em forma de críticas e ameaças.

Em 16 de maio de 1991, uma liminar assinada pelo juiz Daniel Peçanha de Moraes Júnior, da Vara Central da Infância e da Juventude de São Paulo, determinava que o *Notícias Populares* fosse vendido dentro de uma embalagem lacrada e opaca – alertando ser inadequado para menores de 18 anos – "sempre que quiser destacar cenas de violência, de sexo, ou expressar-se por meio de termos obscenos ou chulos". O pedido havia partido de um trio de promotores do Centro de Apoio Operacional das Promotorias da Infância e da Juventude. Jurandir Norberto Marçura, Luiz Antonio Orlando e Paulo Afonso Garrido de Paula garantiam que a ação civil pública que resultou na decisão estava baseada no então recém-nascido Estatuto da Criança e do Adolescente. Segundo eles, o artigo 78 do novo documento previa a obrigatoriedade da embalagem para todas as publicações com material editorial considerado impróprio para crianças e adolescentes. Não era difícil perceber que, na verdade, o artigo havia sido inspirado em reclamações contra as abusadas capas das revistinhas pornográficas consumidas às dúzias por adolescentes cheios de espinhas, e não pelas páginas de publicações informativas de grande tiragem.

A ação judicial iniciada pelos ilustres promotores era tão absurda que tinha como base teórica um estudo psiquiátrico realizado cinco anos antes, em 1986. A pesquisa investigava a relação entre violência na televisão e aumento de suicídios. Em momento algum o trabalho abordava a imprensa escrita, mas o psiquiatra Haim Grunspun disse em seu parecer aos promotores que o jornal promovia "anestesia frente à violência" e "imitação, contágio e confusão" nas crianças.

No dia seguinte, 17 de maio, o NP recebeu com perplexidade a notificação, mas logo tomou fôlego para tramar uma raivosa defesa contra a liminar. Além de acionar seus advogados, a empresa instruiu suas outras publicações a participar do contra-ataque. Na *Folha de S.Paulo* de 18 de maio, a empresa já avisava que o jornal recorreria da liminar que mandava lacrá-lo. A *Folha da*

Tarde também cobriu o caso, sob o título DIREÇÃO DO NP DECIDE DESOBEDECER JUSTIÇA. No mesmo dia 18, o *Notícias Populares* encarou as bancas sem lacre algum e desabafou, em letras enormes: NP: SÓ LÊ QUEM QUER.

Abaixo da manchete, o periódico peitava os promotores em um longo e incisivo editorial:

> Está inaugurada a era da censura de plástico. Uma liminar judicial, assinada anteontem, ordena que o NP seja vendido envelopado sempre que trouxer "cenas de violência e de sexo ou expressar-se por meio de termos obscenos ou chulos". Fora de sintonia com a realidade das ruas, o trio de promotores de justiça da Infância e da Juventude ignora que palavras "chulas" são usadas livre-

Laura Capriglione, primeira mulher no comando do *Notícias Populares*

mente pelo leitor popular. Recorremos a elas porque unem precisão e síntese – indispensáveis ao jornalismo moderno.

Os cadáveres que o jornal mostra – e que chocam olhos nostálgicos de um passado autoritário – são os mesmos em que você tropeça nas ruas abandonadas da cidade. Nossa atitude em relação à violência nunca foi de elogio, mas de denúncia. A medida contra nós, de tênue base legal, representa a volta da censura no que ela tem de mais revoltante – a suposição de que o leitor é um idiota carente da tutela de iluminados. Vender o NP lacrado ou dentro de um saco plástico fulmina a democracia, o espírito da imprensa popular. Atenta contra o direito que você tem de conferir a capa para depois comprar o jornal.

Você sabe que o país está caindo aos pedaços. Desemprego, recessão, violência e miséria dominam nossas vidas. Crianças passam fome e são fuziladas nas ruas. Estranhamente, não se sabe de nenhuma atitude dos inimigos do NP contra essa situação. Em meio ao caos, descobriu-se uma vítima fácil: o *Notícias Populares*. Será que somos tão perigosos, tão ofensivos assim? Nossas manchetes desregulam tanto a ordem social? Claro que não.

O que nossos detratores não aceitam é ver uma imprensa popular bem feita, inteligente, educadora, que traz as seções Saúde e Tudo Sobre Sexo, de sucesso inédito em um jornal como o NP. Que abre espaço para colunistas tão díspares quanto o combativo Afanásio Jazadji e o campeão dos Direitos Humanos d. Paulo Evaristo Arns.

Tenha certeza: se o NP mostrasse só fotos de mulheres nuas e mortos apodrecendo, nada seria feito. Conformado em seu nicho de mediocridade pseudo-popular, o jornal passaria despercebido dos anjos moralistas. Agora o NP perturba porque não aceita se esconder na trincheira de ignorância a que a imprensa popular no Brasil sempre foi confinada.

O *Notícias Populares* é democrático, de combate, indignado e humanista. Cobramos mais policiamento nas ruas mas somos abertamente contra a barbárie da pena de morte. Queremos ver bandido na cadeia mas nos recusamos a aceitar o péssimo estado dos presídios. Combater o NP é só o primeiro passo para minar a democracia e a liberdade de imprensa. [...] O NP vai lutar na Justiça pelos direitos de seus leitores. Sabemos que nosso público é inteligente, crítico, democrático e não aceita a censura. Quer ler a verdade como ela é.

No topo da página, o jornal também convocava os jornaleiros a participar da briga:

> Envelopar ou não o *Notícias Populares* é uma responsabilidade da empresa que edita o jornal. Você não precisa se preocupar com isso. Outra coisa: a decisão do juiz não fala em apreensão. A pena é de multa, a ser paga pelo jornal. Exponha a primeira página, mostre ao público que o *Notícias Populares* está sendo atacado. Contamos com você.

Além da capa, o NP dedicou uma página inteira à explicação do caso. Estreando um recurso que seria usado quase todos os dias para reforçar sua defesa, o veículo apresentava a opinião de aliados poderosos na disputa. De Luiz Antônio Fleury Filho a Luiza Erundina, passando por Hebe, Ary Toledo e Ronnie Von, políticos e personalidades o mais variadas repudiavam a ação judicial. Nas semanas seguintes, o jornal colheu frases de apoio de dezenas de nomes conhecidos. Era uma forma de assustar os promotores e demonstrar que, apesar dos exageros, o *Notícias Populares* era valorizado por gente de todo tipo. Austregésilo de Athayde disse que "lutaria com todas as armas e com o espírito" pela liberdade nas bancas; Dadá Maravilha afirmou que o NP era sua "Bíblia"; Gugu Liberato contou que lia o jornal todos os dias; Miéle chamou a publicação de "coquetel de emoções". Tião Macalé, pouco acostumado à função de comentarista da imprensa, deu seu recado: "Vocês sempre me deram a maior força. Um abração, cambada de nojentos!" Vicente Matheus, o eterno presidente do Corinthians, também opinou, igualmente desajeitado: "O NP é o preferido da Fiel. Acho que é por causa das mulheres peladas". Até o sociólogo e então senador Fernando Henrique Cardoso elogiou o jornal: "O NP informa muito bem a categoria a que se destina – os trabalhadores".

Essa reação rápida e indignada funcionou: além de adiar qualquer retaliação imediata, chamou a atenção do público para a violenta investida contra a autonomia do jornal. Isso não impediu o surgimento de mais uma prova do preconceito da própria imprensa contra o *Notícias Populares*. A Comissão de Ética do Sindicato dos Jornalistas de São Paulo, que já vinha condenando o jornal em seus boletins, fez questão de apoiar a liminar. E mais: agindo contra os interesses dos profissionais que trabalhavam naquela redação, o "solidário" sindicato prometeu criar sua própria ação judicial contra o jornal, reforçando o pedido de envelopamento.

Enquanto aguardava o desfecho dos eventos legais e indiferente aos devaneios da comissão sindical, o NP continuou circulando normalmente e até arrumou tempo para retocar a maquiagem aplicada no ano anterior. Em 11 de junho, foram anunciadas a implantação de um novo projeto gráfico e a modernização do processo de produção. Na verdade, as mudanças visuais mal eram notadas – o uso de cores mais contido e a padronização das colunas –, e a modernização se restringia ao uso de computadores para desenhar as páginas. A data marcou ainda a estreia de Tânia Voss, fofoqueira escolhida para ocupar a vaga abandonada pouco antes por Gugu Liberato, e o aumento no espaço dedicado à economia, que ocuparia duas páginas em cada edição. Para melhorar, as vozes que clamavam pelo envelopamento pareciam ter dado uma trégua. Foi quando uma renúncia inesperada estragou a festa do *Notícias Populares*. Apenas para não perder o hábito.

19 A VOLTA DOS QUE NÃO FORAM

Revoltada com a teimosia da empresa em não apostar mais alto no jornal, a editora Laura Capriglione deixou o comando do *Notícias Populares* em julho de 1991. Sua justificativa: a falta de investimento impedia a formação de uma equipe de reportagem sólida, que pudesse cobrir o cotidiano e ainda arrumar tempo para garimpar matérias exclusivas. Não bastava copiar a roupagem do *Sun* ou do *Bild*, publicações que eram alimentadas por um enorme quadro de colaboradores, se a munição do NP continuava vindo de um punhado de repórteres e das sobras da apuração da *Folha*.

Desde 1966, o funcionamento da agência de notícias da empresa dava pouca margem a furos nos jornais secundários do prédio da Barão de Limeira. A criação da Agência Folha significou custos mais baixos, pois um único repórter poderia fornecer material sobre o mesmo fato para todas as publicações. Enquanto a *Folha de S.Paulo* continuava com sua redação completa, FT, UH e NP encolhiam, com cada vez menos repórteres. Nos anos 1990, isso prejudicou de forma decisiva o *Notícias Populares* na tentativa de trilhar o mesmo caminho de sucesso aberto pelos tabloides europeus. Era fácil conseguir notícias sobre crimes na periferia. Furos envolvendo celebridades e escândalos políticos – função dos jornais populares mesmo nos países desenvolvidos – exigia muito mais investimento.

Para Laura Capriglione, essa situação simbolizava a enorme distorção que regia o mercado editorial brasileiro: um país com distribuição de renda lastimável e elite econômica reduzida tinha como líderes de vendas os jornais de elite, e não os populares. Não havia perspectiva de mudança; para Laura, só restava deixar o jornal. Álvaro Pereira Júnior assumiu imediatamente o posto de editor-chefe. A cúpula do *Notícias Populares* perdeu ainda outra peça fundamental: Laudo Paroni, bamba das manchetes, com um quarto de século de experiência no NP e espécie elo perdido entre a nova geração e Jean Mellé. Paroni disse que estava cansado da rotina do jornal.

Com o tempo, a publicação ficou sob o comando de Álvaro, auxiliado por André Barcinski e Paulo César Martin, secretários de redação. Barcinski havia sido fotógrafo do *Jornal do Brasil*, repórter da *Folha* e produtor da TV Abril. Paulão Martin vinha do caderno de esporte da *Folha* e viraria secretário de redação em outubro de 1993. Além de estar pisando em território relativamente desconhecido à frente do NP, o trio tinha outras afinidades, como o gosto pelo rock e a aversão à "caetanice" dominante no cenário cultural brasileiro.

Como se não bastassem os desfalques na redação, o temível mês de agosto chegou com más notícias: o juiz Peçanha de Moraes, que havia determinado o uso de embalagem lacrada quando o jornal estampasse sexo ou violência em suas capas, reformulou sua decisão após ler alguns exemplares selecionados pelos promotores. A nova liminar era ainda mais dura: o NP merecia ensacamento permanente. O jornal teria de ser vendido lacrado todos os dias, mesmo que forrasse suas páginas com trechos da *Bíblia* ou fábulas dos irmãos Grimm.

Além de representar um óbvio desrespeito à soberania dos editores e à liberdade dos meios de comunicação, a decisão poderia ter efeitos práticos muito mais nefastos. Se mantida a liminar, corria-se o risco de ela ser aplicada automaticamente a outras publicações – sua sobrevivência daria origem a um precedente jurídico incontestável em qualquer instância legal. Pior: proibir que o *Notícias Populares* fosse exposto nas bancas seria decretar, de forma sumária, a morte de um jornal lido por até meio milhão de pessoas por dia.

Durante 27 anos, o NP havia sobrevivido graças ao fascínio provocado por suas capas escandalosas. Sem assinantes e anunciantes de peso, tinha atravessado quase três décadas sustentado apenas pela fidelidade dos consumidores – um exigente público que, ao contrário dos leitores dos jornais tidos como grandes, não perdoa edições ruins e se nega a gastar dinheiro com elas. Embrulhado nas bancas, o NP pereceria até ser esquecido. Era realmente a volta dos que não foram: os censores que não haviam incomodado o *Notícias Populares* durante toda a ditadura militar ameaçavam a liberdade do periódico em plena década de 1990, com um presidente escolhido por voto direto e uma Constituição que garantia a liberdade de imprensa.

A gravidade da medida fez o juiz Peçanha de Moraes conceder um curioso efeito suspensivo sobre sua própria decisão. A publicação circularia livremente até que o processo fosse levado ao Tribunal de Justiça de São Paulo, a mais alta instância jurídica do Estado. Contando com a ajuda da tradicional burocracia das cortes brasileiras, o NP só voltaria a ser incomodado um ano depois.

Já prevendo dificuldades no julgamento, o jornal tratou de armar um eficiente *lobby* para tentar influenciar o parecer do tribunal. Em 17 de setembro de 1991, as bancas recebiam a edição número 10 mil de *Notícias Populares*, que trazia o início das comemorações dos 28 anos do jornal, marcadas para outubro – proclamado como "Mês do NP". Além da distribuição diária de LPs de Nelson Gonçalves, Bezerra da Silva e Deep Purple na Barão de Limeira, esse período marcou a estreia de uma seção fixa de homenagens e declarações de apoio ao jornal. Centenas de sindicalistas, políticos, artistas, jogadores de futebol e até advogados e promotores mostraram a cara e assumiram: "Eu amo o NP". O nome da seção parecia exagerado para alguns participantes – muitos se limitavam a dizer que o jornal "falava a linguagem do povo" –, mas fez tanto sucesso que transformou a homenagem provisória pelo aniversário em parte integrante de cada edição até 1992, quando a ação seria julgada. Por via das dúvidas, a empresa decidiu não dar margem a novas polêmicas e instruiu a redação a investir mais em economia popular e serviços.

A recomendação, porém, seria desnecessária. Durante o intervalo entre a abertura do processo e o julgamento, o periódico foi surpreendido pela reprovação de críticos muito mais importantes que os excelentíssimos promotores: os próprios leitores. Mostrando-se dotado de toda a sensibilidade que faltou aos homens da lei nas ações judiciais, o fiel leitor passou a renegar os exageros da publicação e exigir que o NP assumisse de vez a posição de "companheiro" do trabalhador. Essa mensagem veio por meio de críticas a alguns excessos e vendas ruins quando os temas desviavam-se da rota-padrão do jornal. Em contrapartida, havia elogios à defesa do bolso do leitor e às reportagens de serviço. Com os pelados da TV já em decadência e o drama de uma aguda crise econômica traumatizando o país, ficou fácil traçar a nova missão: mais do que nunca, o NP deveria ser um jornal de combate, um porta-voz indignado do povo.

Essa vontade foi consagrada logo nas primeiras tentativas de diversificar o *Notícias Populares*. As manchetes de sexo vendiam cada vez menos, ao mesmo tempo que as de economia voltavam a dar bons resultados. Isso ensinava que a própria lei das bancas poderia regular os limites do jornal de forma muito mais eficaz que um trio de bacharéis. A transformação não impediu que, em agosto de 1992, o jornal voltasse a ser perturbado. No dia 31, o *Jornal da Tarde* publicou uma matéria afirmando que o NP teria de ser vendido lacrado a partir daquele momento – apesar de o processo ainda estar nas mãos de seu relator, o desembargador Dagoberto Cunha Camargo. A resposta veio no dia seguinte: o *Notícias Populares* chamou a matéria de inverídica e alertou que o processo ainda não havia sido julgado. Pouco depois, o Tribunal de Justiça rejeitou em votação unânime uma desleal manobra dos promotores para tentar o ensacamento imediato antes do final do processo.

No entanto, o risco de o NP acabar no saco ainda não havia sido eliminado. E a tensão que sufocava o jornal explodiu no próprio editor-chefe: com apenas 28 anos de idade, Álvaro Pereira Júnior acabou no hospital, abatido por uma perturbadora arritimia nos batimentos cardíacos. O jovem editor descobriu que estava também à beira de um colapso circulatório.

Inconformado com os novos ataques, o comando do jornal decidiu tornar o NP cada vez mais combativo. Ficava legitimada assim a possibilidade de, pela primeira vez desde 1964, o *Notícias Populares* voltar a fazer política. Por mais que o periódico tivesse evitado colocar o nariz no assunto durante quase três décadas, o ano de 1992 corria dando mostras de que isso não seria mais possível. Imerso em uma condição cada vez mais humilhante, o povo decretou, de forma irrevogável, que não queria mais Fernando Collor de Mello no topo. A publicação adotou a causa com convicção e passou a bombardear o presidente sem piedade.

Apesar de não exigir nenhum grande esforço jornalístico – para variar, a cobertura surgia de um "requentado" do material da *Folha* –, o jornal teve outros méritos. Além de mostrar criatividade na preparação das matérias (no início dos protestos contra o presidente, uma manchete resumiu toda a situação: **POVÃO EMPURRA, COLLOR EMPACA**), o jornal conseguiu traduzir com precisão a revolta da população, inflamada pelas declarações de Pedro Collor, irmão do político. Em 19 de setembro, um dia depois da maior das manifestações contra Collor em São Paulo, o NP estampou no alto da página a foto de uma garota que segurava um cartaz mais que objetivo: "Pau no cu do Collor". Em 30 de setembro, dia seguinte à abertura do processo de *impeachment*, o *Notícias Populares* estourava a champanhe e celebrava: **COLLOR ACABOU**.

Ao lado da foto de Collor, que se afastou para tentar conter sua cassação, o jornal despejou uma enorme lista de ofensas contra ele, um desabafo que estava entalado na garganta de todos os leitores. O NP se safou da traquinagem colocando um minúsculo "Acusado de..." antes dos xingamentos.

Mesmo com Collor fora, não houve tempo para voltar à rotina: em 3 de outubro de 1992, a macabra chacina de presos na Casa de Detenção abriu caminho para uma nova série de manchetes indignadas. Dessa vez, a proximidade com o acontecimento permitiu que o jornal tivesse repórteres no local e contasse sua própria versão da história. Em 5 de outubro, o NP humilhou os rivais: uma capa dupla mostrava a primeira foto dos corpos dentro do Pavilhão 9. A imagem inédita havia sido registrada pela fotógrafa Marlene Bergamo, que entrou na Detenção disfarçada de parente de um preso. O "cheiro de carniça" e as "poças fundas de sangue" descritas pelos repórteres no inferno do Carandiru motivaram um nervoso editorial de capa:

VERGONHA

O Governo de São Paulo não controla mais sua polícia. É melhor pensar assim. Porque se não for este o caso seremos obrigados a constatar que o governador Fleury e seu secretário da Segurança comandam um grupamento em inúmeros casos despreparado, sem equilíbrio e que, de modo cada vez mais freqüente e preocupante, só se diferencia dos criminosos pela farda, tão parecidos os métodos que usam. Não defendemos, é óbvio, que bandidos sejam tratados com afagos e torradinhas. Na rua ou nos presídios, são gente perigosa, que age friamente, e que para ser combatida requer dureza e decisões firmes. Também não negamos que a polícia presta serviços valorosos, sofre pressão psicológica cruel e ganha salários desproporcionais à importância da tarefa que deveria cumprir. Mas é simplesmente vergonhoso que o secretário diga que ainda espera investigação para determinar se houve excessos no holocausto da Detenção. Foram pelos menos 111 mortos! De que mais esse senhor precisa para comprovar a brutalidade inaceitável que ocorreu em sua gestão? Como se explica que até presos paralíticos tenham morrido baleados? E os rostos desfigurados pelos dentes de cães? Violência contra gente indefesa, brutalidade, ignorância, histórias fantasiosas, versões obscuras. Já houve tempo em que estas eram características exclusivas da atividade criminosa. Hoje parece não ser mais assim.

O assunto se sustentou na manchete por mais 11 edições (em 17 de outubro, a publicação cedia com **TARADO CORTA O PÊNIS DE 6 GAROTOS** e sua cobertura não negou espaço para quem defendia a PM no episódio. Afanásio Jazadji elogiou o governo e insinuou apoio a novas "operações" na Detenção em um artigo em 12 de outubro:

Passado o impacto inicial da rebelião que acabou com 111 mortos e dezenas de feridos, a chamada maioria silenciosa, o povão na sua maciça maioria, aplaude e se congratula com a Polícia Militar. E os detentos que se conformem, caso contrário o choque entra em ação novamente...

Sem tempo para respirar, a redação enfrentou uma nova rebelião no fim de outubro, agora na unidade Tatuapé da Febem. No dia 26, a crise na instituição fazia sua primeira vítima. Enquanto isso, na Barão de Limeira, o jornal era notificado de que o pedido de ensacamento seria julgado três dias depois. Em novo editorial, o NP matou dois coelhos com uma cajadada só:

> Os acontecimentos na Febem mostram o quanto anda desfocado o olhar desses promotores, justamente quem deveria estar na linha de frente da preservação da nossa juventude. Jovens morrem dentro da instituição que os deveria proteger. Sofrem com o tráfico de drogas, consomem álcool de forma doentia, vivem como animais, perecem nas mãos de criminosos. Pouco se faz a respeito, mas persegue-se o NP sob a irônica alegação de defender essa mesma população jovem, que padece com flagelos tão graves e urgentes. A deturpada escala de valores que pauta os inimigos da imprensa popular permite a eles assistir inertes à degeneração de nossa juventude carente. Mas lhes obriga, em nome de critérios ético-morais extraídos sabe se lá de qual mausoléu, a tentar destruir o principal veículo de informação para o trabalhador brasileiro.

Como visto, tudo era motivo para reforçar a defesa do jornal. Revigorando o *lobby*, que se tornou diário, o NP passou a reservar uma página inteira para a batalha legal em todas as suas edições. José Serra, Márcio Thomaz Bastos, Ives Gandra Martins e até Paulo Maluf e Eduardo Suplicy, rivais na disputa pela prefeitura de São Paulo, lideraram a defesa. Depois de adiar a decisão por uma semana, a Câmara Especial do Tribunal de Justiça finalmente iniciaria o julgamento em 5 de novembro. O relator Dagoberto Cunha Camargo votou a favor do lacre, mas seu colega Ruy Freitas Camargo pediu novo adiamento para estudar o caso. Em 12 de novembro, Freitas Camargo conclui que o lacre prévio fere a Constituição e vota contra o ensacamento diário. Dono do voto decisivo, o diligente desembargador Aniceto Aliende também se intimida e pede novo adiamento. Na hora de justificar a requisição, não teve dúvidas: mesmo suportando meses de exaustivas discussões, afirmava que também precisava estudar melhor o caso.

Já prevendo a derrota de sua proposta, o promotor Garrido de Paula prometia que não recorreria da decisão do TJ. Forçado a reconhecer o sucesso da nova tática editorial do jornal, ele admitiu em entrevista à *Folha* que o processo já estava datado. "Se a sociedade mudou ou se o diagnóstico dos especialistas sobre a linha editorial do jornal tiver se modificado, a ação pode ter perdido o sentido", lamentou.

Em 19 de novembro, sob uma insuportável pressão popular e política, o triunvirato reuniu-se novamente e resolveu pôr fim à guerra de nervos contra o periódico. Cerca de 18 meses depois do início do processo, o Tribunal de Justiça decretava, em decisão unânime, que o *Notícias Populares* seria vendido sem nenhum tipo de lacre. Temendo desperdiçar a oportunidade, Cunha Camargo reformulou seu voto e renegou o ensacamento obrigatório. No dia seguinte, 20 de novembro de 1992, o NP celebrou sua libertação com mais uma capa dupla, ilustrada com a foto de uma multidão em um estádio de futebol e marcada, no topo, por uma manchete em letras monstruosas: VITÓRIA.

Para o jornal, a inflamada manchete daquele dia não expressava apenas o sucesso de sua defesa nos tribunais. Em mais um apaixonado editorial, o NP garantia: a sentença era um trunfo para a liberdade de imprensa e para a própria democracia no país.

A decisão do Tribunal de Justiça tem significado muito mais amplo que a simples absolvição de um jornal. O TJ, ontem, sepultou a volta da censura ao país, respeitou o direito de escolha do leitor, entregou ao autocontrole dos editores a decisão do que é ou não impróprio a crianças e adolescentes. A ação contra o NP, um jornal popular e indignado, poderia abrir um precedente funesto para o controle estatal sobre os meios de comunicação. Como sempre nos casos em que se tenta reavivar a censura, três ou quatro iluminados tomam para si a causa "nobre" de proteger os "indefesos": crianças, população pobre, analfabetos ou seja lá o que mais. O discurso desses "paladinos" é tão embaçado quanto histérico e seus devaneios imaginam habitar um montículo de "moralidade" e "inteligência" de onde ditam regras para o populacho ignaro. Só que o tempo dessa gente passou. Acabou o regime militar no Brasil, esfacelaram as ditaduras no leste europeu. Que a decisão de ontem faça chegar a essas narinas mumificadas os ares dos novos tempos.

Livre da ira dos promotores, o *Notícias Populares* terminava 1992 pensando de novo em crescer. Sem precisar dividir esforços com a defesa de sua liberdade na Justiça, a redação voltava a buscar alguma maneira de ganhar mais leitores. Na verdade, não perder os que tinha já era lucro: depois de décadas de domínio no segmento dos populares, o NP era desafiado por um rival antigo, que agora reclamava o título de rei das bancas. O *Diário Popular* entrou na década de 1990 disposto a atropelar os adversários. Fundado em 1884, havia decaído a ponto de ter nos classificados seu ponto forte. A situação começou a mudar quando Orestes Quércia, eleito governador de São Paulo pelo PMDB, comprou o *Diário* em 1988. O político investiu pesado em sua reestruturação e conseguiu, com a ajuda do veterano jornalista Miranda Jordão, transformar uma publicação quase morta em um fenômeno nas bancas.

O sucesso do *Dipo*, como também era chamada a publicação, havia sido impulsionado pela privilegiada cobertura esportiva que o jornal oferecia aos leitores. Como tinha poucos assinantes e não precisava dividir suas rotativas com outras publicações, fechava sua edição bem mais tarde que os concorrentes. A televisão já controlava a agenda do futebol brasileiro, e as partidas eram marcadas para horários cada vez mais esdrúxulos. Enquanto todos suavam para dar apenas o resultado dos jogos, o *Diário* contava ao leitor até o que havia acontecido nos vestiários. Com esse atrativo inicial, o jornal chamava a atenção do público para o resto do seu conteúdo, que lembrava muito o NP da metade dos anos 1980: uma editoria de polícia sólida e uma cobertura forte de cotidiano e economia popular.

Mesmo com o NP e o *Dipo* garantindo ter alvos diferentes no mercado, as empresas sabiam que boa parcela dos leitores estava na mesma alça de mira. O jornal mais completo poderia roubar uma porção da clientela do outro nas bancas e conquistar de vez os indecisos. Ainda pouco afetado pelo crescimento constante do *Diário Popular* nas bancas, o NP percebeu o risco da situação e buscou nos mandamentos de seu eterno guru a resposta para neutralizar o perigo. Repetindo uma exigência considerada sagrada para Mellé, o jornal custaria a metade de seu rival direto e ainda menos se comparado com os outros. Em novembro de 1992, o NP tornou a estratégia pública. Ao lado do preço – 2 mil cruzeiros na época – uma enorme chamada entregava: "NP é mais legal e custa a metade

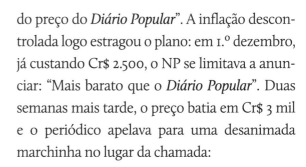

19/10/1992: Alguém prestou atenção na manchete?

do preço do *Diário Popular*". A inflação descontrolada logo estragou o plano: em 1.º dezembro, já custando Cr$ 2.500, o NP se limitava a anunciar: "Mais barato que o *Diário Popular*". Duas semanas mais tarde, o preço batia em Cr$ 3 mil e o periódico apelava para uma desanimada marchinha no lugar da chamada:

O *Diário Popular* tá caro
caro pra chuchu
compre o NP
e economize o seu tutu

Obviamente, não eram os infames versos que alavancariam as vendas do jornal. Faltava algo que pudesse levantar o *Notícias Populares*, uma chance de mostrar seus diferenciais em relação ao rival. Pouco antes da virada do ano, a oportunidade de engatar algum caso de real sucesso nas bancas chegava com um bônus. Na madrugada de 29 de dezembro, a musa da hora era brutalmente assassinada no Rio. Pior: a atriz Daniella Perez havia sido vítima do galã que interpretava seu par romântico em uma novela da Globo. O complemento que puxaria ainda mais as vendas veio de Fernando Collor, que escolheu o mesmo dia para renunciar oficialmente. Em 30 de novembro, o NP abria sua edição com o crime: **COVARDE RETALHA A LINDA YASMIN**. O jornal usava o nome da personagem de Daniella na novela e lamentava a tragédia em uma cobertura de três páginas. A atenção dedicada ao caso tinha

30/12/1992: Edição duplamente bombástica, com o assassinato de Daniella Perez e o último suspiro de Fernando Collor

uma explicação: o NP já vinha notando a empatia da atriz com o público e havia declarado Daniella "a mulher mais desejada do Brasil". O envolvimento de outra nova estrela global, Guilherme de Pádua, assassino confesso da garota, deu o tempero final ao caso.

Para Collor, a edição reservou a contracapa: um pôster de página inteira mostrava o ex-presidente atrás das grades e acusava: **FUJÃO!** Abaixo, o NP dava sua ficha corrida:

Nome: Fernando Collor de M...

Profissão: Desocupado

Número do RG: 171

Apelidos: Mão-grande, Mão-leve, Ali Babá, Al Capone

Crime: Roubo, corrupção, mentiras, traição

Vítima: 150 milhões de brasileiros

Destino: A lata do lixo

Como esperado, a edição duplamente bombástica rendeu muito e mostrou que a tradição e o estilo do *Notícias Populares* tinham mais ingredientes que o *Dipo* para agradar àquela disputada fatia de mercado. Ajudado pelas boas vendas e pela comoção do público, o caso Daniella atravessaria o *réveillon* na manchete do NP e continuaria lá até o meio de janeiro. Material não faltava. Pádua também era chamado nas manchetes do jornal pelo nome de seu personagem, Bira – algo comum entre o público das novelas, principalmente nas camadas mais pobres – e detinha um extenso currículo de esquisitices. As revelações sobre seu passado pareciam feitas sob encomenda para uma publicação como o NP: o ator teria estrelado montagens de sexo explícito e trabalhado como garoto de programa. Para dizimar de vez a popularidade do sujeito, surgiu a notícia de que ele tatuara no pênis o nome da mulher, uma praticante de magia negra. Com as tiragens no alto e uma resposta sempre positiva do público, o jornal aproveitou a cobertura para lançar uma nova investida pela primazia das bancas. Tinha início a contagem regressiva para a revelação do "maior segredo do Brasil".

20 REPROVADOS NA ESCOLINHA DO SEXO

O NP vinha promovendo um misterioso anúncio desde o início do mês de janeiro de 1993, convocando o leitor a acompanhar sua série especial de reportagens sobre um velho frequentador de suas páginas, o ex-brasa Roberto Carlos. A propaganda era um pouco exagerada, pois o principal tema da série, o acidente do Rei, não era segredo algum: todos sabiam da tragédia que fizera o cantor ter uma perna amputada quando criança. A grande novidade das matérias seria revelar detalhes do acidente e da infância do Rei em sua pequena cidade de origem. Para isso, o repórter Ivan Finotti foi até Cachoeiro do ltapemirim, no Espírito Santo, e garimpou o que podia sobre a vida de Roberto na cidade.

No primeiro dia da série, 6 de janeiro, o *Notícias Populares* contou tudo sobre o acidente. O título da matéria ia direto ao ponto: **O DIA EM QUE ROBERTO CARLOS PERDEU A PERNA**. O jornal não escondia sua admiração por ele:

Só uma força de vontade do tamanho do mundo para explicar que Roberto Carlos, um garoto pobre e com um grave defeito físico, tenha se tornado o maior artista do Brasil. Ele perdeu sua perna esquerda esmagada por um trem na manhã de 29 de junho de 1947, quando tinha pouco mais de seis anos e era conhecido como Zunguinha em sua cidade natal.

No segundo episódio, o NP mostrava o médico que amputou a perna de RC e repetia os elogios à sua coragem sempre que possível. Esse tratamento privilegiado continuaria no terceiro dia, quando o jornal falava com sua antiga professora do primário e mostrava fotos do cantor no grupo escolar onde estudava. A quarta parte da série de oito capítulos retratava o maquinista de trem que salvou Zunguinha no acidente, e foi às bancas na manhã de 9 de janeiro. Horas antes, contudo, o periódico teve novos problemas com a lei.

Às 21 horas de 8 de janeiro de 1993, um oficial de justiça e os advogados de Roberto Carlos entravam na redação com uma ordem de censura à série. Parte da tiragem já havia sido impressa e seguia para a distribuição. As máquinas pararam, e o segundo clichê foi modificado. A página com a reportagem sobre Roberto, que tomava a contracapa inteira, foi tingida de preto e coberta com a palavra "censurado". Um pequeno texto explicava o caso:

> Os advogados de Roberto Carlos conseguiram proibir a continuação das reportagens sobre a infância do cantor. Isso, apesar de o NP ter mostrado Roberto como um exemplo de perseverança a ser seguido por outras pessoas vitimadas por um drama físico.

A redação soube pouco depois que o cantor havia pedido a seu advogado, Saulo Ramos, que interrompesse a série logo no primeiro dia. Em 7 de janeiro, o juiz José Tarcísio Beraldo, da 3.ª Vara Cível de São Paulo, negou o pedido de Ramos por julgar que a medida significava uma violência contra a liberdade de imprensa. No dia seguinte, o insistente advogado convencia o desembargador Youssef Cahali a impedir a continuação da série e assinar a ordem de censura que seria levada ao jornal. Ramos dizia que a série era "abjeta". O advogado do NP, Samuel MacDowell, protestou contra a liminar que determinava a censura e tentou conseguir que a publicação da série continuasse. MacDowell garantia que o periódico estaria disposto a responder judicialmente por qualquer excesso cometido nas reportagens, mas não aceitava a censura prévia – uma medida que, como a redação bem sabia, feria a Constituição.

Em 10 de janeiro, o *Notícias Populares* mostrava sua revolta contra a decisão e retirava o título concedido a Roberto no começo da série:

> Roberto tomou essa atitude lamentável apesar de a série que o NP está publicando tratar seu problema com muito respeito e, muitas vezes, em tom até elogioso. Roberto não desmente as reportagens. Ele simplesmente não admite que seu público fique sabendo de detalhes da vida daquele que já foi o maior artista do Brasil. O *Notícias Populares* lamenta mais essa tentativa antidemocrática de se ressuscitar a censura. O jornal usará todos os instrumentos legais de que dispõe para reverter essa decisão. Não aceitamos que uma reportagem tão sóbria e nobre provoque tamanha ira ditatorial.

No dia 12, MacDowell entrava com um recurso para liberar as reportagens. A disputa foi divulgada por todo o mundo em matérias de agências noticiosas como a France Presse e a EFE.

Já acostumado com esse tipo de briga, o NP voltou a usar as próprias páginas como defesa. O periódico abriu espaço para que deficientes mais assumidos como Wagner Montes e João do Pulo criticassem a atitude de Roberto e recorreu ao tradicional "fala povo" para discutir o assunto. Foi montado um painel que mostrava opiniões contra e a favor do fim da série. Além disso, a redação lembrou o bom relacionamento com o Rei antes mesmo que ele fosse coroado, na década de 1960. O jornal defendia a tese de que teria ajudado o cantor a firmar-se como um astro cedendo-lhe um enorme espaço na época.

A lentidão da Justiça faria o caso terminar esquecido pelos leitores antes mesmo de ser julgado. O processo só seria encerrado em agosto de 1993, quando o juiz João Baptista de Mello e Souza Neto sentenciou que o limite legal nas reportagens da série fora respeitado: "Elas nada desonram Roberto, pelo contrário; deixam transparecer a garra e a tenacidade com as quais ele venceu a grande dificuldade pessoal e alcançou o estrelato", justificou. Saulo Ramos pediu esclarecimentos sobre a sentença, alegando que ela estava repleta de "omissões, contradições e obscuridades". Dessa vez, o pedido foi negado. Um acordo com os advogados do Rei acabou definitivamente com a pendenga: o *Notícias Populares* concordou em jamais publicar os quatro últimos capítulos da saga, e os causídicos prometeram deixar de apelar em outras instâncias. De qualquer forma, como diria o ex-técnico Cláudio Coutinho, o jornal saiu como o "campeão moral" do embate: NP 2, RC 1. De virada.

Os meses seguintes foram relativamente monótonos na redação. Em fevereiro, mais um enxerido tentava, sem muito sucesso, esconder a capa do NP. Domingos Dissei era administrador da regional Ipiranga da prefeitura e ordenou que os fiscais impedissem as 122 bancas do bairro de expor o jornal. A medida administrativa foi considerada tão insignificante na redação que a tradicional edição da Quarta-Feira de Cinzas, no rescaldo de mais uma picante cobertura do carnaval nos bailes, tinha como manchete SEXO A DAR COM PAU.

(Dissei voltaria a aparecer na imprensa seis anos depois, quando deixava a prefeitura sob a acusação de peculato.)

De resto, 1993 traria poucas novidades. O jornal havia trocado mais uma vez de fofoqueiro – Leão Lobo assumia o cargo ainda em fevereiro, com a coluna "Dignidade já!" – e ainda continuava imune ao sucesso do *Diário*. Para quebrar o marasmo, Álvaro Pereira Júnior promoveu em setembro uma série especial sobre os crimes do século, contando as histórias de psicopatas como Chico Picadinho e Charles Manson. Dois episódios se destacaram: no primeiro, o jornal ressuscitava o crime da rua Cuba e publicava uma entrevista de página inteira com Jorge Bouchabki, suspeito número um no caso. No outro, Voltaire de Souza contava a história de um crime famoso, impondo seus recursos de estilo à narrativa e criando diálogos imaginários entre os envolvidos.

O ano de 1994 começou um pouco mais tenso: logo em janeiro, a CPI dos anões do orçamento motivou um editorial contra a corrupção. O *Notícias Populares* começou a pregar a prática do voto consciente, apontando a escolha dos melhores candidatos como única forma de exterminar a desilusão do brasileiro com a política. Em 23 de março, com o país ainda de mau humor, o NP desabafava mais uma vez: **CHEGA!**

A manchete, indignada, era explicada na própria capa:

Estão assassinando o Brasil. Em oito anos foram oito planos econômicos e nada adiantou. A vida do trabalhador está cada vez mais miserável, mais sofrida. Não dá pra ver nossas crianças sem escola, sem comida, jogadas nas ruas ou mortas por bárbaros como o pequeno William Soares, 3 anos, violentado e mutilado em Ermelino Matarazzo. Não dá pra ver os preços explodindo todo dia e não dá pra aguentar um bando de marajás cínicos que aumentam seus salários enquanto o Brasil apodrece. É hora de votar direito. É hora de limpar Brasília. Chega!

Na tentativa de relaxar o leitor, o NP tentou repetir o sucesso da engraçada cobertura do GP Brasil de Fórmula 1 de 1992, estrelada por João Gordo, vocalista dos Ratos de Porão. Naquele ano, o ícone *punk* brasileiro pintou e bordou nos bastidores da corrida, conseguindo declarações engraçadas dos pilotos e fotos diferentes do circo da fórmula 1. O repórter convidado em 1994 era outro peixe fora d'água: ninguém menos que Zé do Caixão. Depois de seu primeiro dia em Interlagos, Zé caprichava no relato, publicado pelo jornal em 25 de março:

O piloto em cada prova vive a emoção do último minuto de vida. Sua fama é merecida, não importa se é o primeiro ou o último. Todos têm um coração pulsando e uma pessoa esperando por eles. O manto da morte é igual para todos.

Durante os treinos, ele se encontrou com Michael Schumacher e "exorcizou" a Benetton do alemão. Também bateu um papo com Rubens Barrichello, que, nas palavras de Mojica, parece ter se assustado um pouco com o personagem. Zé do Caixão fez o que pôde para cumprimentar Ayrton Senna, mas não concretizou o encontro que seria a festa dos fotógrafos. De acordo com ele, o então prefeito Paulo Maluf ficou pessoalmente impedindo qualquer aproximação do Senhor das Trevas com o tricampeão; na única brecha que teve, o cineasta preferiu recuar. Sem ver o fotógrafo do *Notícias*

Populares por perto, conteve-se para não dar de bandeja a foto do dia para toda da imprensa – exceto, justamente, para o veículo pelo qual estava trabalhando. O pior, porém, ainda estaria por vir. No dia seguinte, o NP contava o surgimento de um imprevisto em Interlagos:

> Mais uma vez a ignorância, a estupidez e a truculência vitimaram o jornalismo popular. Nosso convidado especial teve sua credencial cassada por um burocrata da Associação dos Construtores da Fórmula 1. Justificativa: Zé do Caixão não é uma "pessoa normal".
>
> Os mesmos incompetentes que perseguiram o Zé permitem que o autódromo se torne em um paraíso de bicões, desocupados e embusteiros de toda sorte. Contra essa gente que só perturba, ninguém faz nada. Contra o Zé, que estava trabalhando, montou-se um paredão de preconceito.

Apesar de a queixa fazer sentido, não era difícil entender a decisão dos dirigentes. Trabalhando ou não, Zé atraía curiosos por onde passava, dificultando a segurança nos boxes. De qualquer forma, Mojica levou seu personagem para os portões de Interlagos. De lá, continuou a cobertura, aproveitando-se dos contatos e entrevistas que fizera durante seu único dia do lado de dentro do autódromo. Ao mesmo tempo, o jornal aproveitava para cutucar a cartolagem, usando como argumento o encontro pacífico entre Schumacher e Zé do Caixão. "Schumacher, que costuma ser muito fresco e não deixar ninguém entrar em sua garagem, adorou o nosso convidado especial e ficou batendo um papo com ele." Na edição do domingo da prova, em 27 de março de 1994, Zé do Caixão afirmava categoricamente que Senna não teria problemas para vencer a corrida. "Estou afastado da F-1 por causa do preconceito, mas minha força energética está junto com os pilotos de nossa terra. Ayrton Senna será o primeiro", garantiu. Senna nem terminou o GP. A bandeira quadriculada foi agitada para Michael Schumacher, e, para disfarçar o erro na previsão, o *Notícias Populares* rasgava em sua manchete de 28 de março: ALEMÃO FATURA A F-1 COM AJUDA DE ZÉ DO CAIXÃO. "O gladiador alemão venceu o espetáculo na arena de Calígula. Torço pelo Brasil na fórmula 1, mas falei com o alemão e lhe passei energia." Nostradamus deve ter ficado com inveja.

A grande gafe de Zé do Caixão, entretanto, passou despercebida aos olhos da maioria dos leitores. Em 25 de março, primeiro dia de sua série de reportagens na F-1 para o NP, o Senhor das Trevas aparecia "abençoando" os carros da Simtek-Cosworth, equipe mais fraca da categoria. Em uma das fotos publicadas, ele benzia o *cockpit* do austríaco Roland Ratzenberger. A legenda: "A Simtek vai ter muito mais sorte com a proteção do Zé". O texto completava a mandinga:

> O Zé do Caixão deu a maior força pra Simtek, a pior equipe da Fórmula 1. O nosso enviado especial exorcizou a carroça da equipe e encheu de poder os pilotos Roland Ratzenberger e David Brabham com a força das trevas.

O além voando baixo: Zé do Caixão benze a Simtek de Ratzenberger

O pessoal da Simtek adorou o Zé. Os carros da equipe são pretos e roxos, a cor preferida do Zé, e ele acha que a Simtek pode surpreender.

"Eu tirei todas as forças negativas do carro e com essas cores eles têm boas chances."

Naquele fim de semana em São Paulo, Ratzenberger, com um tempo medíocre, não obteve a classificação para o *grid* de largada do GP Brasil de Fórmula 1. Menos de dois meses depois, no circuito Enzo e Dino Ferrari, em Ímola, o austríaco sofreria um espetacular acidente e acabaria morrendo a bordo do mesmo bólido exorcizado por Zé do Caixão na capital paulista. Marcado pela "força das trevas", Ratzenberger, em 30 de abril de 1994, se tornou a primeira vítima fatal da fórmula 1 após vários anos – o último piloto que morrera em um GP havia sido o italiano Ricardo Paletti, no Canadá, em 1982. Era apenas o início do trágico fim de semana do Grande Prêmio de San Marino, que culminaria com a morte do brasileiro Ayrton Senna, em 1.º de maio.

O imbróglio da credencial de Zé do Caixão na fórmula 1 foi esquecido dias depois, quando um caso impressionante chegou aos ouvidos dos jornalistas do *Notícias Populares*. Em 29 de março de 1994, o repórter Valmir Salaro, da Rede Globo, abria os microfones da emissora para uma grave denúncia de violência contra menores. O primeiro clichê do NP do dia seguinte já estava sendo impresso quando o jornal decidiu incluir a história na segunda edição – exemplares que seriam distribuídos por último, apenas na capital paulista. O material vinha da *Folha da Tarde*, que havia escolhido o assunto para a manchete. No NP, a matéria ficou assim:

As mães da menina C.C. e do garoto S.J.T.C., ambos de 4 anos, denunciaram anteontem ao 6.º DP (Cambuci) o abuso sexual contra seus filhos, que chegavam da escola cansados. As crianças contam que os "tios" pegavam eles na Escola de Educação Infantil Base, na Rua Oliveira Peixoto (Aclimação) e levavam para uma casa onde havia jogos eletrônicos e camas redondas. Nesses lugares, os baixinhos eram obrigados a ver cenas de sexo e transar com adultos, além de serem filmados

31/3/1994: Mergulho em um dos grandes equívocos de cobertura da imprensa, o caso Escola Base

e fotografados. O IML confirmou ontem que pelo menos uma das duas crianças foi realmente estuprada. A polícia suspeita que os donos da escola estejam ligados a uma máfia de filmes pornográficos. Por enquanto, todos os funcionários são suspeitos principalmente a diretora, Aparecida Shimada, apontada pelas crianças como uma das principais participantes das sessões se sexo. A escola não abriu ontem. Para a polícia, a diretora negou tudo, mas os tiras acham que os meninos não mentiriam usando tantos detalhes.

A chamada na capa era **ESCOLA USOU CRIANÇAS DO MATERNAL NO FILME PORNÔ; PROFESSOR ENSINAVA A TRANSAR.** Liderados pela FT, os jornais de São Paulo começaram a ofensiva no dia seguinte. Acompanhados pela cobertura incansável da televisão, davam início a um confuso jogo de acusações que culminaria em uma infindável sessão de autocrítica – e também em uma espécie de trauma coletivo para a imprensa. Todos participaram do bombardeio, com exceção do *Jornal da Tarde*, que tratou o assunto com precaução, e do *Diário Popular* – justo o maior concorrente do NP, que não publicou absolutamente nada sobre o caso. Em 31 de março, o NP alardeava em plena manchete: **KOMBI ERA MOTEL NA ESCOLINHA DO SEXO.**

Embarcando no mesmo tom de condenação que os outros, o jornal caprichava nos adjetivos para explicar a descoberta do dia:

> Pelo menos quatro crianças foram vítimas de abuso sexual na escolinha do sexo na Aclimação. O monstruoso perueiro que buscava os baixinhos em casa começava a orgia logo cedo. Tirava o bimbo pra fora e ficava mostrando. Mães horrorizadas já cancelaram as matrículas dos filhos na clandestina maternal do sexo. As vítimas têm marcas de assaduras nos bumbuns.

No dia seguinte, o NP aproveita uma data importante no calendário de seu leitor para lançar seu novo *slogan*. Um quadro no pé da primeira página anuncia pela primeira vez: "*Notícias Populares*: nada mais que a verdade". Abaixo da mensagem, um pequeno complemento: "...inclusive hoje, 1.º de abril." A hora não poderia ser pior para isso. No mesmo dia, o jornal atualiza o caso Escola Base com uma reportagem lamentavelmente inoportuna, que relatava:

> As crianças violentadas pelos monstros da escolinha do sexo, na Aclimação, estão esperando o resultado dos testes de sangue para saber se pegaram Aids nas orgias.

Durante exatamente uma semana, os acusados no caso seriam alvo de um verdadeiro massacre por parte dos jornais e da televisão. A cúpula do NP admitiu posteriormente sua participação no ataque aos envolvidos – que, aliás, foi tema de pouquíssimas manchetes no jornal.

O *Diário Popular* continuava sendo o único a desprezar o caso, e a única menção à Escola Base veio em sua seção de cartas. O jornal publicava a missiva de uma irritada leitora, que perguntava: "Por acaso algum jornalista, diretor, redator tem o rabo preso com a Escolinha Base, envolvida no escândalo sexual com crianças?" O *Dipo* deu sua justificativa: "A única coisa certa é que faltavam evidências que permitissem divulgar o caso com isenção e compromisso com a verdade que caracterizam este jornal".

Além de obedecer ao clima de histeria que cercava o caso, o *Notícias Populares* teve de engolir um erro vexatório. Enquanto o casal de proprietários da escola esperava uma intimação para depor, seu advogado, César Eduardo Alves, aconselhou seus clientes a se esconder. Uma repórter do NP perguntou onde eles estavam. Alves disse apenas uma palavra: "Lins". Em 6 de abril, julgando-se a dona do furo do dia, a repórter contava aos leitores que os acusados estavam em Lins, uma cidade do interior paulista. Inexperiente, ela não sabia que Lins significa "local incerto e não sabido" em jargão jurídico.

Em 8 de abril, com a escola depredada pelos pais e sua condenação sumária já decidida pela imprensa, Luís Nassif abandonava a economia em sua coluna na *Folha de S.Paulo* e usava o espaço privilegiado no jornal mais vendido do país para fazer o primeiro alerta:

> Não há nenhuma prova conclusiva para as acusações. Não há laudos que comprovem definitivamente a prática de abusos sexuais. Há o quadro já conhecido de policiais que se deslumbram com episódios que podem lhe render popularidade e de cobertura jornalística que se vale exclusivamente da versão oficial.

Era o início da fase das ressalvas. Como os concorrentes, o NP passou a conceder mais espaço para a defesa dos acusados, notando que algo poderia estar errado na história. Mas o mea-culpa da imprensa surge apenas dois meses depois. A repórter Marinês Campos revela no JT de 20 de junho as humilhações a que haviam sido expostos os envolvidos no triste caso, dando início à fase do arrependimento e das desculpas. Em 4 de julho, o promotor Sérgio Peixoto Camargo arquiva o processo por falta de provas. O jornal conta na manchete do dia seguinte: POLÍCIA INOCENTA TODOS NA ESCOLINHA DO SEXO.

Na conta final, o *Notícias Populares* foi um dos veículos mais condenados pelos erros do episódio. Graves falhas foram cometidas em sua cobertura, provocadas fundamentalmente pela inexperiência da equipe e pela negligência da chefia – quatro anos depois de colocar a maioria dos veteranos para escanteio, o jornal finalmente começava a sentir o efeito dessa complicada decisão. Entretanto, vale dizer que a publicação também foi acusada por falhas que não cometeu sozinha. Sob a linguagem rude e os títulos grosseiros que escolheu para contar o caso estavam as mesmas notícias que os concorrentes publicavam. Além disso, os 100 mil exemplares que circulavam pelas bancas durante o episódio provocavam um efeito mínimo se comparado às tiragens brutais da *Folha* e do *Estado* ou aos generosos minutos que a *Globo* reservava ao caso em pleno *Jornal Nacional*. Pode parecer exagero falar novamente em preconceito, mas é impossível negar que o NP continuava sendo um alvo fácil para seus oponentes.

No rescaldo daquele verdadeiro desastre, o jornal voltou a repensar seu conteúdo. A influência do caso nessa decisão pode ter sido mínima, mas certamente motivou a empresa a estudar novas mudanças. Otavio Frias Filho já havia convocado uma reunião com o comando do jornal algum tempo antes, sugerindo a Álvaro Pereira Júnior, André Barcinski e Paulão Martin a suavização das manchetes e dos temas do jornal. A recomendação havia sido respeitada – com exceção da capa de 31 de março, a primeira página insistia em falar da economia brasileira durante o episódio Escola Base. Apesar disso, notava-se que a venda da publicação nem sempre se comportava bem com as manchetes atenuadas.

A empresa sabia que esse tipo de problema nas vendas ainda não havia sido bem equacionado, mas não parecia disposta a gastar muito tempo para solucionar a questão e encontrar um novo caminho de sucesso para o periódico. Os repetidos sinais de que os proprietários não tinham interesse em ceder mais recursos ao NP e auxiliar na alteração desse quadro provocaram o afastamento de Álvaro em setembro de 1995. Como Laura Capriglione, ele julgava que a única forma de fazer o jornal crescer sem vínculos com sua herança de sexo e sangue era investindo pesado em infraestrutura e força de trabalho – ou seja, bons repórteres e algum dinheiro para gastar. Entre os Frias, essa possibilidade já parecia afastada.

Ainda em setembro, o *Notícias Populares* recepcionou mais uma representante da escola *Folha* em sua chefia. Eliane Silva havia sido apadrinhada pelo então secretário executivo do jornal, Matinas Suzuki Jr., e deixou a direção da sucursal de Ribeirão Preto para assumir o NP. Apesar de entrar na redação sem conhecer os procedimentos do veículo, Eliane revelou-se uma boa escolha para o cargo. Em pouco tempo, ela cultivou uma sensibilidade que nem todos tinham, sabendo dosar bem os diferentes ingredientes que resultavam no NP.

21 VIM, VI, VENCI E VOLTEI

Frias Filho já havia anunciado as metas da gestão de Eliane Silva, a nova editora, logo de cara: o jornal deveria buscar uma forma de tornar-se mais leve, priorizando a prestação de serviços. Como as seções de direitos trabalhistas, saúde e principalmente sexo eram elogiadas incondicionalmente, a empresa enxergou aí uma alternativa barata para tentar manter a circulação estável. A coluna da sexóloga Rosely Sayão, aliás, havia se transformado em uma das grandes puxadoras de venda do NP, tornando sua autora quase uma celebridade entre os leitores. A *Folha de S.Paulo* percebera o fenômeno e também contratara seus serviços em 1993.

No começo, o novo comando evitou uma alteração brusca na linha editorial da publicação. Eliane temia assustar os antigos leitores com essa mudança súbita. O objetivo era abrandar progressivamente a cobertura de sexo e crime, mas sem excluir de supetão essas matérias do jornal. Com os novos critérios, elas deveriam disputar a manchete com economia e esporte, e seriam tratadas com um verniz mais suave.

Seguindo a já acertada precaução de disfarçar as mudanças, as novas regras ficariam adiadas para depois do carnaval de 1996. Naquele ano, por sinal, a cobertura foi uma das menos comportadas da história do reinado de Momo. Durante a folia, o *Notícias Populares* manchetou pérolas como **BRÁULIO PÕE FANTASIA DE DIABO E CAI NO CARNAVAL** ou ainda **PORRE DE SEXO**. Para fazer uma propaganda convincente de mais um caderno de fotos de Quarta-Feira de Cinzas, a primeira página anunciou em 21 de fevereiro: **SEXO BIZARRO**!

Como se vê, Eliane não poderia ter-se adaptado melhor à equipe. E poucos dias depois ela comandou a elaboração de uma edição que fez história. Por volta das 6 horas da manhã do dia 3 de março, a editora foi despertada por um telefonema do repórter que cumpria o plantão da madrugada. Os Mamonas Assassinas, maior fenômeno da indústria fonográfica brasileira na época, eram dizimados em um acidente aéreo em São Paulo. Às 8 horas, Eliane já estava no jornal dirigindo as equipes e acertando o aumento na tiragem.

O *Notícias Populares* foi o primeiro jornal a chegar à Serra da Cantareira, onde caiu o avião que transportava a banda. O repórter trouxe um relato impressionante da tragédia e as fotos dos corpos destroçados chocaram a redação. Mesmo não usando as imagens mais violentas, a edição do dia seguinte era rica em detalhes sobre a banda e se esgotou rapidamente. O exemplar do NP daquele dia tornou-se uma espécie de item de colecionador, e até o número do arquivo interno da redação sumiu. No dia seguinte, o departamento de circulação confirmava que a tiragem recorde de 250 mil exemplares havia esgotado. A edição de 4 de março desbancava o número sobre a morte de Ayrton Senna e tornava-se a mais vendida da história do jornal. Apesar da qualidade musical no mínimo questionável, os Mamonas eram um fenômeno e continuaram rendendo excelentes tiragens. Permaneceram na manchete até o dia 13, quando o astro hollywoodiano Tom Cruise resgatou uma brasileira em perigo nos Estados Unidos e ganhou a primeira página.

Durante o ano de 1996, o NP ainda teria outra marcante experiência envolvendo um desastre aéreo. A queda de um Fokker 100 da TAM em plena capital paulista novamente mobilizou o jornal inteiro e rendeu bons números. Mais uma vez, porém, as fotos mais chocantes não saíram da redação.

Com as vendas mantendo um bom patamar e a diversificação da cobertura já implantada, Eliane aproveitou o 33.º aniversário do *Notícias Populares* para lançar mais uma reforma gráfica. As mudanças, que já vinham sendo esboçadas por Álvaro Pereira Júnior, não eram tão radicais como em 1990: além de redesenhar as colunas, a edição de arte do jornal passou a usar novos tipos e ceder mais espaço para as fotos. Para festejar essa renovação, os jornalistas deram lugar a celebridades do universo NP, como artistas e esportistas – eles seriam os repórteres naquele dia. Quase toda a edição de 15 de outubro de 1996 foi escrita pelos famosos, que pegaram suas pautas na Barão de Limeira e acabaram trazendo até alguns furos. Mesmo estando acompanhados de repórteres e fotógrafos do jornal, os artistas empenharam-se de verdade para cumprir as pautas.

O resultado foi curioso: Ronald Golias, por exemplo, acompanhou o trabalho dos coletores de lixo da prefeitura e protestou contra o preconceito que eles enfrentam. Rita Cadillac foi conferir a situação precária dos operários paulistanos e Chitãozinho anunciou em primeira mão o noivado de Edinho, filho de Pelé.

Entretanto, mais uma vez, o destaque foi para Zé do Caixão, que desembarcou na Cracolândia, no centro de São Paulo, para conversar com os viciados na "pedra criada por Satanás". A cena foi surreal. O cineasta sentou na calçada com um isqueiro musical, cuja melodia metálica acabou atraindo rapidamente os adolescentes. A intenção era levá-los para um restaurante das redondezas – o dono se comprometera a fornecer refeições para os garotos. Entretanto, os viciados não aceitaram a proposta e acuaram o Senhor das Trevas: queriam dinheiro para comprar *crack*. Sem outras opções, o flautista de Hamelin da Boca do Lixo teve de jogar moedas para o alto para se livrar dos viciados. "Fui obrigado a interromper minha missão, pois já estava rodeado pela massa fétida: parecia até o videoclipe *Thriller*, com Michael Jackson rodeado de mortos-vivos" – relatou José Mojica Marins, que afirma ter ficado traumatizado com a experiência.

Na hora de escolher a manchete, o sertanejo João Paulo venceu o parceiro Daniel, que havia acompanhado uma manifestação sindical, e emplacou na primeira página a história de amor entre uma das vítimas da explosão do Shopping Osasco Plaza e o PM que a salvou – **HERÓI DE OSASCO GAMOU NA VÍTIMA.**

Além de escrever a matéria, João Paulo compôs de improviso uma música para o casal. O título escolhido foi criativo: *Anjo policial*.

> Como do pólen nasce a flor
> ouça bem o que eu lhe digo
> nem sempre o bem vem do bem
> da dor nasceu o sorriso

A edição comemorativa foi anunciada como "a mais popular da história do NP". Mas a festa não acabava aí: durante toda a semana de aniversário, uma série de cinco reportagens extraordinárias fez a alegria dos leitores. Era o especial Cine Porrada, que trazia como tema a vida e a obra de cinco grandes nomes da Sétima Arte: Arnold Schwarzenegger, Sylvester Stallone, Chuck Norris, Jean-Claude Van Damme e Steven Seagal. Cada uma das edições trazia, além de um pôster gigante, ficha técnica e curiosidades sobre os atores. Um infográfico também ensinava os leitores a imitar, passo a passo, os golpes que imortalizaram os ídolos na telona. Nomes como Edinanci Silva, então tricampeã brasileira de judô, comentavam o repertório dos astros. "Steven Seagal luta não só o aikidô, mas judô, caratê e outras artes marciais. Ele é 10 mil vezes melhor que o Van Damme. Além disso, não é um galã de se jogar fora."

A informação mais preciosa da série, entretanto, era o *ranking* do Cine Porrada. Em um extenso trabalho de pesquisa, o NP conta-

4/3/1996: Edição sobre a morte dos Mamonas Assassinas bate recorde de vendagem, com 250 mil exemplares

15/10/1996: Edição histórica para celebrar os 33 anos do *Notícias Populares*

va, filme por filme, quantas pessoas os ídolos tinham despachado desta para melhor em suas películas. No cômputo geral, o campeão foi Schwarzenegger, que matara, até outubro de 1996, 494 pessoas; o mais fraquinho era Steven Seagal, que empacotara apenas 160 vilões até aquela data. Os mais atentos podem estranhar na lista a falta de Charles Bronson, astro da inesquecível série *Desejo de matar*. Porém, o próprio *Notícias Populares*, com muita justiça, corrigiria o erro anos mais tarde. O jornal homenageou o bigodudo americano batizando como "Troféu Charles Bronson" o torneio paralelo que indicava o jogador mais violento dos campeonatos de futebol.

As edições da semana de aniversário de 1996 serviram como a melhor lembrança da gestão de Eliane Silva. Menos de cinco meses depois, ela deixava o comando do jornal. O trauma de ser assaltada cinco vezes em menos de um ano nos semáforos da capital fez a editora abandonar o cargo em março de 1997. Mãe de dois filhos pequenos, Eliane decidiu trocar a violência de São Paulo pela relativa calmaria da rica Ribeirão Preto. Depois de pouco mais de um ano como editora-chefe, Eliane foi a quarta cria da *Folha* a abdicar do cargo mais importante do *Notícias Populares*.

Outra perda importante aconteceu em 22 de agosto de 1997, data em que o *Notícias Populares* despediu-se de um de seus mais antigos e notáveis personagens. Moacyr Jorge tinha 71 anos e era jornalista havia meio século. Trabalhara nos *Diários Associados* de Assis Chateaubriand e no *Última Hora* de Samuel Wainer. No total, 27 anos de sua carreira foram dedicados ao NP, veículo no qual ingressou no mês de janeiro de 1970. Transformou as reportagens e colunas sobre espiritismo em uma das principais marcas do jornal. Em 1990, Moacyr sofreu um derrame, que deixou como sequelas dificuldades na fala e na escrita. Apesar disso, era um exemplo de dedicação ao NP – continuava escrevendo diariamente. Recebia cerca de cem cartas de leitores por semana. Em seus últimos dias, Moacyr Jorge era o funcionário mais antigo do jornal.

Com a morte de Moacyr e a súbita despedida de Eliane Silva, o *Notícias Populares* estava em uma encruzilhada. Restava apenas à redação, mais uma vez, enfrentá-la com a cara e a coragem.

2 MARTELINHO DE OURO PARA SALVAR O OPALÃO

Excetuando o fantasma comunista, a única preocupação de Jean Mellé no caminho entre sua casa, na rua dos Gusmões, e o trabalho, na rua do Gasômetro, eram as possíveis *vendettas* de personagens da alta sociedade por matérias publicadas em seu jornal. Por esse motivo, o romeno, assim como quase toda a redação na década de 1960, insistia em andar armado – ainda que a pistola mofasse no coldre por falta de uso. Mellé não tinha motivo para temer assaltos. Na época, o responsável pela publicação mais sangrenta da cidade sabia das histórias de crime e morte apenas pelas páginas de seu *Notícias Populares*, que oferecia aos leitores uma cobertura policial completa desde as primeiras edições. Se o romeno estivesse vivo três décadas depois, teria de conviver com outra ameaça, bem mais real que a sombra de Stálin: a violência urbana. A rotina de assaltos que afugentou

Eliane Silva da cidade era uma pálida amostra da explosão de criminalidade detonada na Grande São Paulo durante o fim dos anos 1990. Era inevitável: esse assustador fenômeno logo contaminou as páginas do jornal popular mais famoso da região metropolitana.

O NP de Mellé ganhou a fama de jornal policialesco logo no início de sua história, com manchetes que contabilizavam o número supostamente preocupante de crimes na década de 1960 – os fins de semana mais movimentados nas delegacias mereciam manchetes assim: **20 CARROS FURTADOS EM MENOS DE 48 HORAS** e **6 HOMICÍDIOS EM 48 HORAS**. Em 1997, o número de veículos roubados a cada dois dias ficava em torno de 500, e os fins de semana mais violentos tinham mais de 50 homicídios. Naquele ano, a taxa de assassinatos em São Paulo chegava a 45,5 por 100 mil habitantes. Em plena guerra civil, a Argélia tinha índice de 40.

Além do enorme aumento nas estatísticas policiais, havia mais uma mudança: a Boca do Lixo e todo o Centro já registravam menos crimes, enquanto a periferia fervia com um grau de violência cada vez maior. A expansão desordenada havia isolado a população mais pobre nos cantos distantes da cidade. Sem nenhuma estrutura urbana, alguns bairros foram transformados em verdadeiros campos de batalha. Guaianases, Vila Brasilândia e Jardim Ângela, por exemplo, tinham anualmente mais de 80 homicídios por 100 mil habitantes – índice bem maior que os conflitos na Colômbia e na Europa oriental, que recebiam cobertura destacada na grande imprensa.

A matança na periferia passava quase despercebida da televisão e dos jornais. Na TV rendia muito pouco: as emissoras tinham dificuldade para cobrir a violência longe do Centro, e o ibope era bem menor que a rotina de fofocas e novelas dos canais mais populares. Além disso, esses eram crimes nada glamourosos – o cenário tinha quase sempre um bar numa viela escura, uma mesa de bilhar com copos de cachaça e um Opala preto com *rap* saltando das caixas de som, algo pouco palatável para a Globo e o SBT.

Folha e *Estadão*, os jornais mais lidos, tinham pouca vocação policial e uma abordagem editorial mais elitista. Era improvável ver em destaque assassinatos em Parada de Taipas ou na Vila Nhocuné. Portanto, não era difícil saber qual o veículo de comunicação perfeito para denunciar o massacre na metrópole. O *Notícias Populares* era um jornal de cidade, destinado aos leitores mais pobres, com editoria de polícia forte e hábito de brigar pelos direitos do povo. Se isso tudo não bastasse, havia ainda outra tradição para resgatar: a defesa de parcelas esquecidas da população. Depois dos aposentados, espíritas, sindicalistas e até travestis, era a vez da periferia de ter o NP como porta-voz.

O jornal já vinha noticiando os crimes nos bairros mais distantes e violentos de São Paulo havia anos, mas a crescente valorização desse tipo de cobertura parece coincidir com a chegada do sucessor de Eliane Silva, Fernando Costa Netto, em março de 1997. Era curioso, sabendo de seu currículo: Costa Netto militava no ramo de revistas jovens, tendo participado da criação de títulos como *Trip, Venice* e *Boom*, que embarcavam na onda do surfe. O novo editor-chefe do *Notícias Populares* não tinha experiência em jornalismo diário.

Fernando Costa Netto, alma de repórter na cadeira da chefia

Mais: o nome pinçado por Otavio Frias Filho para pilotar seu popular seria um estranho no ninho sentado à mesa de editor – o próprio Costa Netto se considerava em essência um repórter e estava inseguro com a troca de papel.

O início de sua gestão foi a confirmação dessa sensação de estranheza. A redação daquela época – aliás, como em todas as fases do *Notícias Populares* – era apaixonada pelo jornal e via com desconfiança a entrada de forasteiros no pequeno salão em que funcionava. Costa Netto percebeu isso e se manteve como mero observador da rotina de trabalho durante um mês. Depois disso, já em sintonia com os secretários de redação (Paulo César Martin e José Vicente Bernardo, o Zé Vicente) e com a equipe de reportagem, passou a pôr em prática as ideias que vinha alimentando durante aquele tempo. Era o início do passeio do NP pelas quebradas da periferia de São Paulo.

Numa primeira leitura, a mudança de rumo editorial implantada por Costa Netto não era tão óbvia. Os crimes na periferia poucas vezes ganhavam manchete ou foto na capa. O espaço da editoria de polícia também continuava parecido: uma página ou pouco mais que isso, incluindo uma coluna de notinhas curtas chamada "B.O." A seção "Sua grana" e a editoria de geral, por exemplo, tinham duas páginas cada uma; variedades e esportes, três páginas. Não havia como afirmar que o *Notícias Populares* voltara a ser um jornal policial.

Apesar disso, havia uma diferença brutal no tratamento dado aos casos de violência na periferia. Quando abordava os crimes, o periódico sempre fazia notar que essas não eram ocorrências corriqueiras, e protestava contra a passividade do governo. Além disso, acompanhava de perto a progressão da violência e denunciava os crimes com insistência. Mantendo a linha contestadora, publicava estatísticas próprias do crime, pois era sabido que a polícia omitia ocorrências para desinchar os números registrados pelo governo. Assim, o número anual de chacinas, por exemplo, era bem maior – e muito mais preciso – no NP. Tratava-se de um trabalho cada vez menos oficialesco, diferente do tempo em que os jornalistas mantinham estreitas relações com os policiais.

Um exemplo claro dessa insistência do NP surgiu no caso do estudante Mateus Meira, que invadiu uma sala de cinema no Morumbi Shopping, na zona Sul, e matou três pessoas com uma metralhadora automática, em novembro de 1999. Todos os jornais e revistas da cidade deram enorme destaque ao caso, mas apenas o *Notícias Populares* classificou o crime de forma precisa: uma chacina. Aliás, "chacina dos bacanas". A palavra não estava em nenhum dos concorrentes – nem nas estatísticas da PM. Meira era estudante de Medicina e o público do shopping, dos mais ricos. Parecia que ninguém traçava paralelos entre o caso e uma das matanças quase rotineiras da periferia. O NP, entretanto, não errava na conta: era a 68.ª chacina do ano em São Paulo, estampada na manchete de 5 de novembro ("**EU AVISEI QUE TINHA UM LOUCO NO CINEMA**"). Ao mesmo tempo, na contracapa do primeiro caderno, o jornal vestia a camisa da periferia e desabafava: **NINGUÉM LIGA PARA CRIME NA PERIFERIA**. "4 jovens levaram bala nos cafundós da zona norte. E daí?"

A violência também foi tema de vários cadernos especiais e suplementos, mostrando que esse era mesmo um assunto prioritário. Num deles, o *Notícias Populares* relatava todas as chacinas recentes da Grande São Paulo, cobrando providências do governo. Em outro, o repórter Marcos Sergio Silva (considerado por Costa Netto um dos bons novos valores do jornal) fez um retrato do Jardim Ângela, revelando a rotina do bairro em meio à guerra do tráfico de drogas. Sob o título **JARDIM ÂNGELA: A PERIFERIA EXIGE RESPEITO**, contou que o bairro era

8/9/1999: O *Notícias Populares* não segura a revolta com a violência na periferia

5/11/1999: Mateus Meira promove a "chacina dos bacanas" no Morumbi Shopping

considerado um dos mais perigosos do planeta pela Organização das Nações Unidas (ONU) e que faltava apoio das autoridades:

> Quem está de fora pode imaginar o Jardim Ângela como o inferno na Terra. Mas não é bem assim. A população, sem esperar o auxílio oficial, cria modos de tornar melhor a vida no bairro. [...] Os habitantes do Jardim Ângela, de toda a periferia de São Paulo, dos subúrbios e morros do Rio, dos assentamentos nas cidades menores e das favelas em todo o país são a força que empurra o Brasil para a frente. E eles só precisam de uma coisa: respeito.

Em fevereiro de 2000, outro caderno especial sobre a periferia foi publicado, dessa vez por ocasião de mais um recorde no número de chacinas. Coordenado pelo editor Décio Galina, era um ataque frontal à incapacidade do governo no combate ao crime. Além da chamada PAZ – PELO FIM DA MATANÇA NA PERIFERIA DE SP, o *Notícias Populares* anunciava: MATADORES FAZEM PERIFERIA DE REFÉM. O suplemento inaugurava mais uma campanha de protesto do jornal contra a violência. Um cupom era a arma que o NP dava aos leitores para expressar seu descontentamento com a questão da segurança pública na cidade. A frase impressa no papel dizia: "Eu, cidadão paulistano, exijo [*sic*] o fim da violência na periferia de São Paulo". O erro de português não ofuscava o valor do projeto, que despejou no gabinete do então governador Mário Covas todos os cupons assinados pelos leitores recebidos na redação. A intenção, de acordo com o próprio NP, era mesmo provocar o brigão Covas ("Se as autoridades não forem incomodadas, elas não vão mexer uma palha").

Em um editorial publicado dentro do caderno, o jornal comenta a marca assustadora de 11 chacinas em apenas um mês e critica o resto da imprensa:

> Na ressaca dos 31 dias mais amargos da história da cidade, a população deve estar ciente de que a violência tem origem na falta de estrutura básica para a população e na péssima administração pública. Mas a mídia também tem uma parcela de culpa. Os jornais, por exemplo, que deviam priorizar a rotina da matança contínua acima de qualquer assunto, não optam pela vida humana, e escondem a morte em textos minúsculos de suas páginas internas. A maioria

prefere dar destaque ao sobe e desce da bolsa de valores dos Estados Unidos ou a eleição do presidente do Equador. Não que isso não seja importante. [...] Apesar de todas as críticas, o NP continua jogando luz sobre a realidade sangrenta da periferia, dando destaque às reportagens de violência até que o governo e a elite se importem com a vida do pobre. O NP segue em 2000 com a consciência tranquila, lutando por uma atenção maior para os bairros marginalizados de São Paulo. Mostrando a verdade que os outros preferem esconder.

A campanha teve boa repercussão e foi acompanhada de debates e palestras envolvendo líderes comunitários, acadêmicos, artistas e autoridades.

Há ainda outro sinal de que o objetivo do periódico agora era a população dos bairros mais distantes. Além dos assuntos policiais, o grupo era tema de reportagens de geral, informações sobre empregos e economia popular e até variedades. O *rap*, que rivalizava com o samba como ritmo preferido da periferia, era coberto em colunas e reportagens especiais. O gênero explodia em São Paulo: capitaneado pelo fenômeno Racionais MCs, deixava casas de show e bailes lotados. O *Notícias Populares* era disparado o jornal preferido dos fãs e músicos de *rap*. Diante de um repórter da TV Globo ou da *Folha*, os *rappers* discursavam para o mesmo público que criticavam em suas letras; no NP, falavam com seus aliados. Por conta disso, o jornal tinha tratamento preferencial no meio.

Fernando Costa Netto também fez questão de reformular um departamento esquecido havia tempo no *Notícias Populares*. Apaixonado por fotografia, notou que o periódico não tinha um editor específico para essa área – um editor de imagem cuidava da arte, diagramação e também das fotos – e produzia pouco material de destaque. Decidiu criar o cargo de editor de fotografia e exigir mais criatividade da equipe. Deu certo: as imagens que ilustravam a capa do jornal passaram a ser mais notadas e elogiadas. O fotógrafo Flávio Florido, promovido ao cargo de editor, se destacou ainda mais e foi premiado até pela agência Reuters.

Havia ainda outra grande vantagem. A qualidade cada vez maior das fotos afastava as críticas sobre a exposição desnecessária dos cadáveres na capa.

Daquele momento em diante, os velhos "presuntos" só ganhariam a primeira página quando tivessem algo mais: um ângulo inusitado, uma luz diferente, ou qualquer outro elemento que aproximasse a foto de uma expressão artística e não de uma mera chapa batida por um médico-legista.

O NP tornava-se novamente uma referência, agora para os fotógrafos – tanto que em maio de 1997, apenas dois meses depois de assumir o cargo, Costa Netto organizou uma exposição fotográfica com o acervo do jornal. As fotos para a mostra foram escolhidas por dez personalidades, como Rita Cadillac, José Mojica Marins, os fotógrafos Bob Wolfenson e João Bittar e o artista plástico Guto Lacaz. Dois anos depois, em setembro de 1999, o jornal promoveu uma nova exposição. Dessa vez, porém, o tema era um só: as cenas da violência na periferia.

Na gestão de Costa Netto, a direção da empresa Folha da Manhã tinha um desejo bastante claro em relação ao seu jornal popular. Sim, era permitido falar da violência em São Paulo e o cenário de guerra estabelecido em meio à juventude pobre. O NP, porém, não deveria centrar todas as suas atenções nesse problema. Vendendo cerca de 120 mil exemplares por dia nas bancas, a principal dificuldade do jornal era ter como público-alvo uma fatia muito restrita do mercado. O desafio era vencer a rejeição e tentar agradar um público maior. A porcentagem de leitores do sexo masculino ainda estava acima da casa dos 85% – na verdade, muitos deles escondiam o jornal da mulher quando chegavam do trabalho, de vergonha que tinham das fotos e manchetes chocantes.

Claro que era impensável dar ao jornal uma feição feminina. Mesmo assim, as iniciativas para abrandar o conteúdo de suas páginas foram ganhando frequência. Surgiram surpresas como a criação de um caderno de domingo e até de um suplemento infantil. O Domingão NP tinha entrevistas com artistas, colunistas famosos (com direito a um espaço para o impagável Dadá Maravilha), receitas e até dicas de turismo. Se na *Folha* os roteiros percorriam a Europa ou outros destinos prestigiados, o NP sugeria passeios pelo interior, em estâncias baratas e de fácil acesso. Domingo também era dia de "NPzinho", com brincadeiras e reportagens para crianças. Quando sugerida por Costa Netto, a ideia provocou risadas. Mas fazia sentido: se o leitor não precisava mais esconder o jornal quando chegasse a sua casa, a petizada também deveria ter vez no NP.

Outra estratégia que seguia os desejos da empresa era a valorização cada vez maior das reportagens de economia popular. O segredo do sucesso era a editora Vilma Cazarin, ex-empregada doméstica que havia sentido na pele o que significava viver com salário apertado. Era uma genuína especialista no assunto, que sabia exatamente o que interessava ao trabalhador no árido campo da economia. Então ficava assim: *Notícias Populares* tinha polícia e esporte para os homens, entretenimento e variedades para as mulheres, dicas de economia para o casal e cada vez menos violência e sexo desnecessários. Se dava certo ou não, era outra história. O fato é que a empresa pedia exatamente isso. Aparentemente, não bastava.

23 O PODER DO IRMÃO FRACOTE

Em 1998, as Organizações Globo decidiram promover o lançamento de um jornal popular no Rio de Janeiro. Como a *Folha*, a empresa de Roberto Marinho tinha um periódico de prestígio (*O Globo*) e queria estender sua atuação a outros segmentos. Mais: queria roubar parte do mercado de *O Dia*, líder de vendas em bancas no país, com mais de 300 mil exemplares escoados diariamente. O lançamento da publicação, batizada de *Extra*, foi um estrondoso sucesso. O jornal popular da Globo alcançou *O Dia* e virou o novo líder de vendas avulsas do país pouco tempo depois. Era um exemplo a ser seguido – ou, no caso do grupo Folha, copiado à risca.

Para a empresa paulistana, não era negócio criar um novo jornal. Como já havia dois populares na Barão de Limeira (FT e NP), montar uma nova redação seria um exagero. A alternativa foi reformular apenas um, seguindo a trilha do *Extra*, aproveitando para conter a escalada de vendas do *Diário Popular*, que vendia como água e já assustava a própria *Folha de S.Paulo*. Com vendas maiores, o *Notícias Populares* seria o candidato natural à injeção de recursos. Na avaliação da empresa, entretanto, era um risco: a marca do NP tinha enorme rejeição de parte dos leitores, o que poderia pôr todo o plano a perder. Já a *Folha da Tarde*, apesar de vender apenas 15 mil exemplares, não tinha uma imagem tão negativa. Estava tomada a decisão. Em 21 de março de 1999, a empresa acabou com a FT; no dia seguinte, o *Agora São Paulo* estava nas bancas.

Como na criação do *Extra*, o nome *Agora* foi escolhido em uma votação popular com prêmios. Também a exemplo do primo carioca, a nova publicação teria promoções e outros anabolizantes para fazer saltar as vendas. Até os prêmios foram copiados do *Globo* popular: panelas, aparelhos de jantar e uma *Bíblia*. Já era o bastante para chamar a atenção dos leitores do *Diário*, da antiga FT e também do NP. Mas não ficaria só nisso: o *Notícias Populares*, com apenas 12 páginas, custava R$ 0,70. O *Agora São Paulo*, com 48 páginas, cadernos coloridos e suplemento de classificados maior, custaria R$ 0,50 – e ainda oferecia prêmios e promoções. Para qualquer leitor com orçamento apertado, a escolha era óbvia.

Da ótica do negócio, a estratégia de marketing da *Folha* era absolutamente legítima e compreensível – e muito bem arquitetada. No entanto, é difícil negar que essa decisão prejudicaria diretamente um dos veículos da própria empresa, como um tiro no próprio pé. Era o início do fim do *Notícias Populares*.

O bom trato ao irmão recém-nascido provocou ciúme e preocupação na redação do NP. Com anunciantes de peso e boa verba para promoções, o *Agora* seria um rival quase imbatível, mesmo levando em conta a qualidade discutível do novo projeto (que muitos leitores e jornalistas consideravam frustrante, para ficar com os adjetivos mais ponderados). O *Agora* era claramente um produto; o NP, um jornal com identidade própria e um vínculo, ainda que polêmico, com o público e o mercado.

A saída encontrada pela equipe de Fernando Costa Netto foi criar uma espécie de marketing paralelo, sem depender da boa vontade da empresa para auxiliar a publicação. Assim, o editor ensaiou uma aproximação com Marco Aurélio Vitale, então um dos responsáveis pela publicidade da *Folha* e do NP.

Ao contrário da maioria dos outros executivos da empresa, o carioca Vitale via com extremos bons olhos a oportunidade de integrar o time do *Notícias Populares*, publicação que poderia trazer nova perspectiva à sua experiência pessoal. Como rotina era palavra morta no dicionário do periódico, o jovem diretor, cheio de planos, abraçou a ideia. Com essa equipe, a apertada verba de marketing do NP começou a dar frutos surpreendentes.

Principalmente nessa época, o *Notícias Populares* teve êxito em realizar grandes festas de aniversário, comemoradas com shows gratuitos com dezenas de atrações e convivência pacífica entre sertanejos, bregas, sambistas e manos do *rap*. Mais tarde, o jornal também lançou uma série de camisetas com capas famosas do jornal em parceria com a confecção do vereador Alberto Hiar, o Turco Loco. A renda obtida com a venda das camisetas era revertida para projetos sociais.

Com os poucos recursos que a empresa cedia, o NP havia criado uma loteria, oferecendo prêmios de até R$ 6 mil, e até se rendera aos brindes, como CDs religiosos, de hinos de clubes e de música popular, que geralmente esgotavam nas bancas. Os leitores aprovaram também o sorteio de prêmios, como uma Kombi para os aspirantes a perueiro, uma motocicleta para os candidatos a motoboy e até uma perua pronta para vender cachorro-quente – ou melhor, "dogão" – na rua. Em tempos de desemprego, eram prêmios perfeitos para os leitores do jornal. Para divulgá-los, a agência Loducca entrou no espírito do *Notícias Populares* e emplacou campanhas memoráveis para a publicação. "O NP arranja a perua e você entra com a salsicha", por exemplo, era o *slogan* de um dos anúncios da promoção do veículo de cachorro-quente.

No quesito publicidade espontânea, até gente famosa entrava na avenida com o bloco do *Notícias Populares*. Personalidades tão variadas quanto João Gordo e dom Paulo Evaristo Arns posavam com o jornal ou uma das camisetas do Turco Loco. Celebridades mais efêmeras, como Carla Perez e Tiazinha, eram fotografadas com um exemplar do jornal na mão – no lugar dos cachês generosos que costumavam receber, ganhavam apenas a chance de ter sua imagem estampada nas páginas da publicação. Dessa fauna amorfa, emergiram dois personagens que se tornaram os grandes defensores do estandarte do NP em seu crepúsculo: um morto-vivo ressuscitado e um rato briguento.

Anúncios com a cara do *Notícias Populares*

O **suor** do pracinha Josefel Zanatas ainda estava fresco em Monte Castelo, na Itália, quando a Segunda Guerra Mundial acabou. Desgastado pela batalha, recebeu com alívio a notícia de que poderia voltar ao Brasil ao lado dos bravos colegas da Força Expedicionária Brasileira. Depois de quase dois anos em terras europeias, o retorno à pátria marcaria o tão esperado casamento com a amada Sara, além da volta ao comando da rede de agências funerárias que herdara do pai. Zanatas mal podia esperar. Desembarcou na estação de trem de sua cidade natal em 18 de julho de 1945, uma noite que parecia promissora: o soldado ficara sabendo que a cidade estava reunida para comemorar o triunfo dos pracinhas. Seria proclamado herói, pensou.

Bastou entrar no salão, porém, para seu mundo cair. Incrédulo, Josefel Zanatas encontrou a amada sentada no colo do prefeito, sorrindo de orelha a orelha. Tomado pela fúria, fuzilou os pombinhos sem pestanejar. O veterano escaparia da condenação pelo crime, sob a alegação de trauma de guerra, mas sua vida já não tinha mais sentido. O rancor e a amargura tomaram conta do homem, que passaria o resto da eternidade a aterrorizar os moradores da cidade. Seu novo codinome: Zé do Caixão.

Essa foi a fantasia costurada pelo cineasta José Mojica Marins para explicar a origem de seu tenebroso personagem, já uma figurinha fácil das páginas do *Notícias Populares*. No plano terreno, entretanto, a criação de Zé do Caixão é bem mais prosaica – e estranhamente coincidente com o aparecimento do NP. Mojica jura que foi no dia 15 de outubro de 1963, estreia nas bancas do jornal de Mellé e Levy, que o personagem das trevas veio ao mundo.

Nessa data, o cineasta começaria a filmar *Geração maldita* em São Paulo quando um dos atores mandou avisar que não poderia comparecer à gravação. Sem dinheiro para contratar um substituto, Mojica mandou às favas a produção, que mostraria o bizarro encontro de *playboys* e favelados, e apostou em uma ideia com a qual sonhara dias antes. De barba comprida e vestindo um terno preto que mofava no guarda-roupa, saiu atrás das unhas postiças que comporiam o figurino imaginado de seu novo personagem. Deu sorte de encontrar uma capa de Exu que o zelador de seu prédio esquecera após uma sessão de macumba. Com o adereço incorporado ao uniforme, Zé do Caixão, na mesma tarde, começava a filmar *À meia-noite levarei tua alma*.

Desde então, produzindo em ritmo frenético, Mojica viria a ser constantemente marginalizado pelos donos do poder do cinema brasileiro. Não seria exagero dizer que o *Notícias Populares* era o único veículo com o qual ele podia contar, desde a época do Gasômetro, para divulgar suas inúmeras produções, fossem filmes, programas de televisão, peças ou revistas.

Somente em meados da década de 1990 seu trabalho seria finalmente reconhecido, dentro e fora do país. Por intermédio do ex-secretário de redação do NP André Barcinski, que estava vivendo nos Estados Unidos, o trabalho de Mojica chegou às mãos do produtor Mike Vraney, dono de uma distribuidora de filmes B na terra do Tio Sam. Ao ver as produções do Senhor das Trevas, o americano entrou em estado de êxtase. E não demorou para que lançasse as fitas de Zé do Caixão por lá: a partir de maio de 1993, longas-metragens como *À meia-noite levarei tua alma, O estranho mundo de Zé do Caixão* e *O despertar da besta* invadiam o mercado dos *States* e recebiam elogios de crítica e público. Em 1994, o reconhecimento aumentou com a visita de Mojica a Nova Jersey e à Califórnia. Era o que Zé do Caixão precisava para perpetuar o nome pelo qual era conhecido naquele país: *Coffin Joe*. (Foi também a concretização da previsão feita duas décadas antes pelo cineasta Glauber Rocha, que afirmou a Mojica ser esse o apelido com o qual ganharia o mundo.)

De carona no sucesso internacional, intelectuais brasileiros corriam às prateleiras das locadoras atrás dos clássicos de Mojica, em um reconhecimento tardio do trabalho do cineasta. Para ajudar, *Maldito*, biografia assinada por André Barcinski e Ivan Finotti – outro veterano do NP –, lançada em 1998, ajudava a catapultar o prestígio do ex-renegado artista, agora elevado à categoria *cult*. Lá fora, Zé do Caixão continuou fazendo bonito: o documentário *Maldito – O estranho mundo de José Mojica Marins*, de Barcinski e Finotti, seria premiado no Festival de Cinema Independente de Sundance de 2001, em Utah.

Apesar de passar a frequentar cadernos culturais de jornais que nunca haviam noticiado suas obras, o cineasta jamais se esqueceu de suas origens. No fim de 1998, o *Notícias Populares,* em parceria com a revista *Trip*, tornava-se o veículo oficial de um concurso que elegeria o sucessor do Zé do Caixão. Durante quase um ano, o NP – que Mojica tratava como sua "segunda casa" – publicou cupons para os interessados no título de "novo Senhor das Trevas".

Também havia disputa entre as mulheres, que brigavam para encarnar a Mulher Superior – aquela que garantiria a perpetuação da linhagem pura à qual pertencia o ex-pracinha.

De acordo com a regra, os candidatos eram avaliados em um teste em que deveriam repetir as oito expressões básicas do personagem, assim descritas pelo jornal: "raiva, sarcasmo, cinismo, ódio, maquiavélico, sério, nervoso e grito". O concurso foi um sucesso: milhares de candidatos se apresentaram, e o cetro foi passado ao primeiro colocado, Rubens Mello, em setembro de 1999. Na verdade, o próprio vencedor sabia que era impossível substituir Zé do Caixão. O rapaz contentou-se em poder ajudar nas empreitadas cinematográficas de Mojica e fazer papel de dublê do Senhor das Trevas – tinha certo cacife para isso, pois suas unhas cresciam um centímetro a cada 62 dias.

O esforço do discípulo se pagaria quase três anos depois, quando Mojica apresentou ao mundo sua nova revelação: a Terceira Força, uma espécie de portal cósmico do qual se originaram os grandes gênios incompreendidos na Terra. Rubens seria generosamente colocado pelo cineasta nesse panteão, uma espécie de Liga da Justiça às avessas que incluía, além de Zé do Caixão, figuras parecidas entre si como Edgar Allan Poe, Albert Einstein e Chacrinha.

O outro grande parceiro do jornal era ninguém menos que Carlos Massa, o Ratinho, dono da segunda maior audiência do horário nobre da televisão brasileira na época. Ex-repórter do inacreditável paranaense Luiz Carlos Alborguetti, político e apresentador de programas policiais na TV, Ratinho tivera uma ascensão meteórica desde que herdara o espaço do programa *Cadeia Nacional*, na CNT, em 1994. Com seu estilo polêmico e truculento, estreou o programa *190 Urgente* em julho de 1996; em setembro do ano seguinte, foi contratado pela Rede Record, passando a comandar um programa diário em rede nacional na emissora ligada ao bispo Edir Macedo. A audiência – e a receita publicitária – arrebanhada por Ratinho chamou a atenção de Silvio Santos, que o levou a peso de ouro para o SBT em setembro de 1998. Seu programa diário noturno, considerado por muitos um "circo de aberrações", passou a incomodar a todo-poderosa Rede Globo – que, dizem, até chegou a sondar o roedor tentando fazê-lo mudar de lado.

Sabendo dos elogios do apresentador ao NP, o editor Fernando Costa Netto obteve em uma conversa pelo telefone o que muitas agências de publicidade suavam para conseguir. Ratinho se comprometeu a falar sobre a publicação em seu programa, visto por milhões de pessoas todas as noites. Não foram poucas as vezes em que o apresentador mostrou a capa do NP se derramando em elogios às reportagens e dizendo que aquele era o único jornal em que confiava – em suas palavras, "o único que prestava". Na prática, eram longos anúncios no horário nobre, com um dos mais caros garotos-propaganda da televisão, e tudo de graça. Solícito, Ratinho ainda aceitou escrever uma coluna para o Domingão NP. Era tudo que o jornal queria.

Mais do que um favor, entretanto, a atenção dada pelo apresentador ao *Notícias Populares* em seus programas na telinha era o pagamento de uma espécie de dívida de gratidão com a publicação. Desde o início dos anos 1980, quando ainda apresentava um programa policial na pequena Rádio Cidade de Jandaia, no Paraná, Ratinho já usava os casos do periódico como material para conquistar os ouvintes. Quando se mudou para Curitiba, em 1982, e passou a comandar o *Programa do Ratinho* em uma rádio da capital paranaense, o apresentador aprimorou essa parceria. Antes de ir para a emissora, às 5 horas da manhã, costumava passar na distribuidora de jornais da cidade e comprar um exemplar do NP. No ar, Ratinho lia as matérias produzidas pela equipe de Ebrahim Ramadan, que ajudavam a dar a seu programa a liderança de audiência no horário.

Do alto de sua experiência como ex-palhaço de circo e ex-engraxate, o apresentador garantia que o *Notícias Populares* era o jornal que permitia ao brasileiro ingressar no hábito da leitura. Isso por um motivo muito simples: a linguagem do NP era a linguagem que a maioria entendia. Na opinião de Ratinho, um sujeito, para se tornar leitor do *Estadão* ou da *Gazeta Mercantil*, tinha de passar primeiro pelo NP. E, como o apresentador acreditava que o brasileiro precisava ler mais jornal para entender o mundo que o cercava, nada melhor do que dar um empurrãozinho no seu preferido. O combalido "jornal do trabalhador" agradecia muito.

No conteúdo, a publicação buscava competir com o *Agora* mantendo a regularidade nas áreas de economia popular, cidade e esporte. As novidades eram mesmo mais notícias sobre televisão e música (incluindo elogiadas colunas de samba e *rap*, com Djalma Campos e o pioneiro DJ Hum) e a já citada mudança de foco na cobertura policial. No lugar das peripécias de Roberto Carlos, o NP anos 1990 falava sobre a vida de sertanejos, pagodeiros e apresentadores de TV. O lugar que já havia sido de Gretchen e da ex-chacrete Rita Cadillac, antigas musas dos leitores, era agora das igualmente faustosas sucessoras Tiazinha e Carla Perez. Além do novo elenco, havia também uma mudança no tom das reportagens, bem menos maliciosas e chamativas que as de outrora.

Isso era reflexo direto da transformação na cara da equipe, bastante rejuvenescida (a média de idade ficava em torno de 23 anos). Quase todos os veteranos que haviam sobrevivido ao fim da era Ebrahim Ramadan deixaram o jornal – na avaliação de Fernando Costa Netto, a maioria deles já não tinha a mesma empolgação de outros tempos. No lugar deles foram colocados jovens estudantes ou recém-formados. Some-se a isso também um certo aburguesamento da equipe desde o início dos anos 90, característica admitida até pelos novos profissionais da publicação.

Bastava uma visita à redação em 1999, por exemplo, ou uma leitura mais atenta do jornal para perceber que alguns repórteres não eram exatamente a cara do NP. Faziam a linha moderninha e se viam trabalhando num jornal considerado *cult*. Provavelmente não formavam o cenário mais adequado para um periódico popular. Entretanto, não se encontravam muitos estudantes de jornalismo na população pobre da cidade.

Para ajudar a dar malandragem aos focas, foram mantidos na editoria de polícia alguns patrimônios do NP. Na ronda da madrugada, o fotógrafo José Maria da Silva e o repórter Hélio Santos, trabalhando no jornal desde a década de 1970, mantiveram uma duradoura parceria. A tensa rotina de girar a cidade buscando assassinatos tornou a relação dos dois veteranos uma espécie de casamento – um enlace turbulento e cheio de brigas, mas em geral movido por companheirismo. A dupla chegou até a testemunhar em um caso de homicídio. Um cadáver fotografado por Zé Maria foi arrastado por uma enxurrada antes da chegada do IML, e as fotos do *Notícias Populares* eram a única prova do crime.

Ainda na madrugada encontrava-se mais um ícone do NP, o motorista José Carlos Riccetti, mais conhecido na Barão de Limeira como Zé Carlos. Embora não tão veterano no jornal como Hélio e José Maria, Zé Carlos vestiu a camisa do *Notícias Populares* como poucos nos anos 1990. Via de regra, o motorista subia à redação para fazer a ronda telefônica das cerca de cem delegacias da cidade. Quando descobria um caso interessante, Zé Carlos puxava o repórter e o fotógrafo pelo braço e já começava a pensar nas quebradas que teria de pegar para chegar ao local da ocorrência. Se, por um lado, essa disposição mostrava que a equipe não media esforços para fazer uma publicação melhor, por outro deixava transparecer as deficiências no time. O fato de o motorista ter-se acostumado a cobrir a ausência de um jornalista ou mesmo um estagiário na redação mostra quanto a direção da empresa estava preocupada com o destino do NP.

De qualquer forma, na ronda telefônica diurna ainda ficava outro símbolo do jornal. O repórter Manoel Barbosa Victal, ex-funcionário do *Última Hora*, havia presenciado de perto o nascimento do *Notícias Populares*. Baiano de Ilhéus, especializou-se em cobertura policial e transferiu-se para o NP também na década de 1970. Com mais de 20 anos de experiência naquela redação, já havia sido editor de polícia, subsecretário de redação e secretário gráfico.

Com a demissão dos colegas sexagenários, Victal retornou à função de repórter, na qual permaneceu em seus últimos dez anos de jornal. O jornalista, acostumado a organizar edições inteiras, ficou responsável apenas por discar para os distritos e receber dos escrivães a pauta de crimes da noite anterior. Sabia que tinha muito mais para oferecer, mas acabou conformado com a decisão das novas chefias. Manoel Victal personificava as mudanças na equipe responsável pelo NP. Justo ou não, o ciclo incessante de reformulações no jornal descartou precocemente os funcionários mais experientes. Para ele e tantos outros, as memórias dos tempos do *Notícias Populares* teriam sabor agridoce.

Assim também seriam as lembranças do NP perto de seu final. Uma equipe reduzida e inexperiente não era exatamente a chave para reerguer um jornal que perdia público regularmente. A queda foi progressiva e bastante acentuada. De acordo com o IVC, o *Notícias Populares* viu uma tiragem média de 120 mil exemplares em 1997 despencar para cerca de 25 mil em 2000.

Há quem acredite que as estratégias adotadas pela redação não fossem as mais adequadas. Talvez o jornal estivesse errando a mão na parte editorial, ou a cobertura dos assuntos da periferia não vendesse tanto – o próprio Fernando Costa Netto defendia a criação de um inédito sistema de assinaturas, pois acreditava que era difícil encontrar bancas nos bairros mais distantes. Mas uma operação matemática elementar dava conta de explicar o fracasso melhor que qualquer especulação: em 1999, a *Folha da Tarde* vendia 15 mil jornais por dia e o NP vendia 100 mil; um ano depois, o *Agora* vendia 200 mil exemplares, enquanto o *Notícias Populares* vendia 30 mil ou 40 mil, no máximo.

Sabendo que o *Diário Popular* continuava vendendo bem – após uma queda inicial com a reformulação do concorrente, recuperara seu público –, era seguro afirmar que o *Agora* havia roubado boa parte da clientela do colega de prédio. Em uma cidade com população economicamente ativa quase estável, os números apontavam sem dúvida para a migração do consumidor das classes mais pobres do NP para o *Agora*.

Mesmo com as dificuldades impostas pela própria empresa, o *Notícias Populares* ainda acertava um ou outro furo ou manchete com boa vendagem. O craque Ronaldo, fenômeno da seleção de futebol – naquela época ainda chamado de Ronaldinho –, foi personagem das mais memoráveis. Em um período em que gravações clandestinas derrubavam políticos a torto e a direito, o jornal revelou uma fita em que o polêmico atacante Edmundo, também da seleção, contava os bastidores da conturbada escalação de Ronaldinho na final da Copa do Mundo da França, em 1998. O assunto foi parar na CPI da CBF-Nike, instalada no Congresso Nacional para apurar os escândalos da bola no país.

Ronaldo voltou a render furos em outras situações embaraçosas. Não que o NP não gostasse do "dentuço", apelido carinhoso dado pelo jornal – no dia da final da Copa, por exemplo, a capa trazia uma máscara de Ronaldinho como presente aos torcedores mais animados. Em torno dos telões espalhados pela cidade, a máscara do *Notícias Populares* virou artigo concorrido, apesar de não ter dado muita sorte – os 3 a 0 da França, como o próprio NP manchetou em 13 de julho de 1998, foram solenes: É O PENTA QUE PARTIU.

Mesmo com a simpatia da publicação, o craque, que passaria por uma interminável má fase nos meses seguintes ao fiasco da Copa, não ajudava. Sem muita repercussão, o NP já havia divulgado com "exclusividade mundial" – como alardeou em suas páginas – que o "dentuço" estava de caso com Milene Domingues, a rainha das embaixadinhas. Mas, em 23 de setembro de 1999, o furo do NP ecoou pelos quatro cantos do mundo. Também pudera: **MILENE ENGRAVIDA NA 1.ª BIMBADA** foi a manchete que anunciava a chegada do herdeiro de Ronaldinho. A legenda de uma das fotos do jogador não perdoava: "Dentro de campo tá duro dele meter a bola na rede. Mas fora foi de primeira".

Tudo isso porque, menos de duas semanas antes, o *Notícias Populares* havia revelado que Milene era virgem. A matéria, publicada em 11 de setembro, continha uma declaração de fonte altamente confiável.

> A mãe de Milene, dona Lúcia, diz que a filha está perdendo tempo sendo virgem. A mamãe acha que está mais do que na hora de a Rainha das embaixadas ter sua estreia na cama com Ronaldinho.

A dupla se casou em dezembro de 1999. Meses depois, entretanto, o "dentuço" era alvo de novo escândalo nas páginas do *Notícias Populares*. Um suposto caso amoroso de Ronaldinho fora do casamento levou o periódico estampar na primeira página de 23 de junho de 2000: "**EU TRANSEI COM O RONALDO 5.ª FEIRA**". A modelo gaúcha Dalize Lima posava para fotos apenas com a camisa da Inter de Milão autografada pelo craque. Ela havia procurado o NP dizendo ter sido a "namoradinha" de Ronaldo por uma noite, por ocasião da inauguração do cinema do jogador Vampeta, em Nazaré das Farinhas, na Bahia. Os detalhes eram picantes.

> "Tudo começou quando ele pediu para eu colocar uva da minha boca na boca dele." A modelo jura que o sexo rolou na cama do Vampeta, na Bahia.

O caso explodiu, permanecendo por seis dias na capa do NP. Declarações da ex-namorada de Ronaldinho, Susana Werner (**SUSANA ENTRA NO ESCÂNDALO DE RONALDINHO**), de um ex-namorado de Dalize ("Essa garota me faliu"), da mãe de

12/7/1998: Nunca o Brasil foi tão dentuço – milhares de leitores usam a máscara de Ronaldinho no dia da final

Milene ("Dou na cara de quem criticar o Ronaldo") e até uma enquete promovida pelo jornal, na qual os leitores podiam opinar se o jogador estava mentindo, foram ingredientes de uma novela mexicana – de muito baixo nível, por sinal. Dalize, assustada com a repercussão do caso, ameaçou processar o *Notícias Populares*, acusando a publicação de distorcer suas afirmações. Como a equipe tinha a entrevista gravada, a modelo recuou. A saia justa acabou sem explicação.

Levando em conta que Ronaldinho talvez fosse a maior celebridade brasileira da época, furos como aqueles não eram pouca coisa – mas também não eram suficientes para contornar a má fase nas bancas. O efeito foi ainda pior que o esperado: em vez de receber elogios (e mais verba) depois de reportagens como aquelas, a diretoria da *Folha* pensava apenas em encontrar uma forma de evitar que o *Agora* fosse furado pelo concorrente de prédio. Nem com uma redação bem maior e um horário de fechamento privilegiado a ex-FT conseguia roubar a cena, ficando apenas na rotina de assuntos de cidade e política regional, sem nenhum brilho. O remédio adotado pela empresa foi amargo e provocou efeitos colaterais terríveis.

Na tentativa de evitar novos tropeços do *Agora*, o grupo Folha estabeleceu uma supervisão geral do segmento de populares. Os dois jornais teriam um editor-responsável em co-

13/7/1998: A manchete do NP era genial, mas qualquer um preferia trocá-la por um simples "Brasil campeão"

mum. O cargo seria ocupado por Nilson Camargo, que coordenaria a feitura do *Agora* e do NP e trataria de evitar novas surras no primeiro. Uma das providências iniciais seria a de colocar as reportagens feitas pela equipe do NP ao alcance do concorrente pelo sistema interno de computadores. Fernando Costa Netto protestou e pediu ao departamento de informática que fechasse o acesso ao material do jornal. Mas esse era apenas um dos sinais de que o controle do NP já fugia de suas mãos.

A perspectiva não era boa, mas ficou ainda pior em outubro de 2000. Costa Netto voltava de férias com um recado na mesa: deveria procurar Otavio Frias Filho imediatamente. Durante a reunião, foi avisado dos verdadeiros planos da empresa para o *Notícias Populares*. Sua redação seria integrada ao *Agora*, num sistema de *pool*. Elas funcionariam em conjunto, sob uma única coordenação – o editor-responsável Camargo e o diretor de populares, Adriano de Araújo. Como estaria sujeito às ordens da dupla, Costa Netto não seria mais o primeiro na hierarquia do jornal.

Frias Filho acenou com uma vaga no caderno Folhateen de sua *Folha de S.Paulo*, mas Costa Netto não aceitou. Aproveitou a ocasião para pedir as contas, dizendo que já pensava em deixar o cargo havia algum tempo. Também deu a Frias Filho sua recomendação sobre o secretário de redação Paulão Martin – não para ser seu sucessor no NP, mas para a

23/9/1999: Ronaldinho entra com bola e tudo e o NP noticia em primeira mão

23/6/2000: Outro furo do *Notícias Populares*, em uma saia justa que ficou sem explicação

vaga no Folhateen. Costa Netto avaliou que Paulão não teria paciência para trabalhar subordinado à tal editoria de populares. Bem mais tranquilo, o outro secretário de redação, José Vicente Bernardo, assumiu como editor-chefe interino. Vilma Cazarin passou a ser secretária de redação.

No dia seguinte à reunião, Paulão e Costa Netto deixavam o NP sem esconder a decepção. Na esteira dos dois desfalques, o *Notícias Populares* foi esvaziado. Saíram também os editores Marcos Nogueira (geral) e Marcelo Orozco (esportes), além de alguns repórteres e outras peças importantes do jornal. O expediente do NP passou a ser assinado por um elenco de editores interinos, algo normal depois de mudanças como aquelas. Esquisito mesmo era ver que a situação improvisada persistiria por mais de três meses, até janeiro de 2001.

UM CADÁVER NO QUINTO ANDAR

Com a lacuna deixada pela debandada dos principais editores, o velho *Notícias Populares* ficou definitivamente à deriva. A falta de preocupação em nomear novos comandantes para o jornal, aliada às doses cavalares de dinheiro para anabolizar o *Agora*, deixavam claro que o grupo Folha estava abandonando o barco. Nem mesmo injeções esporádicas de ânimo eram reservadas à redação, que assistia com apreensão à interminável extensão da interinidade de José Vicente Bernardo e Vilma Cazarin na chefia. Na tentativa de adiar o naufrágio, ambos procuraram seguir a recomendação da empresa de "desbrutalizar" o conteúdo da publicação, concentrando o foco na cobertura da vida dos artistas. Pouco adiantaria diante da postura indiferente da cúpula da empresa. Na verdade, o projeto que poderia servir de bote salva-vidas ao NP estava fora de suas mãos: a transformação do "jornal do trabalhador" em um tabloide dedicado principalmente à televisão.

A ideia germinara ainda na gestão de Fernando Costa Netto, que pretendia realizar uma reforma gráfica no *Notícias Populares*. O editor pensou na hipótese de trocar o formato *standard* pelo tabloide – semelhante ao adotado pelo *Lance!*, diário esportivo lançado em 1997 que desbancara rapidamente a cinquentenária *Gazeta Esportiva* no mercado paulistano. O rascunho, porém, não previa mudanças drásticas no conteúdo do jornal, apenas na forma. Com a saída de Costa Netto, o plano foi temporariamente deixado de lado, sendo retomado no segundo semestre de 2000 por Nilson Camargo, que já acumulava os cargos de editor-responsável por *Agora e Notícias Populares*. Com ele, a transformação atingiria em cheio a linha editorial.

Pela nova proposta, praticamente toda a cobertura de polícia, de economia popular e de geral, pilares históricos do NP, seriam sepultadas. Reduzidas ao extremo, cederiam páginas a resumos de novelas, perfis de celebridades descartáveis, programação da televisão e, principalmente, muita fofoca. Ainda que a cobertura esportiva continuasse a ter um espaço razoável, a cara do jornal mudaria por completo: artificialmente suavizado, apostava em um namoro com o mercado feminino. Mas esse NP "perfumado" encontrava-se diante de um dilema. A marca *Notícias Populares* continuava sendo sinônimo de sangue. O que fazer para atrair leitoras para um título considerado sujo demais até para embrulhar peixe?

Como a ideia era lançar um jornal *light*, a lógica pedia um título limpo, principalmente porque o índice de rejeição do NP batia na estratosfera. Nessas condições, a empresa encontraria mais facilidade nas bancas se fechasse o *Notícias Populares* e apostasse em uma nova marca, assim como fizera na transição *Folha da Tarde-Agora*. De quebra, seria uma demonstração de respeito aos leitores antigos do jornal, que provavelmente não gostariam de vê-lo estampando somente fuxicos dos bastidores de novelas. Conhecendo o perfil do mercado, Marco Aurélio Vitale, já como diretor de marketing da empresa, sugeriu essa estratégia. Inexplicavelmente, a Folha decidiu manter o título *Notícias Populares* no tabloide e ainda acelerou sua elaboração. Com essa decisão, Vitale – aliado do NP no marketing de seus últimos quatro anos – preferiu retirar-se do projeto.

Para elaborar o novo visual, foi convocado o editor de imagem do jornal, Rogério Andrade, que passou a dedicar tempo integral ao desenho do tabloide. A empresa também contratou os serviços de Didiana Prata, profissional da área de design gráfico que já apresentava no currículo alguns trabalhos para o NP. A nova publicação teria 32 páginas, oito delas coloridas. Porém, ao contrário do *Lance!*, não seria grampeada nem teria as margens cortadas. Pelo projeto, quatro páginas ficariam reservadas a polícia e geral, outras quatro a esportes, duas a economia e o restante se dividiria entre matérias de televisão, resumo de novelas, horóscopo e reportagens sobre famosos. A radicalização era tanta que a coluna de fofocas "Nem te conto", antes publicada semanalmente em um pequeno espaço do jornal, ocuparia duas páginas coloridas todos os dias. O clássico logotipo azul com o mapinha do Brasil daria lugar a uma nova marca, em amarelo e preto, que destacava a sigla NP.

Em novembro, o projeto gráfico – de primeira linha, diga-se – já estava pronto, e a expectativa era de que o jornal reformulado começasse a circular em 1.º de janeiro de 2001. Tinha grandes chances de se tornar o verdadeiro *bug* do milênio: o novo viés editorial afastaria os leitores que se identificavam com a antiga proposta (que, a bem da verdade, já não eram tantos) e

enfrentaria extrema dificuldade em conseguir novos simpatizantes, que ainda viam o NP como o eterno "espreme que sai sangue". Contudo, já no final de novembro, a empresa anunciava o adiamento da reestreia para o início de fevereiro. Mau sinal. O pior veio pouco depois: em dezembro, ninguém mais falava no projeto. A redação não participou de testes, os diagramadores não foram procurados para se familiarizar com o projeto, a cúpula da empresa não tocava mais no assunto. Ainda que ninguém admitisse, a última esperança de sobrevivência do jornal havia sido abortada. Da Boca do Lixo, já se ouvia o réquiem anunciado.

Nem o NP tabloide nem a temida pane nos computadores. A grande notícia na virada de 2000 foi a meteórica ascensão da Associação Desportiva São Caetano na Copa João Havelange. O clube do ABC arrancou da segunda divisão para disputar a finalíssima do campeonato nacional de futebol contra o Vasco da Gama, de Romário. Após um empate no primeiro jogo, em São Paulo, a equipe do Azulão foi ao Rio em 30 de dezembro e testemunhou uma quase tragédia: a superlotação do estádio São Januário fez o alambrado ceder, ferir dezenas de torcedores e provocar a interrupção da partida ainda no primeiro tempo. A novela que se seguiu nos tribunais desportivos seria a última sequência de reportagens acompanhada pelo jornal. Em vez de perder os pontos da partida, como previa o regulamento, o Vasco forçou no tapetão a realização de um segundo jogo, no Maracanã, que terminou com a vitória dos cruz-maltinos. **TÁ BÃO, AZULÃO** foi a resignada chamada comemorativa no *Notícias Populares* em 19 de janeiro de 2001, que ainda trazia um pôster da equipe vice-campeã.

O que não estava nada boa, de uma vez por todas, era a situação do NP. Antes mesmo da inesperada ajuda do São Caetano para elevar a vendagem em banca na capital – em São Paulo, até mesmo quem achava que a bola fosse quadrada estava torcendo para o time do ABC –, a empresa já estava decidida a colocar um ponto final na história de quase quatro décadas do jornal. Na segunda semana de janeiro, veio o inevitável: uma reunião a portas fechadas oficializou o aborto do projeto em tabloide e o fechamento do *Notícias Populares*. Enquanto Nilson Camargo ainda tentava viabilizar o plano do NP *light*, lembrando o investimento já realizado, o diretor de populares, Adriano de Araújo, teria dito aos presentes: "Homens têm moral, empresas não".

As especulações davam conta de que a *Folha* havia fechado o ano no vermelho e começaria pelo NP um processo de enxugamento – unindo, para a cúpula da empresa, o útil ao agradável. Entretanto, Octávio Frias de Oliveira garantiu não ter havido um acontecimento que precipitasse a solução final, e sim um desejo conjunto de encerrar aquela publicação que, de acordo com ele, maculava a imagem da empresa.

A teoria, nesse caso, não acompanhou a prática ao longo dos anos. Enquanto o NP dava lucro, os donos e os diretores do grupo Folha, mesmo enrubescidos com o conteúdo do jornal, não se preocuparam em fechá-lo. Durante décadas, em qualquer seminário de que participassem, os integrantes da família Frias sempre ouviam a mesma pergunta: "Como é que uma empresa como a Folha pode ter um jornal como o *Notícias Populares*?" A resposta nunca era direta e acabava enveredando para o direito de informação de todas as classes, da liberdade de imprensa e outras conversas do gênero. Nunca, porém, esse tipo de constrangimento fora motivo para acabar com um jornal que vendia mais de 100 mil exemplares nas bancas.

Se a questão fosse meramente ética, seria de estranhar que a Folha tivesse demorado longos 35 anos para tomar uma decisão mais drástica em relação à perniciosa publicação. Como poucos se convenceram dessa história, contudo, a decisão de fechar o NP não chegou a surpreender – na verdade, veio até com certo atraso, já que o periódico estava mal das pernas havia um bom tempo.

O que deixaria a redação, o mercado jornalístico e os leitores perplexos seria a forma como se arquitetaria o anúncio do fim do *Notícias Populares*. Um ensaiado jogo de cena manteria o segredo guardado até o derradeiro momento do fechamento da edição 13.413, de 20 de janeiro de 2001. Uma tocaia contra a redação, que caracterizaria, no boletim de ocorrências da história do jornalismo, um assassinato na Barão de Limeira, 425.

Naquela tarde de 18 de janeiro, quinta-feira, o telefonema da direção não preocupou o editor interino José Vicente Bernardo. Uma ordem determinava que, no dia seguinte, o *Notícias Populares* fechasse às 18 horas, e não às 19h30, o horário normal nos dias de semana. No jornalismo moderno, fechar às 19h30 significa chegar às bancas no dia seguinte mais gelado que um Chica--Bon – e, consequentemente, perder leitores para as publicações com as últimas notícias do dia. Antes mesmo de o *Agora* fechar, toda a redação vizinha já tinha em mãos uma edição do NP. Além disso, boa parte de seus exemplares, ainda impressos na oficina da Barão de Limeira, perdiam tempo seguindo até o moderno parque gráfico da Folha, em Tamboré, na Grande São Paulo, de onde seriam despachados ao seu destino. Mas, como o *Notícias Populares* estava havia tempos na lanterna das prioridades da empresa, isso nunca chegou a ser um grande problema.

Fechar ainda mais cedo que o normal também não era nada extraordinário para o velho "jornal do trabalhador": várias vezes o horário fora adiantado para que se rodassem cadernos especiais da *Folha de S.Paulo*. Nesse dia, a única diferença era que, pelo aviso, a publicação cederia seu espaço nas rotativas da gráfica a um suplemento do *Agora*. Zé Vicente resignou-se e confirmou que seguiria a determinação, até antecipando o *deadline* para as 17h30. Jamais poderia desconfiar que, a partir desse momento, toda a equipe do NP entrava em uma emboscada.

O diretor Adriano de Araújo começou logo de manhã seu expediente em 19 de janeiro de 2001, sexta-feira. Determinou que um anúncio de 56 centímetros em três colunas na primeira página fosse reservado pelo departamento comercial para um suposto anúncio da rede de lojas Ponto Frio. O caso fugia à regra, ainda mais por se tratar de uma peça que ocuparia metade da capa do jornal. De qualquer forma, quando editores, jornalistas e diagramadores chegaram ao quinto andar do prédio da Folha, onde funcionava a redação do *Notícias Populares*, esse espaço estava reservado. Todos estranharam, mas ninguém se preocupou em interromper suas atividades para saber mais detalhes sobre a pouco usual publicidade.

Assim, a edição foi sendo montada. Para uma primeira página mutilada, foram selecionadas notícias como o plano do autor Manoel Carlos de passar uma longa temporada de descanso em Nova York depois de escrever a novela *Laços de Família*, as performances das cantoras Sandy e Britney Spears no

Rock in Rio III – evento classificado pelo NP como o "Duelo das virgens" –, a abertura do Paulistão 2001 e a história de uma mãe que teria tentado vender a filha em uma padaria de Suzano, na Grande São Paulo, por módicos R\$ 50. Apenas três fotos foram escolhidas: duas belas, Sandy e Britney Spears, e uma fera, o atacante França, do São Paulo F. C.

Enquanto isso, Araújo rascunhava em sua sala o texto que preencheria o branco na primeira página. Nada de propaganda de batedeiras, geladeiras ou de fornos micro-ondas: o espaço estava reservado para um funesto pronunciamento que anunciaria o final do *Notícias Populares*. O diretor teve total liberdade para escrever o editorial; a única determinação de Otavio Frias Filho teria sido de que o nome da *Folha* não constasse do material. A ordem, na verdade, era quase uma redundância, já que o nome da empresa não aparecia nem mesmo no expediente do jornal.

Quando os ponteiros do relógio se aproximaram das 17 horas, a chefia da redação começou a ficar preocupada. O tal anúncio do Ponto Frio não chegava, e, pior que isso, ninguém sabia onde encontrá-lo. Zé Vicente, que mesmo sendo o editor-chefe do NP ainda não havia sido comunicado do plano da diretoria, pensou em refazer a capa da publicação – a indefinição do comercial poderia atrasar o fechamento do dia. Após consultar a direção da empresa, porém, foi instruído a finalizar a edição conforme a orientação do dia anterior: o anúncio seria inserido por profissionais de outro departamento, depois que todas as páginas fossem fechadas. Dito e feito: a manchete escolhida foi **AUTOR LARGA NOVELA**, referente a Manoel Carlos e sua obra. O horário das 17h30, previamente combinado, foi respeitado.

No momento em que a equipe tomava fôlego para começar a se debruçar no pescoço – o adiantamento de matérias para a edição de domingo –, Zé Vicente recebeu um comunicado para dirigir-se até a sala de Adriano de Araújo, no sétimo andar. O *Notícias Populares* era chamado para a execução.

Além do diretor, esperavam o jornalista Nilson Camargo e Marco Aurélio Vitale, que também havia sido avisado da decisão no dia do fechamento. Sem delongas, Araújo finalmente abriu o jogo com o editor do NP, esclarecendo a questão do anúncio. Também foi revelada a verdadeira história do suplemento do *Agora* que estava sendo rodado naquele dia: tratava-se de um caderno em que a empresa tentava chamar o público do NP para o irmão. Perplexo, Zé Vicente, sem ter o que argumentar, perguntou sobre as prováveis demissões. Como era de esperar, Araújo afirmou que a empresa pretendia reaproveitar o maior número possível de empregados, principalmente no *Agora*. O quarteto, então, deixou o abatedouro e desceu à redação.

Todos os editores foram chamados para uma reunião no aquário – apelido da sala da chefia. Enquanto Araújo repetia a ladainha fúnebre, o resto da equipe do jornal, do lado de fora, já havia parado para acompanhar a movimentação dos mandachuvas. As reações emocionadas de alguns editores não deixavam dúvida: o pior havia acontecido. Depois de mais de duas décadas de boatos sobre o fechamento do jornal, finalmente a hora do *Notícias Populares* havia chegado. Em seguida, Adriano de Araújo, agora para toda a redação, fez pela terceira vez o anúncio da decisão tomada pela Folha. Afirmou ainda que a empresa não comunicara o fechamento antes para não interferir no trabalho diário e para poupar a redação. As reações foram o mais diversas: inconformados, alguns jornalistas chegaram a chorar; outros, mais calmos, telefonavam a colegas de outras publicações para relatar o ocorrido.

Dessa forma, a notícia logo se espalhou. A *Folha Online* colocou na internet um comunicado oficial da empresa confirmando o óbito do NP. A situação piorou quando o primeiro lote de jornais impressos chegou à redação: ao ler as esfarrapadas desculpas estampadas na primeira página da publicação, a revolta aumentou. E não era para menos.

OBRIGADO, LEITOR

Você está recebendo a última edição do *Notícias Populares*. A empresa que edita os jornais *Agora São Paulo* e *Notícias Populares* decidiu concentrar seus esforços editoriais em somente um produto popular, o *Agora São Paulo*, que a partir de amanhã passa a circular em todo o Estado.

Lançado em 15 de outubro de 1965, o *Notícias Populares* viveu muitas glórias em seus 37 anos de vida. Foi a marca registrada do jornalismo popular brasileiro. Revolucionou com assuntos polêmicos, textos curtos, uso de gírias, títulos e fotos grandes. O sucesso dessa fórmula de jornalismo foi parcialmente copiado

NADA MAIS QUE A VERDADE

O fim: *Notícias Populares*, número 13.413, 20 de janeiro de 2001

e transferido para a TV em telejornais como o *Aqui Agora* e até em programas de auditório com grande audiência, como os do Ratinho, Gugu e Faustão.

As informações que o leitor pagava para ler no jornal passaram a chegar gratuitamente em sua casa, pela TV. O *Notícias Populares* teve então uma queda significativa em suas vendas, o que praticamente inviabiliza hoje a elaboração de um produto com a qualidade que você, leitor, merece ter.

O projeto editorial do NP, baseado na denúncia da violência na periferia da Grande SP, nas informações sobre sexo e nas fotos de mulheres em poses provocantes, é hoje ultrapassado para um jornal impresso.

AGORA SÃO PAULO - UM NOVO JORNAL PARA VOCÊ

Gostaríamos de convidar você, leitor do NP, para passar a ler o *Agora São Paulo*, o jornal líder de vendas nas bancas da região metropolitana. Com muito mais páginas, visual moderno, noticiário muito mais atualizado, promoções e um preço também acessível, com certeza o *Agora* tem tudo para satisfazê-lo. Nele você encontrará a mais completa cobertura esportiva da imprensa paulista, tudo sobre a vida dos artistas e o que acontece na TV, além das principais notícias da cidade, do país e da economia que interferem no seu dia-a-dia, numa linguagem muito fácil de entender.

Igualmente infeliz foi o caderno do *Agora* encartado na edição. Infame da primeira à última letra, tinha como manchete **LEITORES DO NP GANHAM UM NOVO JORNAL CAMPEÃO**, e trazia cupons de desconto de R$ 0,25 para a compra do *Agora*, que já custava R$ 0,75. Os diretores da empresa foram buscar nomes como Carla Perez e o sertanejo Luciano para derreter-se em elogios ao jornal. "O *Agora* é ótimo pois os assuntos são bem divididos", explicou o cantor. Já a moça foi mais longe: "Estou feliz por mais uma conquista do jornal. As pessoas do interior vão adorar. Agora, vou torcer para ele chegar à Bahia".

Depois dessa tortura, restou aos membros da redação checar como havia ficado sua situação na empresa. Nesse momento, Otavio Frias Filho recebia o presidente do Sindicato dos Jornalistas de São Paulo, Fred Ghedini, e o diretor de comunicação, Marcos Palácio, para viabilizar a abertura de negociações e suavizar os problemas dos demitidos. Além do pagamento de todos os direitos, inclusive folgas acumuladas, a principal reivindicação do sindicato era de que metade da redação, então composta por 41 jornalistas, fosse reaproveitada. O grupo Folha, porém, ficou com apenas uma dezena dos profissionais do jornal. A madrugada seria longa para tantos lamentos.

No dia seguinte, já havia pouca gente para contar a história. Ainda atônita com a execução a sangue-frio do dia anterior, a equipe começava a esvaziar a redação do NP. O salão se transformaria na sede do departamento de recursos humanos da Folha. Os armários e arquivos do jornal foram levados para o subsolo do complexo da Barão de Limeira, fazendo companhia a rotativas abandonadas havia décadas. Os quase obsoletos computadores foram embora, carregados por carrinhos de supermercado. Com gosto de tinta vermelha, era o ponto final.

Suplemento infame do *Agora*, que circulou junto com a última edição do NP.

EPÍLOGO – O FANTASMA DAS BANCAS

Também pegos de surpresa, os jornaleiros pareciam não acreditar quando penduraram na lateral das bancas a última edição do *Notícias Populares*. Ainda que as vendas estivessem desprezíveis, seria difícil dizer adeus à polêmica, aos cadáveres, às mulheres nuas e ao bom humor de todas as manhãs. Mas os quase 40 anos de personalidade ousada, impactante e incômoda não deixariam que o NP saísse de cena: sua presença superou a mera exposição física na banca. Não importa quanto tempo tenha se passado de seu encerramento, sempre haverá aqueles que continuarão ignorando o fechamento do periódico – mesmo porque, com uma circulação precária, suas aparições já rareavam nos últimos anos. Esses seguirão com a certeza de que o velho "jornal do trabalhador" está lá, expondo manchetes ferinas e fotos provocantes. E continuarão fugindo dele.

A punhalada final apenas reforçou a imagem do NP de mito do jornalismo brasileiro. Mais que isso: seu fantasma continua rondando as bancas, assombrando a ordem que os jornais tidos como sérios e éticos procuram artificialmente criar. Enquanto várias publicações que chegam às bancas precisam de panelas, *Bíblias* e fascículos para ser escoadas, o *Notícias Populares*, desencarnado há tempos, permanece em posição de destaque na lembrança dos leitores. Amada ou odiada, sua marca tem um poder único, pungente. Se bem trabalhada, a flama do NP ainda tem potencial para conduzir o periódico mais uma vez ao topo do mercado editorial popular. Por isso, fica a inevitável pergunta: o jornal vai ressuscitar um dia?

Se depender da empresa proprietária do título, as chances de que a Boca do Lixo ou a periferia de São Paulo voltem a receber novas edições do *Notícias Populares* são ínfimas. Uma possível venda da marca, apesar de trazer cifrões para o cofre da Folha, também resgataria os dilemas éticos que foram usados como justificativa para o fechamento do NP. Seria pouco prudente mexer em feridas que jamais cicatrizarão por completo. Assim, não é difícil imaginar que a marca ficará sepultada para sempre nas catacumbas da Barão de Limeira. Aos velhos e fiéis leitores, a lembrança é tudo que resta. Descanse em paz, *Notícias Populares*.

NADA MAIS QUE A VERDADE

CRONOLOGIA

1962 O jornalista romeno Jean Mellé pede demissão do *Última Hora* de São Paulo para dedicar-se ao projeto de um jornal anticomunista.

1963 Circula a primeira edição do *Notícias Populares* (25 de outubro).

1965 A empresa Folha da Manhã compra o *Última Hora*, de Samuel Wainer (1.º de setembro).

1965 Herbert Levy vende o NP a Octávio Frias de Oliveira e Carlos Caldeira Filho, donos da Folha da Manhã (22 de outubro).

1971 Morre em São Paulo o idealizador e editor do *Notícias Populares*, Jean Mellé (5 de março); Armando Gomide assume a redação.

1972 Gomide é destituído do cargo; Ebrahim Ramadan é nomeado novo editor do NP (maio).

1975 Bebê-diabo ganha as páginas do *Notícias Populares* (11 de maio); o caso ficaria na primeira página por um tempo recorde de 27 dias.

1979 A empresa Folha da Manhã encerra a publicação do *Última Hora* em São Paulo (20 de junho).

1988 Octávio Frias de Oliveira inicia reformulação no *Notícias Populares*, deixando-o sob a tutela do seu herdeiro, Otavio Frias Filho.

1990 Frias Filho finaliza a reforma do jornal; Ebrahim pede demissão do posto de editor do NP; Leão Serva, secretário de redação da *Folha de S.Paulo*, assume o cargo (março).

1990 Serva volta para a *Folha*; Laura Capriglione é nomeada nova editora (julho).

1991 Laura abandona o NP; Álvaro Pereira Júnior assume o posto (julho).

1995 Eliane Silva é empossada no cargo de editora do *Notícias Populares* (setembro).

1997 Eliane sai do comando do NP; Frias Filho chama Fernando Costa Netto para ser o novo diretor de redação (março).

1999 Folha fecha a *Folha da Tarde* e canaliza recursos para o lançamento do *Agora*, visando combater o crescimento do *Diário Popular* (março).

2000 Costa Netto deixa o cargo; José Vicente Bernardo, um dos secretários de redação, assume interinamente o posto de editor (outubro).

2001 A empresa Folha da Manhã anuncia o fechamento do *Notícias Populares*, que circula pela última vez em 20 de janeiro de 2001.

AGRADECIMENTOS

Desde a época em que esta obra começou a ser concebida, como projeto de conclusão do curso de Jornalismo da Faculdade Cásper Líbero, em 1999, até as últimas entrevistas, em janeiro de 2002, inúmeras foram as pessoas que dispuseram de seu tempo e paciência para ajudar na reconstrução da trajetória do *Notícias Populares*. Em sua absoluta maioria, os entrevistados o fizeram de braços abertos, encontrando brechas em agendas concorridas para fornecer depoimentos, dados e materiais imprescindíveis à elaboração do trabalho. A eles, um muito obrigado é pouco.

Em ordem alfabética: Álvaro Pereira Júnior, André Barcinski, Celso Loducca, Dalmo Pessoa, Danilo Angrimani, Ebrahim Ramadan, Edson Flosi, Eliane Silva, Fernando Costa Netto, Gisela Taschner, Giulietta Mellé, Helcio Estrella, Herbert Levy, Ignácio de Loyola Brandão, Ivan Finotti, Jean Filipe Mellé, José Carlos Riccetti, José Luís da Conceição, José Luiz Proença, José Maria da Silva, José Mojica Marins, José Vicente Bernardo, Josemar Gimenez, Júlio Saraiva, Julio Vilela, Laudo Paroni, Laura Capriglione, Laura de Souza Chaui, Leão Serva, Luiz Álvaro de Assumpção Neto, Luiz Fernando Levy, Manoel Victal, Marcelo Coelho, Marco Aurélio Vitale, Maria Helena Capelato, Marilena Chaui, Mario Pati, Mauro Santayana, Moracy do Val, Octávio Frias de Oliveira, Paulo César Martin, Percival de Souza, Ratinho (Carlos Roberto Massa), Rogério Andrade, Rosely Sayão, Sérgio Ricardo, Tão Gomes Pinto, Tarcísio Motta, Valdir Sanches, Vital Battaglia, Voltaire de Souza, Wally Martins Ferreira, Wanderléa.

Este livro também não poderia ter sido realizado sem a ajuda daqueles que, apesar de não terem necessariamente ligação direta com o *Notícias Populares*, abraçaram a ideia da obra e facilitaram "muito" o trabalho dos autores. Seja por ceder textos e fotografias, por agilizar o acesso a arquivos, por ajudar na localização e no contato com os entrevistados ou simplesmente por contribuir com sugestões preciosas, todos têm uma parcela importante na concretização da obra. Fica, então, a gratidão a eles.

Também em ordem alfabética: Adriana Gaz, Alfredo Rubinato Rodrigues de Sousa, Alcy Clemente Moreira Filho, Alex Clemente Moreira, Alexandre

Volpi, Anderson Matias da Silva, Antônio Paulo Carretta, Bonnie Coles, Carlo Carrenho, Carlos Henrique Kauffmann, Carlos Mendes Rosa, Cassia Carrenho, Celso de Campos, Cláudio Arantes, Clóvis de Barros Filho, Denise Marson, Domingos de Campos, Eduardo Lepiani, Emerson de Betson, Érika Vernier, Fernando Alves, Gisele Lupiani, Giuliano Lepiani, Guilherme Gândara, Helena Maria Dallacqua Rizzo Campos, Jefferson Magno Costa, João Paulo Soares, José Guilherme Rodrigues Ferreira, Juliana Alkimin, Luciana de Melo e Souza, Luís Fernando Bovo, Mamede de Oliveira Geruli, Marcelo de Siqueira Barbosa, Maria Bueno de Camargo, Maria da Conceição Gomes Silva, Maria Helena Marçal, Maria Luiza Gomide, Mauricio Stycer, Michele Gennaro, Mizue Sadatsune Aoki, Nanami Sato, Neusa Maria Clemente Moreira, Olympia Dallacqua Rizzo, Paulo Moreira Filho, Perla Pires Pereira, Ricardo Briganó, Ricardo Muniz, Rodolfo Trevisan, Ruy Azevedo, Sérgio Rizzo, Soraia Bini Cury, Sonia Lepiani, Tatiana Clemente Moreira, Tatiana Rizzo de Campos, Vânia Maria Pincanço Choi, Valter Botosso Jr., Welington Andrade.

Por último, um agradecimento ao pessoal da turma A dos formandos da Cásper Líbero de 1999.

BIBLIOGRAFIA

ANGRIMANI, Danilo Sobrinho. *Espreme que sai sangue: um estudo do sensacionalismo na imprensa.* São Paulo: Summus, 1995.

BARCINSKI, André; FINOTTI, Ivan. *Maldito: a vida e o cinema de José Mojica Marins, o Zé do Caixão.* São Paulo: Editora 34, 1998.

CAPELATO, Maria Helena. "Populismo na imprensa: Última Hora e Notícias Populares". In: MELO, José Marques de (org.). *Populismo e comunicação.* São Paulo: Cortez, 1981.

DINES, Alberto. *Cem páginas que fizeram história.* 1. ed. São Paulo: LSIN, 1997.

_____. *O papel do jornal.* São Paulo: Summus, 1986.

FINUCCI, Orlando Lourenço. *Subsídios para uma análise das manchetes do Notícias Populares.* 1973. Dissertação – Mestrado em Comunicação – Universidade de São Paulo, São Paulo, SP.

LEVY, Herbert Victor. *Viver é lutar.* São Paulo: Saraiva, 1990.

LINS DA SILVA, Carlos Eduardo. *Mil dias: os bastidores da Revolução em um grande jornal.* São Paulo: Trajetória Cultural, 1988.

MOTA, Carlos Guilherme; CAPELATO, Maria Helena. *História da Folha de S.Paulo.* São Paulo: Impres, 1981.

PORTÃO, Ramão Gomes. *Criminologia da comunicação.* São Paulo: Traço, 1980.

PROENÇA, José Luís. *O jornalismo envergonhado: a idealização do leitor no jornal Notícias Populares.* 1993. Tese – Doutorado em Ciências da Comunicação – Universidade de São Paulo, São Paulo, SP.

RIBEIRO, Alex. *Caso Escola Base: os erros da imprensa.* São Paulo: Ática, 1995.

SODRÉ, Muniz. *A comunicação do grotesco.* 4. ed. Petrópolis: Vozes, 1975.

SOUZA, Voltaire de. *Vida bandida.* São Paulo: Escuta, 1995.

TASCHNER, Gisela. *Folhas ao vento.* São Paulo: Paz e Terra, 1992.

_____. *Do jornalismo político à indústria cultural.* São Paulo: Summus, 1987.

WAINER, Samuel. *Minha razão de viver.* 15. ed. Rio de Janeiro: Record, 1987.

WALLRAFF, Günter. *Fábrica de mentiras.* São Paulo: Globo, 1990.

Periódicos

Coleções dos jornais *Diário da Noite, Diário Popular, O Estado de S.Paulo, Folha da Tarde, Folha de S.Paulo, Jornal da Tarde, Jornal da USP, Notícias Populares, Última Hora* (SP e RJ) e das revistas *Imprensa, IstoÉ* e *Veja.*

ÍNDICE ONOMÁSTICO

Abrão, Sonia, 93, 122, 127

Adriani, Jerry, 66

Alborguetti, Luiz Carlos, 224

Aldemar, zagueiro do Palmeiras, 46

Alves, Suzana, *ver* Tiazinha

Andrade, Carlos Drummond de, 90

Andrade, Joaquim dos Santos (Joaquinzão), 120

Andrade, Rogério, 234

Apolinário, João, 89

Araújo, Adriano de, 231, 237, 238, 239-40

Araújo, Alderaban, 118-9

Arns, dom Paulo Evaristo, 120, 178, 220

Arruda, João, 35

Assumpção, Álvaro Luiz, *ver* Meninão

Assumpção, Eliana, 133

Athayde, Austregésilo de, 179

Barcinski, André, 182, 203, 223

Bardawil, José Carlos, 69

Bardot, Brigitte, 38, 50-1

Barrichello, Rubens, 196

Barros, Ademar de, 53-4

Basílio, jogador de futebol, 116

Bastos, Márcio Thomaz, 187

Battaglia, Vital, 35, 45, 52-3

Bergamo, Marlene, 185

Bernardo, José Vicente, *ver* Zé Vicente

Bezerra da Silva, 183

Bittar, João, 216

Bittencourt, José Carlos, 35

Blota Jr., José, 72

Borges, Lázaro Campos, 101, 119

Bouchabki, Jorge, 195

Brandão, Celso, 35

Brizola, Leonel, 52-3, 152-3

Bronson, Charles, 208

Buarque, Chico, 68

Cadillac, Rita, 206, 216, 226

Caldeira Filho, Carlos, 58, 59-61, 74

Camargo, Hebe, 71, 179

Camargo, Nilson, 231, 234, 236, 239

Camões, Luís de, 75

Campos, Djalma, 226

Campos, Marinês, 202

Capistrano, João, 138-9

Capriglione, Laura, 154, 170, 172, 177, 181-2, 203

Cardinale, Claudia, 18

Cardoso, Fernando Henrique, 179

Cardoso, Wanderley, 66, 71

Carlos, Manoel, 238-9

Carta, Mino, 118

Carvalho, Paulinho de, 69-70

Carvalho, Vicky, 163

Cassino, Jackie, 38, 51

Castelo Branco, Humberto de Alencar, 55

Castro, Claudino Caiado de, 48

Cavalcanti, Tenório, 21

Cazarin, Vilma, 217, 232-3

Cazuza, cantor, 169-70, 173

Chacrinha (Abelardo Barbosa), apresentador 122, 224

Chaui, Laura de Souza, 75, 82

Chaui, Marilena, 162

Chaui, Nicolau Alberto, 62-3, 75, 79-80, 81

Chico Picadinho, psicopata, 195

Christie, Julie, 64

Close, Roberta, 132-3, 135, 137

Coelho, Marcelo, 7, 12, 13, 164-6

Collor de Mello, Fernando, 152-3, 170, 185, 190-1

Costa e Silva, Artur da, 55

Costa Netto, Fernando, 211-3, 215-6, 219, 225-6, 228, 231-2, 233-4

Costa, Wagner, 168

Costa e Silva, Artur da, 55

Coutinho, Cláudio, 196

Coutinho, Odilon, 83

Covas, Mário, 214

Cremasco, José Antônio, 137

Criscuolo, Orlando, 96

Índice onomástico

Dadá Maravilha, 45, 179, 216

Deneuve, Catherine, 38

De Vaney (Adriano Neiva), 35

Delbino, Nelson, 97

Di Camargo, Zezé, cantor, 164

Di Nardo, Silvio, 71

Dines, Alberto, 91, 118

Dissei, Domingos, 195

Domingues, Milene, 229-30

Duarte, Débora, 71

Edmundo, jogador de futebol, 228

Einstein, Albert, 224

Eisenhower, Dwight, 26

Erasmo Carlos, cantor, 66-7, 68, 71, 133

Erundina, Luiza, 162, 179

Estrella, Helcio, 93

Falcão, Rui, 35, 77

Ferreira, Wally Martins, 33

Finotti, Ivan, 192, 223

Fleury Filho, Luiz Antônio, 179, 186

Florido, Flávio, 215

Flosi, Edson, 159-60

Forner, Moisés, 71

Francis, Paulo, 118

França, jogador de futebol, 239

Frias de Oliveira, Octávio, 13, 58-60, 62, 81, 91,
118, 148-9, 150, 237

Frias Filho, Otavio, 149-54, 159, 161, 166, 170,
203-4, 212, 231, 239, 242

Frias, Luís, 162

Galina, Décio, 214

Gandra, Ives, 187

Garcia, Isabela, 172

Gebara, Anissa, 82

Gertel, Eugenio, 80

Ghedini, Fred, 242

Gheorghiu-Dej, Gheorghe, 27

Golias, Ronald, 206

Gomide, Armando, 81-3, 86-7

Gonçalves, Nelson, 137, 183

Gonçalves, Paulo, *ver* Pelezão

Goulart, João (Jango), 19-21, 24, 33, 43, 51-2,
54, 60

Gretchen, 122, 226

Guide, João Carlos, 46

Halfin, Joseph, 29

Harrison, George, 67

Henry, Radu, 26, 35, 55

Huna, Fanny, 26

Jazadji, Afanásio, 178, 186

Jarre, Maurice, 64

João Gordo, 196, 220

João Paulo e Daniel, dupla sertaneja, 206-7

Jofre, Éder, 48, 159

Jordan, Lygia, 48

Jorge, Moacyr, 113, 121-2, 208

Kalili, Narciso, 35, 47-8, 62-3

Kennedy, Jacqueline, 43

Kennedy, John Fitzgerald, 42-3

Kruschev, Nikita, 26-7

Kubitschek, Juscelino, 20

Lacaz, Guto, 216

Lacerda, Carlos, 21, 30, 33, 53-4, 57

Laplace, Jeanne, vidente, 42

Leão Lobo, colunista, 195

Lean, David, 64

Lee, Bruce, 100

Lênin, Vladimir Ilitch, 150-1

Leonel, Cícero, 35, 43

Levy, Alberto Eduardo, 31-2

Levy, Haroldo, 32-3

Levy, Herbert, 18-20, 21-3, 24, 30-3, 34-6, 39,
50-3, 54, 56-8, 222

Levy, Luiz Carlos, 32-3

Levy, Luiz Fernando, 45, 53, 57

Liberato, Gugu, 168-9, 172, 179, 180, 242

Lima, Dalize, 229-30

Lobo, Edu, 68

Lombardi, Renato, 40

Luciano, cantor, 164, 242

Lula da Silva, Luiz Inácio, 120, 152-3

Macalé, Tião, 179

MacDowell, Samuel, 193-4

Macedo, Edir, 224

Magalhães, Juracy, 21

Magalhães, Natão de, 123

Magalhães Pinto, José de, 19

Maluf, Paulo, 187, 196

Mamonas Assassinas, 205, 207

Manuel, Luiz, 46-7

Marcondes, Walter, 43

Marcovici, Renée, 26

Meneghel, Maria da Graça, *ver* Xuxa

Malley, Jacqueline, vidente, 42

Marinho, Roberto, 218

Marino, Ted Boy, 71

Marins, José Mojica, *ver* Zé do Caixão

Marques, Cláudio, 36, 38

Martin, Paulo César (Paulão Martin), 182, 203, 212, 231-2

Martinha, cantora, 71

Massa, Carlos Roberto, *ver* Ratinho

Mateucci, Henrique, 159

Matheus, Vicente, 179

McGarrett, Steve,

Meir, Kate, 123, 163

Mellé, Giulietta, 63

Mellé, Jean, 10-1, 19, 23, 24-7, 29-30, 34-6, 38-40, 42, 44-5, 47-8, 50-1, 53-8, 62-5, 66, 68-70, 71, 72, 73, 74, 75, 76, 77, 78-9, 80, 81, 83, 86, 92, 94, 95, 96, 105, 120, 126, 159, 164, 182, 189, 209-10, 222

Mellé, Victor, 29

Meira, Mateus da Costa, 212-3

Meninão, 36, 43, 71

Miranda Jordão, chefe do Dics, 76-7

Miranda Jordão, Jorge de, 189

Miziara, Ivan, 163

Montadon, Marco Antônio, 100-1

Montoro, André Franco, 120

Moraes Filho, José Ermírio de, 35

Moreau, Jeanne, 30

Motta, Tarcísio, 124-5, 128, 132, 133-4

Moura, Wanderley de Araújo, 116

Mourão Filho, Olímpio, 53

Mug (Guilherme Soares), 64-5, 95

Nahim, cantor, 122

Nascimento, Edison Arantes do, *ver* Pelé

Nassif, Luís, 202

Neves, Tancredo, 141-2, 144, 152

Nóbrega, Maílson da, 147

Nogueira, Marcos, 232

Norris, Chuck, 207

Nostradamus, 197

Orozco, Marcelo, 232

Oswald, Lee Harvey, 42

Pádua, Guilherme de, 191

Palácio, Marcos, 242

Paladino, J. B., 47

Paroni, Laudo, 83, 93, 154, 174, 182

Pasternak, Boris, 64

Pati, Mario, chefe do Dics, 76-7

Paula, Waldemar de, 101

Paulo, retocador de fotografia e cantor de ópera, 39

Pazzianotto, Almir, 120

Pelé, 76, 105, 134, 206

Pelezão (Paulo Gonçalves), 134-9

Pereira Júnior, Álvaro, 172-3, 175, 182, 184, 195, 203, 206

Perez, Carla, 220, 226, 242

Perez, Daniella, 190-1

Pessoa, Dalmo, 35

Pinto, Tão Gomes, 35, 45, 80

Poenaru, Ludwig, 34

Pompeu, Sérgio, 35, 80

Portão, Ramão Gomes, 35, 46, 48, 64, 67, 77-82, 146, 164

Prata, Didiana, 234

Presley, Elvis, 66

Proença, José Luiz, 93, 101, 103, 118, 140, 143, 154, 170, 173

Quadros, Jânio, 20, 33

Quércia, Orestes, 189

Rafael, o Latininho, 168-9

Ramadan, Ebrahim Ali, 10, 11, 13, 87, 91-3, 95, 100, 104, 113-8, 121, 124, 125, 130, 131, 134, 145, 147-8, 150, 152, 154-5, 158, 159-60, 161, 164, 167, 172, 225, 226

Ramos, Graciliano, 95

Ramos, Nabantino, 59

Ramos, Saulo, 193-5

Índice onomástico

Ratinho, 132, 224-5, 242
Ratzenberger, Roland, 198-9
Rayol, Agnaldo, 71
Roberto Carlos, cantor, 66-70, 192-3, 226
Rodrigues, Nelson, 36, 164
Romário, jogador de futebol, 236
Ronaldo, jogador de futebol, 228-30, 231
Rosemary, cantora, 66, 71
Rousseau, Jean Jacques, 90-1, 117-8
Salaro, Valmir, 199
Salgado, Plínio, 53
Sandy, cantora, 238-9
Santayana, Mauro, 35, 49, 51
Santos, Hélio, 223-7
Santos, Mário Vitor, 170
Santos, Silvio, 122, 224
Santos, Wilson, 43
Saraiva, Júlio, 124-6, 132, 138, 159-60, 164
Sarney, José, 142
Sayão, Rosely, 163, 204
Schumacher, Michael, 196-7
Schwarzenegger, Arnold, 207-8
Seagal, Steven, 207
Sena, Silvio, 35, 40
Senna, Ayrton, 196-7, 199, 205
Sérgio Ricardo, cantor, 72-3
Serra, José, 187
Serra, Mário Luiz, 96
Serva, Leão, 153-4, 158-64, 166-7, 170, 172, 174
Sharif, Omar, 64
Silva, Aguinaldo, 164
Silva, Edinanci, 207
Silva, Eliane, 203-6, 208, 210, 211
Silva, Fausto, 137, 168
Silva, José Maria da, 128, 226-7
Silva, Marcos Sergio, 213
Simonsen, Marilu, 163
Souza, Percival de, 35, 48, 80
Souza, Voltaire de, 12, 164-6, 195
Spears, Britney, 238-9

Stálin, Josef, 25, 27, 209
Stallone, Sylvester, 207
Starr, Ringo, 67
Stephan, Eliane, 161
Suplicy, Eduardo, 187
Suzuki Jr., Matinas, 203
Tavares, Carlos, 35
Taylor, Elizabeth, 38
Thomaz, Luiz Pinto, 35
Tiazinha, 220, 226
Tonelada, office-boy, 95
Toninho, office-boy, 95
Tonico e Tinoco, dupla sertaneja, 122
Trio Los Angeles, grupo musical, 122
Turco Loco (Alberto Hiar), 220
Val, Moracy do, 36, 71
Van Damme, Jean-Claude, 207
Vandré, Geraldo, 68
Vanusa, cantora, 71
Vargas, Getulio, 20-2, 33, 60
Victal, Manoel Barbosa, 165, 227
Vitale, Marco Aurélio, 219-20, 234, 239
Von, Ronnie, 66, 68, 71, 179
Voss, Tânia, 180
Wainer, Samuel, 22, 29-30, 35, 39, 60, 118, 163, 208
Wallraff, Günther, 150
Wanderléa, cantora, 66
Welles, Orson, 150
Werner, Susana, 229
Wolfenson, Bob, 216
Xavier, Chico, 121
Xuxa, 132, 174
Zé Carlos (José Carlos Riccetti), 227
Zé do Caixão, 97-8, 106, 107, 196-9, 206, 216, 222-4
Zé Gordura e Sucupira, dupla sertaneja, 122, 164
Zé Vicente, 212, 232, 233, 237-40
Zéfiro, Carlos, 84

Créditos das imagens

Agência Folha: p. 82, 119, 136 e 198; Arquivo do Estado de São Paulo: p. 41, 43 e 54; Arquivo pessoal: p. 23, 27, 31, 39, 40, 61, 70, 92 e 211; Francisco Estrela/Revista Imprensa: p. 160 e 177; José Carlos Brasil/CPDoc JB: p. 62; Julio Vilela: p. 243 e todas as imagens de capa do NP, com exceção daquelas presentes nas p. 41, 43 e 54; Library of Congress: p. 28; Ricardo Hantzschel/Revista Imprensa: p. 147 e 151.

Infelizmente não foi possível descobrir a autoria de todas as imagens presentes nesta obra. Caso você reconheça algum trabalho seu ou de outro fotógrafo nestas páginas, pedimos que entre em contato com a Summus Editorial para que o trabalho seja devidamente creditado nas próximas edições.